全国革命老区县发展史丛书·广东卷

湛江经济技术开发区革命老区发展史

湛江经济技术开发区革命老区发展史编委会 编

SPM 南方出版传媒 广东人民出版社
·广州·

图书在版编目（CIP）数据

湛江经济技术开发区革命老区发展史 / 湛江经济技术开发区革命老区发展史编委会编. —广州：广东人民出版社，2021.6

（全国革命老区县发展史丛书·广东卷）

ISBN 978-7-218-15123-6

Ⅰ . ①湛…　Ⅱ . ①湛…　Ⅲ . ①湛江—地方史　Ⅳ . ①K296.53

中国版本图书馆CIP数据核字（2021）第116003号

ZHANJIANG JINGJI JISHU KAIFAQU GEMING LAOQU FAZHANSHI

湛江经济技术开发区革命老区发展史

湛江经济技术开发区革命老区发展史编委会　编　　　版权所有　翻印必究

出 版 人：肖风华

责任编辑：李丽珊
装帧设计：张力平等
责任技编：吴彦斌　周星奎

出版发行：广东人民出版社
地　　址：广州市海珠区新港西路 204 号 2 号楼（邮政编码：510300）
电　　话：（020）85716809（总编室）
传　　真：（020）85716872
网　　址：http：//www.gdpph.com
印　　刷：广州市浩诚印刷有限公司
开　　本：715mm×995mm　1/16
印　　张：23　插　页：8　字　数：300 千
版　　次：2021 年 6 月第 1 版
印　　次：2021 年 6 月第 1 次印刷
定　　价：88.00 元

如发现印装质量问题，影响阅读，请与出版社（020-85716849）联系调换。
售书热线：（020）85716826

微信扫描二维码 ◀◀◀
您立即获得本书主要内容/丛书介绍。

广东省编纂《革命老区县发展史》丛书
指导小组

组　长：陈开枝（广东省老区建设促进会会长）

副组长：林华景（广东省老区建设促进会常务副会长）

　　　　宋宗约（广东省农业农村厅二级巡视员、广东省老区建设促进会副会长）

　　　　刘文炎（广东省老区建设促进会副会长）

　　　　郑木胜（广东省老区建设促进会副会长）

　　　　姚泽源（广东省老区建设促进会副会长兼秘书长）

　　　　谭世勋（广东省老区建设促进会副会长）

　　　　廖纪坤（广东省农业农村厅总经济师）

办公室

主　任：姚泽源（兼）

副主任：韦　浩（广东省农业农村厅扶贫协作与老区建设处处长）

　　　　柯绍华（广东省老区建设促进会副秘书长）

　　　　伍依丽（广东省老区建设促进会副秘书长）

《湛江经济技术开发区革命老区发展史》
编纂委员会

顾　　问：梁　培
主　　任：梁权财
常务副主任：廖　东
副　主　任：孙天翔　路　静
委　　员：吉崇明　蔡光兴　凌宇洲　周　耿　洪文彩
　　　　　谭廷志　梁　益　吕洪涛　朱　力　陈作效
　　　　　陈文景　陈　璞　叶冯书　陈赞如

主　　编：廖　东
副　主　编：窦春芳
成　　员：谭月清　廖国树　彭家炳　郑伟豪　黄　甫
审　　稿：陈　充　屈康慧

在举国欢庆中华人民共和国成立 70 周年前夕，中国老区建设促进会王健会长请我为《全国革命老区县发展史》丛书作序，作为一名在老区战斗过并得到老区人民生死相助的老兵，回首往事，心潮澎湃，感慨万千，深感义不容辞，欣然应允。

中国革命老区，是以毛泽东为代表的中国共产党人在领导人民推翻帝国主义、封建主义和官僚资本主义三座大山，争取民族独立和人民解放伟大斗争中建立的革命根据地，在这片红色的土地上，诞生了无数可歌可泣的革命英雄儿女，为后人树起了一座不朽的丰碑，她是新中国的摇篮，是党和军队的根。

在艰苦卓绝的战争年代，老区人民把自己的命运与中华民族的命运紧紧地联系在一起，与中国共产党和人民军队的命运紧紧地联系在一起，他们生死相依，患难与共。我曾亲历过战争年代，并得到过老区红哥红嫂的救助，切身感受到发生在身边的一幕幕撼天动地的革命故事，在那极其艰难的条件下，老区人民倾其所有、破家支前，不怕艰难困苦，不怕流血牺牲。"最后一碗米送去做军粮，最后一尺布送去做军装，最后一件老棉袄盖在担架上，最后一个亲骨肉送去上战场"，这是当时伟大的老区人民为建立新中国做出巨大牺牲的真实写照，它将永远镌刻在中国共产党、中国人民解放军、中华人民共和国的历史丰碑上。他们的光辉业绩永载史册，他们的革命精神必将影响一代又一代的革命新人，造就一代又一代的民族脊梁。

在社会主义革命和建设时期，革命老区和老区人民响应党的号召，面对落后的面貌、脆弱的经济、恶劣的生态环境，他们本色不变，精神不丢，自力更生，艰苦奋斗，干一行爱一行。始终坚持"革命理想高于天"，自觉做共产主义远大理想的坚定信仰者和忠实实践者，勇于向恶劣的自然环境和贫穷落后宣战，他们在各条战线上为国建功立业，用平凡的双手创造了一个又一个不平凡的奇迹，彰显了老区人的崇高精神和人格力量。

在改革开放的伟大进程中，老区人民解放思想，勇于创新，发奋图强，攻坚克难，老区的经济社会建设取得了辉煌成就。特别是在改变中国的面貌、中华民族的面貌、中国人民的面貌、中国共产党的面貌的伟大实践中发挥了至关重要的作用。老区人民既是改革开放的参与者，也是改革开放的推动者。

艰苦练意志，危难见精神。老区人民在近百年的革命战争、社会主义建设和改革开放的伟大实践中，孕育形成了伟大的老区精神：爱党信党、坚定不移的理想信念；舍生忘死、无私奉献的博大胸怀；不屈不挠、敢于胜利的英雄气概；自强不息、艰苦奋斗的顽强斗志；求真务实、开拓创新的科学态度；鱼水情深、生死相依的光荣传统。这是党和人民宝贵的精神财富、丰厚的政治资源，是凝心聚力、振奋民族精神的重要法宝，也是社会主义核心价值观的重要内容。

中国老区建设促进会怀着强烈的政治责任感和历史使命感，组织全国各地老促会人员克服困难，尽心竭力编纂《全国革命老区县发展史》丛书，记录老区的光辉历史和辉煌成就，传承红色基因，弘扬老区精神，是功在当代、利及千秋的一件大事。手捧这部丛书的部分书稿，读着书中的故事，倍感亲切，深感这部丛书具有资政、育人、存史的社会功能，有着重要的时代和历史价值。它是不忘初心、牢记使命的源头活水，是赞颂共产党、讴歌老区人民的一部精品力作，是弘扬老区精神、传承红色记忆的丰厚载体，是一项继承优秀传统文化、弘扬革命文化、发展社会主义先进文化，坚定"四个自信"的宏大文化工程。它必将成为一种文化品牌，为各界人士了解老区宣传老区支持老区提供一部有价值的研究史料。希望读者朋友们能从中了解并牢记这些为党和民族的利益不断奉献的老区人民，从中得到教益，汲取人生奋斗的精神动力。

新时代赋予新使命，新起点开启新征程。让我们更加紧密地团结在以习近平同志为核心的党中央周围，坚持以习近平新时代中国特色社会主义思想为指导，增强"四个意识"，坚定"四个自信"，做到"两个维护"，弘扬老区精神，铭记苦难辉煌。为实现"两个一百年"奋斗目标，实现中华民族伟大复兴的中国梦做出新的更大的贡献！

2019 年 4 月 11 日

　　2017 年 6 月，中国老区建设促进会组织全国各地老促会启动编纂《全国革命老区县发展史》丛书，按照"建立中国共产党、成立中华人民共和国、推进改革开放和中国特色社会主义事业"三大里程碑的历史脉络，系统书写革命老区百年历史，深入挖掘革命老区红色文化资源，这对于充实丰富中国革命史籍宝库、在新时代传承红色基因、弘扬革命精神、强固根本，对于激励人们在新的历史条件下夺取中国特色社会主义伟大胜利，实现中华民族伟大复兴的中国梦具有重要意义。

　　丛书编纂以习近平新时代中国特色社会主义思想为指导，以《中国共产党历史》《中国共产党的九十年》等重要文献为基本依据，以党的领导为核心，以老区人民为主体，以老区发展为主线，体现历史进程特征，突出时代发展特色，坚持辩证唯物主义和历史唯物主义相统一、历史真实性与内容可读性相统一的原则，书写革命老区从站起来、富起来到强起来的光辉革命史、不懈奋斗史、辉煌成就史，把老区人民的伟大贡献、伟大创造、伟大成就、伟大精神充分展示出来，形成一部具有厚重历史特征和鲜明时代特色的精品力作。这是一部培根铸魂、守正创新，既为历史立言，又为时代服务，字里行间流淌着红色血脉、催生着革命激情的传世之作。丛书的编纂出版将成为讴歌党讴歌人民讴歌时代、传播红色文化、为革命老区和老区人民树碑立传的重要载体。

丛书按照编年体与纪事本末体相结合、以编年体为主的编写体例确定框架结构；运用时经事纬、点面结合的方式记述史实；坚持人事结合、以事带人的原则处理人与事的关系；采取夹叙夹议、叙论结合、以叙为主的方法展开内容。做到了史料与史论、历史与现实、政治与学术统一，文献性、学术性、知识性相兼容。

为编纂好《全国革命老区县发展史》丛书，打造红色文化品牌，中国老区建设促进会认真组织积极协调，提出政治立场鲜明、史料真实准确、思想论述深刻、历史维度厚重、时代特色突出、编写体例规范、篇目布局合理、审读把关严格、出版制作精良的编纂出版总要求，力求达到革命史籍精品的精神高度、思想深度、知识广度、语言力度，增强丛书的权威性和社会影响力。各省（区、市）、市（州、盟）、县（市、区、旗）老促会的同志，以强烈的使命感、责任感和紧迫感，勇于担当，积极作为，认真实施，组织由老促会成员、专家学者等参加的十余万人编纂队伍。编纂工作主体责任在县，省、市组织协调、有力指导、审读把关。各方面人员以高度负责的精神和科学严谨的态度，满腔热情地投入工作，为丛书编纂出版做出了重要贡献。丛书编纂工作还得到了党和国家有关部委、地方各级党委政府及有关部门的大力支持和积极参与，社会各界也给予了热情帮助。中共中央政治局原委员、中央军委原副主席、原国务委员兼国防部长迟浩田上将，对老区人民怀有深厚感情，对革命老区建设发展十分关注，欣然为《全国革命老区县发展史》丛书作总序。

丛书由总册和 1599 部分册（每个革命老区县编纂 1 部分册）组成，共 1600 册。鉴于丛书所记述的史实内容多、时间跨度长和编纂时间紧，不妥之处，敬请批评指正。

中国老区建设促进会

● 红色传承 ●

位于硇洲岛的解放海南岛渡琼纪念塑像

位于硇洲岛的解放海南岛渡海先锋营纪念馆

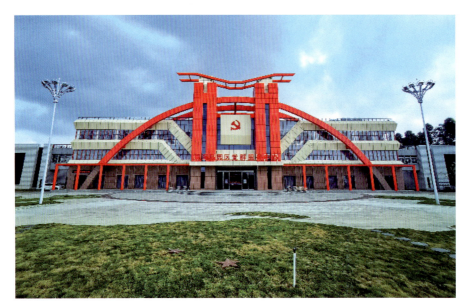

全面展示东海岛革命斗争史的东海岛园区党群服务中心

东海岛民安街道西山革命历史陈列馆

东海岛革命烈士纪念碑

中共粤桂边区牛牯湾税站纪念碑

解放海南岛渡海先锋营雕塑

　　福建省宁德市老促会陈成章会长（前排左四）一行，参观了宝钢项目和观看东海岛老区革命斗争史展览后，与市、区老促会领导合影留念

● 调研指导 ●

2021 年 2 月 25 日，湛江市委书记郑人豪（中）、市长曾进泽（左二）到东海岛调研

　　广东省老促会会长陈开枝（右五）等领导在湛江市老促会会长麦马佑（右四）等陪同下到区老促会调研指导并合影留念

一路之隔的钢铁、中科两大项目夜景

东海岛铁路

现代化的高新产业园区

湛江钢铁基地项目村民搬迁安置小区

东方一绝——东海岛海上人龙舞

老区干部自编自演节目，弘扬老区精神

东海岛民安街道文化广场

东海岛硇洲镇文化广场

被誉为粤桂边区"小延安"的西山革命老区村新风貌

东海岛东山街道皮寮村乡情生态公园

微信扫描二维码
您立即开展本书的
延伸阅读。

老区是中国革命的摇篮。为了贯彻落实习近平总书记关于发扬红色资源优势，深入进行党史、军史、老区革命优良传统教育，"红色基因代代传"①的讲话，湛江经济技术开发区（以下简称"湛江经开区"）按照中国革命老区建设促进会（以下简称老促会）和广东省老促会的工作部署，成立了革命老区发展史编纂委员会，具体由区老促会组织编撰《湛江经济技术开发区革命老区发展史》。经过两年多时间的努力，数易其稿，终于在庆祝中国共产党成立一百周年的重要时刻出版了，这是湛江经开区老区人民值得庆贺的一件大事。

湛江是革命战争时期南路武装部队活动的主要区域，湛江经开区东海岛是中共粤桂边区重要活动基地。被誉为粤桂边区"小延安"的东海岛民安街道西山村，在解放战争时期，曾是中共粤桂边区党委领导机关所在地。东海岛革命老区人民在党的领导下，建立了一个个革命据点，进行了艰苦卓绝的斗争。全岛先后有1257人参加革命队伍，有165人在革命事业中献出了宝贵生命，为粤西地区的解放事业做出了重大的贡献，谱写了壮丽的历史篇章。

中华人民共和国成立后，东海岛革命老区人民在党委、政府的领导下，积极投身社会主义建设和改革开放的伟大事业中。各项建设取得了巨大成就，人民群众的生活水平大幅提高，湛江经开区成了湛江改革发展的排头兵。

---

① 习近平：《论中国共产党历史》，中央文献出版社，2021，第107页。

《湛江经济技术开发区革命老区发展史》生动地再现了东海岛革命老区人民在战争年代进行革命斗争的光辉历程，也对中华人民共和国成立后在党的正确领导下，特别是改革开放以来，通过"两区整合"取得的建设发展新成就作了客观的阐述。本书既是一部可歌可泣的革命斗争史，又是一部党领导老区人民进行革命和经济建设的发展史，为湛江经开区革命传统教育增添了一部宝贵的教材。本书的编撰，是湛江经开区贯彻落实习近平总书记关于"红色基因代代传"[①]重要指示的具体行动；是以红色的精神武装干部群众的头脑，不忘初心，砥砺前行，促使湛江经开区更好地发挥改革发展的"领跑者"、经济发展的"支撑者"、推动发展的"先锋者"三大作用，推动湛江加快建设省域副中心和打造重要发展极的重要举措；也是老区人民传承红色基因，庆祝中国共产党成立一百周年的献礼。

湛江经开区革命老区能在中华人民共和国成立后，特别是改革开放以来取得巨大成就，老区人民能过上幸福生活，我们应勿忘革命先烈为新中国的诞生抛头颅洒热血的壮举。习近平总书记指出："历史是最好的教科书。对我们共产党人来说，中国革命历史是最好的营养剂。"[②]让我们铭记光辉历史，弘扬老区精神，为实现中华民族伟大复兴的中国梦而努力奋斗！

在本书即将公开出版之际，特向关心支持《湛江经济技术开发区革命老区发展史》一书编纂出版，并为之付出辛勤努力的各位老领导、老同志和各位专家及有关部门的同志们表示崇高的敬意和衷心的感谢！

《湛江经济技术开发区革命老区发展史》编纂委员会
2020年12月

---

① 习近平：《论中国共产党历史》，中央文献出版社，2021，第107页。
② 同上书，第24页。

1

第一章

区域和革命老区概况

第一节 基本情况

1984年5月，湛江市被列为全国沿海首批对外开放的港口城市之一。同年11月29日，国务院正式批准成立湛江经开区，这是继大连、秦皇岛、宁波、青岛、烟台之后，经国务院批准成立的第六个国家级经济技术开发区。

湛江经开区的选址，经过反复考察和论证，报国务院批准，定位于赤坎与霞山两个老城区之间的霞海一带。国务院核准的区域范围是北至赤坎文保河，南至霞山菉塘河，东临湛江内港，西沿人民大道以西延伸150米，总规划面积为9.2平方千米。湛江经开区距离赤坎老城区3千米，至霞山市区2千米，至湛江火车南站3千米，离湛江民航机场4千米，交通便捷，位置适中，是湛江城市的中心区。

湛江经开区贯彻国务院制定的国家级经济技术开发区"三为主一致力"（即以工业项目为主、吸收外资为主、出口创汇为主，致力于发展高新技术）的建区方针。建区初期，国家为了扶持国家级经济技术开发区的发展，赋予国家级开发区实行类似经济特区的特殊政策。在外资项目审批权限、外商投资企业所得税减收、进出口贸易、出口创汇等许多方面都给予特殊的优惠政策。

湛江经开区自1984年创建以来，经过几十年的奋斗，特别是2006年获得了国务院扩区的批准，2010年又与东海岛经济开发试验区实行"两区整合"，国家级经济技术先导区的功能取得了长足的发展。湛江经开区目前是国家级经济技术开发区、国家级高新技术产业区、国家级循环经济示范区和国家级海洋经济发展示范区四区合一，政策叠加。随着钢铁、炼化、造纸"三大航母"的落户，世界级的巴斯夫精细化工项目启动，先导功能更加强劲，真正成为湛江科技创新的龙头和经济发展的排头兵。

一、历史沿革

湛江经开区自1984年11月29日经国务院批准创立以来，至今已有三十多年历史。湛江经开区的发展主要经历了四个发展阶段：

第一阶段（1985—1991年）为初创时期。这个时期主要是征用土地和开展基础建设，实行"五通一平"，开发建设了龙潮工业小区，引进了一批企业。截至1991年底，共引进"三资"企业96家，其中合资41家、合作48家、外商独资企业7家。合同利用外资15943万美元，实际利用外资6352万美元。

第二阶段（1992—1999年）为二次创业时期。1993年9月，时任中共中央总书记江泽民视察湛江经开区，为该区题词："发展高新技术产业，加快经济建设步伐"。区管委会紧紧抓住了这一大好的发展时机，提出"高科技、多引进、高效益、高速度"的发展思路，展开新一轮的招商引资。二次创业时期，区引进"三资"企业269家，其中合资企业137家、合作企业87家、外商独资企业45家。合同利用外资119612万美元，实际利用外资45860万美元。工业总产值达3978826万元人民币，外贸出口创汇70954万美元，财政收入158812万元人民币。

第三阶段（2000—2009年）为经济快速发展时期。"十五"时期，湛江经开区的第二、三产业协调持续发展，经济快速增长。这一时期共引进"三资"企业57家，其中合资企业24家、合作企业5家、外商独资企业28家。合同利用外资28313万美元，实际利用外资18968万美元。此时，湛江经开区的规划面积9.2平方千米中可供开发的土地已经不足1平方千米，远远不能满足经济发展的需要，扩容提质势在必行。为了适应湛江市和经开区的城市和经济的可持续发展战略要求，经开区必须突破现存空间的限制，创建新的发展载体。经过几年艰苦努力的积极争取，2006年6月26日，商务部、国土资源部、建设部复函广东省人民政府，同意湛江经开区在东海岛扩大发展用地规划面积10平方千米。四至范围为东至东简镇龙腾村西侧、坡头村西侧，南至穿岛公路北侧，西至东山镇青蓝北村西侧，北至海边。当时，湛江经开区的政策区面积从9.2平方千米扩大到19.2平方千米。扩区成功，对湛江经开区先导功能的发挥是一个很大的推动。

第四阶段（2010年至今）为创新发展时期。这个阶段以2010年1月湛江经开区与东海岛经济开发试验区实行"两区整合"为契机，国家级经济技术先导区的功能得到了充分发挥。"两区整合"后，湛江经开区的招商品牌优势，与东海岛经济开发试验区的资源优势进行优化整合，形成优势互补，实力大大增强。"两区整合"后，管辖范围包括建成区、东海岛、硇洲岛、东头山岛和南屏岛等，总面积为366平方千米，是目前全国面积最大的国家级经济技术开发区之一，经济发展也迎来了质的飞跃。2010年是"两区整合"的头一年，全区实现生产总值132.71亿元，同比增长14.9%，工业总产值189.4亿元，同比增长30.4%。同时，还进一步加快了湛江经开区重大项目、投资环境和基础设施的建设步伐，钢铁、炼化两大项目为龙头的临港重化产业基地逐步形成规模。

2010年1月，湛江经开区与湛江市东海岛经济开发试验区合并为新的湛江经开区后，管辖5个街道和1个镇，主要分为建成区和东海岛区。建成区，就是赤坎和霞山之间9.2平方千米的城市中心区。

东海岛历史悠久，面积286平方千米，为广东第一大岛。它北濒湛江港，西南临雷州湾，与东南方向的硇洲岛隔海相望，整个岛屿处于一个被半包围的格局中。东海岛的东部和西部相对较宽，中部地区南北两边向里凹陷，使得中部比东部和西部要窄许多。如从高空俯视整个东海岛，东海岛就像一只展翅的大蝴蝶。

关于东海岛的蝴蝶形状，岛上一直流传着一个"蝴蝶救驾"的传说故事。相传，南宋末年，宋王朝向大元帝国投降后，年仅6岁的恭帝被蒙古军队掳到了异域。面对朝中无君的局面，文天祥、张世杰等爱国将领，拥戴赵昰继位，希望能够把摇摇欲坠的南宋半壁江山支撑下去。蒙古铁骑很快地便杀向偏安一隅的临安，无力抵抗的赵昰在群臣的护卫下，离开临安城准备逃亡到南部沿海地区。在蒙古铁骑将要抓住南宋小皇帝赵昰之时，一只蝴蝶载着他们不舍昼夜地飞越千山万水，终于在东海岛一处海湾边停下来。

传说归传说，但史料记载，南宋末代皇帝的确是来过与东海岛东南相望的硇洲岛，并且在硇洲岛建立小朝廷对抗元军，而东海岛当时是宋军囤积粮草的地方。如今的硇洲岛还遗留着许多南宋末代皇帝曾在此居住过的痕迹，其中"宋皇井"就是一个有力的例证。事实上，两岛人民的祖先大多是这一时期以后定居于此，繁衍至今。其建置历史沿革简述如下：

宋代时，雷州半岛位于大陆的最南端，东海岛、硇洲岛位于雷州半岛东部、湛江市东南海域。东海岛上的东山圩（现东山街道办），宋代绍兴时曾是椹川（原遂溪县旧称）巡检司旧址；明洪武和正统年间，曾在东山圩建筑城池，设置椹川巡检司；清雍正年间，将雷州守备合并移置于东山圩，改名为东山水师营。硇洲岛古名硇洲。北宋年间，岛上设有硇洲寨；南宋末年，宋端宗赵昰避元兵逃亡到硇洲，次年驾崩，其弟宋怀宗赵昺在岛上登基，定名硇洲为翔龙县，隶属化州管辖，元初被并入吴川。

清雍正年间，硇洲岛曾设硇洲巡检司。清光绪二十五年十月十四日（1899年11月16日），中法签订《广州湾租界条约》，法国强行租借广州湾（包括原为吴川县辖地的麻斜、坡头、特呈岛、南三岛和原为遂溪县辖地的海头、赤坎、东头山岛、东海岛）。之后，曾在硇洲岛设置淡水区（现硇洲淡水圩），辖东海、硇洲两岛，并在硇洲岛建造硇洲灯塔。

1943年3月，日本侵占广州湾，1945年抗日战争胜利，广州湾回归，从此定名为"湛江"。1945年9月21日，驻雷州半岛地区的日方代表在投降书上签字，中方从日军手中接收广州湾，被异国前后统治46年的神圣领土，重新回到祖国的怀抱。

1949年12月19日，湛江解放，东海岛、硇洲岛归遂溪县管辖；1952年12月，经广东省人民政府报中南军政委员会转报中央人民政府政务院批准，将东海、硇洲两岛从湛江市郊区划出，设置雷东县，隶属粤西行政公署领导，县址设在东海岛的东山圩。1953年2月，经广东省人民政府批准，将吴川县第九区的南三岛划归雷东县管辖；1954年1月，又将西营区（现霞山区）的特呈岛划归雷东县管辖。是时湛江市郊区只有新鹿（现湖光）、潮满两区。1958年9月15日，经广东省人民政府批准，撤销雷东县，并将雷东县并入湛江市郊区管辖，10月14日正式合署办公。

1992年7月17日，广东省人民政府批准设立"湛江市东海岛经济开发试验区"。1992年8月13日，湛江市人民政府决定成立湛江市东海岛经济开发试验区管委会筹委会。1993年4月22日，中共湛江市委批准设立"中共湛江市东海岛经济开发试验区委员会"，东海岛、硇洲岛两岛四个镇的党组织归属试验区党委领导。1993年3月25日，湛江市人民政府办公室牵头，组织市民政局、市国土局、东海岛试验区和市郊区政府办、民政局、国土局以及湖光镇、太平镇、民安镇、东山镇的领导实地勘察，共同勘定了东海岛试验区与湛江市郊区之间的行政区域界线。1993年7月1日起，湛江市人民政府决定东海岛试验区财政与湛江市郊区财政脱钩，实行独立核算，党政一切事务由试验区党委会、管委会统一管理。至此，东海岛试验区作为湛江市委、市政府的派出机构，除担负经济开发职能外，还要担负下辖东海岛和硇洲岛东山镇、民安镇、东简镇、硇洲镇等四个镇的社会管理任务。2010年1月与湛江经济技术开发区实行"两区整合"。

二、地理位置、区位优势和总体发展规划

（一）地理位置

湛江经开区与湛江市东海岛经济开发试验区合并为新的湛江经开区后，管辖5个街道和1个镇，主要分为建成区和东海岛区。

建成区位于赤坎与霞山两个老城区之间的霞海一带，总面积为9.2平方千米。建成区距离赤坎老城区3千米，至霞山市区2千米，至湛江火车南站3千米，离湛江民航机场4千米，交通便捷，位置适中，是湛江城市的中心区。

东海岛区地处雷州半岛东部，位于北纬20°55′～21°55′，东经110°11′～110°21′。其东出太平洋，南下东南亚，西倚大西南，是中国与印度洋、太平洋沿岸国家和欧洲海陆的重要交汇点，是中国大西南金三角经济区的进出口"咽喉"。

湛江经开区的母城——湛江市位于中国大陆最南端、广东省西南部的雷州半岛，地处粤桂琼三省（区）接合部。湛江市区位独特，是大西南出海的主通道，是广东省构建全面开放新格局的

重要一环,是粤西地区唯一的"一带一路"海上合作支点城市;也是北部湾城市群与粤港澳大湾区两个世界级城市群融合发展的重要支点,在粤港澳大湾区和海南自贸区(港)两大国家战略实施中具有特殊重要地位,具有不可替代的关键节点作用。

(二)区位优势

1. 交通区位优势

湛江内联"三南"、外连"五洲",为大西南、华南、海南的重要交通枢纽。湛江港是全国主枢纽港;铁路与广州、深圳、韶关并列,为广东四大铁路枢纽,有广(州)湛(江)、合(浦)湛(江)、湛(江)海(口)、张(家界)海(口)5条高铁通湛江,其中广湛高铁于2018年7月通车;公路是全国45个主枢纽城市之一;还有粤西唯一的民航国际机场,形成了发达的海、陆、空和管道运输立体交通网络。连接广州、海南和大西南的铁路干线在湛江交汇,黎(塘)湛(江)线、三(水)茂(名)线及粤海湛海铁路与国家铁路干线对接,洛(阳)湛(江)铁路广东段和黎湛铁路复线湛江段基本建成;国道207线、325线纵横贯通,广(州)湛(江)、渝(重庆)湛(江)两条高速公路已建成通车;湛江是连接中国西南与东部地区的接合部,我国大西南的重要出海口,也是我国大陆沿海通往非洲、中东、欧洲、东南亚、大洋洲海上航程最短的港口城市,处于承东启西、沟通南北、连接海内外的重要战略位置,是中国加入世界贸易组织(简称世贸)组织扩大开放、中国—东盟自由贸易区、北部湾城市群发展、泛珠三角区域合作、粤港澳大湾区建设和广东省区域协调发展等重大战略实施的重要支点和接合点,是我国加强与东盟各国经贸合作的"桥头堡"。

2. 港口优势

港口资源是湛江最重要的优势资源,港湾众多,建港条件优越。全市现有交通运输港口码头16个，大小泊位165个，2018年年吞吐能力超3亿吨，形成了以湛江港为中心、环雷州半岛中小港口相互配套的港口群。湛江港是国家级主枢纽港，为粤西、环北部湾地区最大的天然深水良港，拥有万吨级以至5万吨级泊位20多个，拥有全国第一座30万吨级油码头、30万吨级现代化铁矿石码头和华南沿海最深的航道，与100多个国家和地区通航。湛江港已拥有30万吨级航道，正建设40万吨级航道，近年来投入巨资进行大型项目建设，已初具国际一流深水大港规模，成为真正意义上的南方大港。

（三）湛江经开区总体发展规划

规划范围包括建成区、东海岛、硇洲岛、东头山岛和南屏岛等，总面积约400平方千米（含海岛四周的滩涂、养殖场及红树林）。建成区被定位为湛江中心城区的核心地区，是今后中心城区建设发展的重点区域，以发展行政管理、商务办公、商业金融科研信息为主，规划建设成为第三产业发达、商贸设施齐全、生活环境优美、居住生活配套和滨海城市风貌特色突出的湛江中央商务区。东海岛以湛江市主城区和湛江港为依托，重点发展钢铁产业、石化产业及其下游产业，适度拓展旅游产业以及第三产业，逐步把东海岛发展成为产业发展、经济繁荣、设施完善、生态良好、具有海岛特色的现代化港口工业新城和钢铁石化循环经济示范区。硇洲岛、东头山岛及南屏岛主要为建成区和东海岛做好旅游、生活和产业配套服务。

三、自然特点和资源优势

湛江经开区建成区的气候，亚热带特色十分明显，全年受海洋气候调节，季风明显，夏季盛行东南风，冬季多偏北风。夏、秋季长，冬、春季短。平均气温22.8～23.5℃。受温室效应影响，气温有逐年微升态势。年平均降雨量在1396.3～1759.4毫米。区内光照充足，年平均日照时数达1816.8～2073.5小时。空气湿度受湛江内港海洋气候的渗透，相对于湛江其他县（市）区湿度较高，年均达84%。

建成区的水资源也别具特点，地下水均属于松散岩类的孔隙水。各含水层组厚5～60米。浅层水开采资源为0.61万立方米/日，中层承压水开采资源为1.6万立方米/日，深层承压水开采资源为0.58万立方米/日，其水质均为淡水，以一级软水为主，多属于质量较好的Ⅱ级水。建成区还有地热矿水、黏土、海滩涂、红树林等自然资源，建成区内有文保河、平路河、菉塘河三条小河，虽然源流较短、水流较小、落差不大，但均独流入海，成了美化城市的风景线。

建成区最大的资源优势，就是建成了湛江市的中央商务区。区内有中国人民银行湛江市中心支行、中国银行湛江分行、中国建设银行湛江分行、中国农业银行湛江分行、广东发展银行湛江分行、南粤银行湛江分行、交通银行湛江分行、中国平安保险湛江支公司、中国太平洋保险湛江支公司等一批金融、保险机构；有皇冠假日酒店、恒逸酒店、君豪酒店、海滨宾馆、银海酒店等一批五星级、四星级品牌酒店；有中国城、皇冠城等文化娱乐场所和华都会大型超市；还有湛江海关、湛江检验检疫局、湛江市外汇管理局、湛江市国土资源局、湛江市环保局等一批重要的职能部门，形成了良好的营商环境。

东海岛区含东海岛、硇洲岛、东头山岛和南屏岛，自然条件优越。东海岛是中国第五大岛、广东省第一大岛，岛上人口大约15万人，面积286平方千米，地势平坦，标高4～14米，为地质坚硬的火成岩基地。地下水日开采量可达50万立方米。盛产鱼、盐，有庵里、红旗盐场，海水养殖以鲍鱼和对虾著称。海滩绵长且洁白。东海岛传统以出海打渔和种植木薯、番薯、甘蔗、花生等旱地作物为生。近年，种植北运蔬菜，养殖龙虾、鲍鱼、对虾、螃蟹、牡蛎及珍贵鱼类等已逐渐上升为主业。水果有香蕉、芒果、大树菠萝等，"东海香瓜"是当地的特产，比一般的香瓜小，犹似苹果，亦称"苹果瓜"，甜且脆，远近闻名。硇洲岛是一个海岛镇，扼湛江港出海口，距湛江市区25海里，距东海岛东南码头2.5海里，全镇总面积56平方千米，总人口5万多人，是火山爆发形成的海岛，岛上的百年古灯塔是世界上两座水晶磨镜灯塔之一。硇洲镇是广东省重点渔业镇，硇洲渔港是国家一级渔港。1999年8月被列为国家级小城镇综合改革试点镇。东海岛区在发展农业及海洋开发、旅游业、临港工业等方面都拥有良好的资源。

农业及海洋开发资源如下：

一是海岸线。全区由东海岛、硇洲岛、东头山岛、南屏岛4个海岛组成，海岸线总长192.48千米（其中东山45.3千米，东简46.2千米，民安57千米，硇洲43.98千米），约占全市海岸线的12.2%。东海岛东北部6.5千米海岸线，水深25～40米，航道距码头前沿300米，可辟为年吞吐量1.5亿吨以上的国际大港。

二是浅海滩涂面积。全区10米等深线内的浅海滩涂面积50多万亩（1亩≈666.67平方米，下同），约是陆上耕地面积的5倍（全区陆上耕地面积约11万亩），约占全市浅海滩涂面积的6.8%。

三是海生资源。全区近海渔场辽阔，海生资源丰富，有经济鱼类580种、贝类527种、虾类32种。此外，浮游硅藻、石莼、江篱、马尾藻等极其丰富。尤其在硇洲海域，鲍鱼、龙虾、海胆、石斑鱼等名贵海产珍品很丰富。硇洲鲍鱼更是历代贡品，在国内外久负盛名。

东海岛区农业及海洋开发基本上形成十大生产基地：一是香

蕉种植基地；二是外运菜种植基地；三是海产品种苗（斑节对虾为主）基地；四是鲍鱼养殖基地；五是对虾养殖基地；六是贝类养殖基地；七是优质鱼类基地；八是海产品加工基地；九是海洋捕捞基地；十是"三鸟"饲养基地。

旅游资源如下：

一是拥有一个AAA级的省级旅游度假区——东海岛旅游度假区，位于东海岛东部，是"湛江新八景"之一。它是由山峰、坡谷、丘陵、沙滩、绿林构成的天然旅游胜地。旅游区一带有防护林5.5万亩，林带伸延于海滩边，郁葱起伏，犹如"绿色长城"。旅游区面向南太平洋，日出景象十分壮观。拥有一条28千米长的海滩，是"中国第一长滩"，可与澳大利亚的"黄金海滩"媲美。东海岛"人龙舞"是当地特有的民间艺术，用人搭人的方式构成的长龙，翩翩起舞，被誉为"东方一绝"，令中外游人赞叹不已。湛江地方志记载，东海岛人龙舞起源于东海岛东山镇东山圩村，始于明末清初，是流传了300多年的民间大型广场表演艺术，2006年入选首批国家级非物质文化遗产代表性项目名录。开幕式上，由湛江东海岛的188位农民和学生组成的人龙舞表演队在该岛龙海天沙滩正式亮相，在公证人员监督公证下，上海大世界基尼斯总部代表当场确认并颁发证书，成功载入"上海大世界基尼斯之最"。该艺术节目曾应中央电视台邀请赴京演出。东海岛旅游度假区的海水洁净，海沙粗细适中，松软洁净，且富含对人体有益的多种矿物质，经常沙浴可以治疗多种皮肤病。此外，度假区有丰富的地下温泉，游玩之余，可在宾馆、别墅配置的温泉浴池泡温泉。独具南国海滨风情的椰林清吧园，是度假区的又一景观。在壮观的海滩上有轻型航空飞机、空中拉伞、海上摩托艇、香蕉船、沙滩跑车、与渔民齐齐拉大网等各式各样的游乐项目可供游客尽兴、尽情。在旅游区内，游人可乘凉、观海、品尝多种美味小吃，伴着拂面而来的习习海风，悠然自得。

二是被列入"湛江八景"之一硇洲古韵（硇洲岛）。硇洲岛是国家级小城镇综合改革试点镇中唯一的海岛镇，全岛陆地面积56平方千米，海岸线长43.98千米，是湛江港的天然屏障。硇洲岛是湛江市的岛外之岛，风景秀丽，一年四季气候宜人。硇洲岛人杰地灵，物产丰富，盛产闻名世界的硇洲鲍鱼、龙虾等名贵水产。此外，还有丰富的人文历史景观及自然景观，如宋皇井、窦振彪墓、那晏海石滩、东海头海底世界、津前天后宫等。硇洲灯塔更是这风情独特小岛上的一大景观。硇洲灯塔是国家级航海标志，集古迹与当代先进的科学技术为一体，在浩瀚南海上放射出灿烂的光芒，照耀着来往船只的航道。该灯塔是世界目前仅存的两座水晶磨镜灯塔之一（与英国伦敦灯塔齐名），也是世界目前的三大灯塔之一。灯塔建于1898年，位于硇洲岛海拔81.6米的马鞍山上，高23米，底宽5米，顶宽4米，整个塔由麻石叠砌而成。塔的顶部是灯座室，水晶磨镜以水平方向放射，射程为26海里。硇洲灯塔现为全国重点文物保护单位，它与伦敦、好望角灯塔一样，饮誉世界，也成为硇洲岛重要的旅游景点。

临港工业资源如下：

一是拥有丰富的待开发的土地资源。东海岛是一个平坦而开阔的大海岛，面积286平方千米。岛内地势平坦，东为玄武岩台地，西为海积平原，标高4～14米，为地质坚硬的火成岩基地，地下水开采量可达50万立方米，适合发展临港大工业。

二是拥有世界罕见的国际一流深水大港的地理条件。北临湛江港，环岛可建码头岸线37千米，可建万吨级以上至50万吨级深水码头。尤其是龙腾至蔚津6.5千米海岸线，水深26～44米，航道距岸仅200～300米，进港航道宽2千米，能同时通航两对30万吨级货轮或50万吨级油轮，可发展成年吞吐量2亿吨以上的国际大港。并可充分利用湛江港的管道运输网络，大大降低运输成本。

三是有足够的环境承载力。东海岛四面环海，海区开阔，与外海水体交换较易，大气和近岸海域环境承载容量大，区域大气环境优越。

四是交通条件优越。东海港是中国大陆通往东南亚、非洲、大洋洲航程最短的港口，距离香港221海里，距离新加坡1320海里。东海岛有6.8千米堵海大堤及一条四车道东海大桥与玉（林）湛（江）高速、东（海岛）雷（州）高速、疏港大道、环市快线对接，与湛江的公路网络连成一体。岛上28千米的中线公路贯通全岛，铁路专线已建成。这些都为扩大对外开放、大力发展现代临港工业提供了宝贵条件。

四、人口变化及交通发展

（一）人口变化

雷州半岛居民的祖先大多是从福建莆田迁徙而来的，今湛江经开区所辖建成区和东海岛、硇洲岛作为雷州半岛的一部分，其先民也主要是从福建莆田迁徙过来的。《湛江市志》也有记载，东海岛全岛居民有六万七千余人，其始祖多数为宋室南渡时，由闽、粤，迁来此岛。[1]而且现存于硇洲岛和东海岛的一些天后宫（妈祖庙）也证明了这一点，因妈祖起源于福建莆田，这种妈祖信仰是随莆田移民的迁入而带来的。

1920年，广州湾人口5万人，其中东海岛和硇洲岛一带共2万多人。抗日战争胜利后，1945年9月21日，中国政府从日军手中收回广州湾，收回初期硇洲岛人口约1.5万人，东海岛8万人。[2]

---

① 郭寿华：《湛江市志》，大亚洲出版社，1972，第8页。
② 郭寿华：《湛江市志》，大亚洲出版社，1972，第119页。

新中国成立后，人口增长较快，其间由于学习、工作、婚嫁，人口也有迁移，2000年东海岛下辖东山、民安、东简三个街道及硇洲镇，人口20.2万人，以汉族为主体，多民族杂居。

2010年1月，国家级湛江经开区与湛江市东海岛经济开发试验区合并为新的湛江经开区后，户籍总人口为27.41万人，其中东海岛区23.3万人，建成区4.11万人。截至2019年末，户籍总人口为31.98万人，其中东海岛区26.31万人，建成区5.67万人。

（二）交通发展

湛江经开区建成区道路，共有主、次干道路38条，其中政府财政投资、集资兴建的32条，区内单位、企业出资兴建的6条。

1. 人民大道

人民大道于1984年9月投资兴建。工程起点位于霞山区的菉塘湛江啤酒厂，终点至赤坎区的广湛公路路口，贯通经开区，全长9千米，路宽60米，呈南北走向。分三期建设。其中经开区范围内路段3.5千米。工程由湛江市规划勘测设计院设计，分别由四航三公司、霞山市政公司、郊区建筑公司、湛江市政工程公司等单位分段承建。一期工程主要为修筑全长9千米的土路路基，二期工程主要是道路路面建设和排水工程，三期工程主要为明渠排水改为暗管、雨污分流系统。1986年11月，人民大道建成通车。1993年，人民大道两侧人行道，全部改铺硬底化路面，其中属经开区路段总长3.5千米，东西两侧各宽10.5米。1999年在两旁人行道上全部铺砌彩砖，总面积达7.35万平方米。

2. 乐山大道东段

乐山大道东段全长1800米，路宽60米，双向六车道，由湛江市规划勘测设计院设计室设计，湛江市赤坎区市政工程公司、湛江市政工程公司、海军西沙工程指挥部、湛江市水利水电机械施工公司等单位承建。乐山大道是湛江市城市总体规划东西走向的城市主干道之一，为经开区建设平乐工业园区发挥了重要作用。乐山大道东段1992年2月动工兴建，翌年2月竣工通车。建成机动车道水泥路面积4.23万平方米，非机动车道沥青路面积2.16万平方米，排雨排污管道长9659米。乐山大道东段是湛江市兴建的海湾大桥西岸引桥的连接点。

3. 乐山大道西段

乐山大道西段全长1200米，路宽60米，双向六车道。1996年动工兴建，1998年竣工，机动车道及非机动车道均为水泥路面。

4. 龙潮路西段

龙潮路西段长100米，路宽42米，四车道，于1993年7月动工兴建，1994年1月竣工通车。建成机动车道水泥路面积1.76万平方米，非机动车道沥青路面积1.21万平方米。地下排水管道长3053米。由湛江市规划勘测设计院设计。主要是在原广(州)海(口)线上改建，该工程由湛江市公路局、湛江市政劳动服务公司、霞山市政工程公司承建。

5. 龙潮路东段

龙潮路东段全长1760米，路宽42米，四车道。1995年5月动工兴建。该路段地理条件复杂，西起人民大道，往东至海滨大道中，地面落差25米，需要拆迁的户数多，资金投入大，施工难度大，工期长。整条路基工程共挖填土方47万立方米，共拆迁村民97户。龙潮路东段由湛江市规划勘测设计院设计，湛江市政工程公司、广东海外建筑总公司惠州公司湛江分公司、湛江市第九建筑工程公司等单位承建，工程历时三年，1998年5月正式建成通车。共铺建机动车道水泥路面积28160平方米，非机动车道水泥路面积19360平方米，排水管道8289米。

6. 海滨大道扩建工程

海滨大道是湛江市沿海边南北走向的主干道，于1956年兴建，该路面原宽30~36米。在改革开放大潮中，湛江市车流量、人流量急剧上升，该路已无法适应新的交通需要，加上原为沥青路面，多已破损、塌陷，造成交通堵塞，给市民出行带来诸多不便。1992年初湛江市政府决定扩建海滨大道。路面扩宽为42米。1992年5月成立海滨大道扩建工程指挥部，正式动工扩建。海滨大道经开区路段南起霞山菉塘村，北至赤坎文保村地界，共4850米，路宽42米。1993年夏，经开区路段全线竣工。

7. 绿华路

绿华路西起人民大道中，经过区管委会泰华大厦，东连接海滨大道。当年设计时被定为滨河路，又名乐华路。2005年后，市地名办更名为绿华路。绿华路全长2950米，路宽42米，四车道水泥路面。由湛江市规划设计院设计，分两段建设。第一段全长150米，位于泰华大厦正门前，接人民大道中，由湛江市政工公司施工，1993年冬建成。第二段道路于2002年9月竣工通车，建成机动车道水泥路面积54420平方米，非机动车道水泥路面积24882平方米，排雨排污管道9518米。

8. 平乐工业园区路网建设

经开区平乐工业园区总面积1.2平方千米。园区南片路网，由乐兴路、乐宾路、乐怡路、龙平路、永平路组成，由经开区建设公司组织施工。1992年动工，1993年底竣工，共铺建沥青路面6074米、全线路网面积67447平方米，排雨排污管道18217米。平乐工业园区南片第二批道路建设，主要是向东、向南扩展、延伸，重要的道路有乐怡路、龙平南路和永平南路等。

9. 海洋小区和海静小区路网

经开区海洋小区和海静小区，兴建道路主要有观海路、海景路和海洋路。均为水泥硬底路面，路面总宽为36~42米，于1998—2005年由湛江市规划部门组织投入建设。另有分支道路，路面总宽在13米以上的共有16条，总长5761米，总面积104.5万平方米。两小区内还铺设排污管道共10千米。

10．圆岭路

圆岭路是湛江市城市规划中的东西走向的次干道，东起海滨大道中线1+233.65米，西接绿华路中线0+519.893米。全长1506米，路宽30～32米。其中机动车道为沥青路面，宽12～14米，面积20860平方米。南侧人行道及绿化带6～12米，北侧人行道及绿化带4～6米。圆岭路部队单位居多，南北两侧共有临街路面2930米，部队营房及军工企业占2084米。这条路由茂名建筑（集团）有限公司中标承接施工。2004年10月动工，2005年12月竣工验收。

原东海试验区有1958年建的6.8千米堵海大堤与湛江市区的公路连接。截至2019年底，岛上已建有28千米的中线公路贯穿全岛，湛林路、海明路、涛声路、疏港路、东南大道等道路已经铺通。

两区合并后，2010—2018年底，共投入40.79亿元，建设东海大道二期工程、东海大道市政绿化、路灯改造工程、龙平北路、嘉平路、东山镇海田路、新区新丰东路排水工程、上坡东路排水工程、湛江钢铁项目居民搬迁安置小区青南北路等27条道路。国家配套6.8千米长的东海大桥已建成通车，铁路已通到宝钢，中科、宝钢码头已经启用。玉湛高速全线通车，东雷高速预计2021年通车。届时，经开区与外界的联系将会相当便捷。

11．东海岛铁路

湛江东海岛铁路全长57.31千米，由黄略至湛江西段，以及湛江西至钢厂段两部分组成。其中，第一段从茂湛铁路黄略站引出，西至粤海铁路湛江西站，为茂湛铁路延伸段，长为17.56千米；第二段从湛江西站引出，跨通明湾到达东海岛钢铁和炼化基地，单线电气化客货共线，铁路长为39.75千米。2018年2月9日，粤西首条海岛铁路——新建湛江东海岛铁路正式开通运营。

12. **通明海特大桥**

2015年9月，通明海特大桥动工建设，现已进入设备调试阶段，预计2021年建成通车。虽然湛江海湾大桥是广东继虎门大桥之后建设的最大规模的桥梁工程，但建成后的通明海特大桥将取代湛江海湾大桥成为湛江第一长桥。该桥将打通东海岛西南方向的海上通道，东海岛与雷州奋勇高新区之间的交通车辆将不再需要绕行疏港大道，行程时间从80分钟缩短至30分钟以内，使这三个区域成为真正意义上的"半小时交通圈"。

第二节 革命老区情况

一、历次评定革命老区镇、老区村的情况

湛江经开区东海岛是中共粤桂边区重要活动基地。在战争年代，东海岛人民在中国共产党的领导下，建立了一个个革命据点，进行了艰苦卓绝的斗争，为壮大革命力量、夺取新民主主义革命的最后胜利做出了巨大的牺牲。当年许多革命老区村庄遭到敌人的烧杀抢掠，很多老区人民为此献出了宝贵的生命。老区人民用英雄壮举，在湛江革命史上谱写了可歌可泣的壮丽篇章。东海岛地区先后有1257人参加革命队伍，有165人在革命事业中献出宝贵生命，为粤西地区的解放事业做出了重大贡献。特别是东海岛西山村，在抗日战争初期就建立了东海岛第一个党支部，积极开展抗日救亡活动，是东海岛革命活动的重要基地。在解放战争时期，西山村是中共粤桂边区党委领导机关的所在地。黄明德、黄其江、王国强、沈斌等革命老前辈当年就在西山村组织指挥粤桂边区革命斗争的开展。西山村被称赞为粤桂边区的"小延安"。

新中国成立后，根据中共中央、国务院有关的方针政策，在省、市的领导下，结合东海岛革命斗争的实际，基本以自然村为单位，进行了三次评划革命老区村庄的工作。

第一次是1957年，组织评划第二次国内革命战争和抗日战

争时期的革命老区村庄；第二次是1989—1990年，补评划第二次国内革命战争和抗日战争时期的革命老区村庄；第三次是1991—1993年，组织评划解放战争时期的革命老区村庄。当时全省共评划了5万多个革命老区村庄，其中，东海岛共有146个。

东海岛民安镇、东山镇和东简镇被评定为革命老区镇，湛江经开区与东海岛经济开发试验区"两区合并"后，全区的革命老区村庄共有150个，其中民安镇70个、东山镇31个、东简镇28个、硇洲镇17个、乐华街道4个。被评定为抗日战争革命老区村庄共34个，被评定为解放战争革命老区村庄116个。全区革命老区总人口达17.2万人，占全区户籍人口的53.8%。

长期以来，广东各级党委、政府及有关部门对全省老区建设进行了多方面的扶持，帮助老区人民医治战争年代留下的创伤，扶持发展经济，扶持发展交通、通讯、教育、文化、卫生、社会福利等事业。东海岛老区人民积极发扬光荣传统，把各方面的扶持和自身力量结合在一起，艰苦奋斗建设家园，使许多老区村庄旧貌换新颜。目前，全岛老区村庄基本消除了绝对贫困，有的已进入宽裕的小康行列，根本解决了老区行路难、饮水难、照明难、上学难、看病难、通信难等问题，这一业绩充分体现了党和政府对老区人民的关怀。

二、革命老区镇及老区村庄名录

（一）革命老区镇

湛江经开区有三个镇被评为革命老区镇（后改街道），分别是东海岛民安镇、东山镇和东简镇。

（二）革命老区村庄名录

革命老区村庄名录

所属镇（街）	类型	革命老区村庄名称
乐华街道（4个）	解放战争时期	平乐上、平乐下、深田、斜坡
民安镇（70个）	抗日战争时期	龙舍、山内、五固、安乐、北园、文亚、西山、下山、后坡、塘尾、迈林坡、大熟、临海、丹寮下、三盆、邓屋、海坡南、海坡中、海坡北、民安圩、南池、西湾、北逻、盐灶坡
	解放战争时期	土相、北域、温滘、龙佃、文亚新、北海、山头、调琴、丹寮上、丹务、水逻、后山、毛坑、五花、新安圩、那何、北边、后边、西园、后巷、调低、尼那、西姜、芒丛、南坡、梁屋、尼山、调军、骑龙、后坡、溪尾东、迈旗、内村、何屋井、西坡、西坡仔、文丹上下、合和、才坡、龙现、苏屋、吴屋、客屋、迈旺、田交、田交仔
东山镇（31个）	抗日战争时期	东坡、新中南、山后、联和、下路、调市、什石、什二昌、东参、西坑
	解放战争时期	青蓝、调屋、东山、南山、脚踏、上湛、龙安、龟头、外坡、山尾、调逻、同及北边、同及后边、调山、龙池、龙池仔、调那仔、企沟、文参、调埠、溪打
东简镇（28个）	抗日战争时期	无
	解放战争时期	后湖、盐灶、沙头上下、南坑、龙秋、龙好、庵里、极角、唧口、唧村塘、水洋、西边、迈奴、唧头、大村、赤岭、石桥、石磊上下、坑里、北园、南园、北坡、草陆坡、后村、郑东、郑西、坡头仔、西坡北
硇洲镇（17个）	抗日战争时期	无
	解放战争时期	斗龙、谭北湖、担水、烟楼、大伦、谭井、那甘尾、讯地仔、那凡、港头、大浪、庄屋、后角、黄屋、梁屋、那林、红豆

三、革命老区村庄选介

湛江经开区共有150个革命老区村庄，其中抗日战争时期的革命老区村庄有34个，解放战争时期的革命老区村庄有116个。这些革命老区村庄在革命战争年代，是革命的根据地，为粤西地区的解放事业做出了突出的贡献。革命老区村庄有着许多可歌可泣的革命斗争故事和光荣的历史。新中国成立后，老区人民在党的领导下，积极投身社会主义建设，特别是沐浴着改革开放的春风，老区的面貌焕然一新，涌现出一批脱贫致富和新农村建设的先进典型。以下按约20%的比例，从区各个镇街中选出31个革命老区村庄作介绍。

（一）民安街道

民安街道共有70个革命老区村庄，选介15个。

1. 西山村

西山村村貌

西山村，位于民安街道西北部，距民安街道办事处约2千米。该村有户籍人口1950多人，通用雷州方言。

西山村中共党支部成立于1939年6月，在党组织的领导下，西山村的交通站、农会、抗"三征"（征兵、征税、征粮）妇女会工作非常出色，群众革命基础好，加上交通便利、易守难攻的独特地理环境，1948年，中共粤桂边区党委领导及机关驻扎在西山村，领导机关的电台、出版、后勤机构等都转移到西山村，西山村成为当时南路革命的重要根据地。举行过两次影响大局的重要会议，被誉为粤桂边区的"小延安"。

在革命战争年代，西山村涌现出许多革命志士，主要人物有沈斌（高雷地委书记、中共粤桂边第二支队政委），革命烈士有沈妹诗、沈佛才、沈德明、沈怀东、沈兆球、沈树希等人。

2. 西湾村

西湾村村貌

西湾村，位于民安街道西部，距民安街道办事处15千米，西湾村地理形似公牛角，又为雷州湾的临海村庄，因此曾取名牛牯湾村，后更名西湾村。

牛牯湾村是抗日战争时期的革命老区村庄。村庄沙头鼻处原是海上重要的交通要塞。西湾村"牛牯湾税站"成立于1947年7月，负责征收税工作，建站三年共征收税银30万银元，成为粤桂边区财政来源的重要基地之一，其收入主要用于粤桂边区人民解放军主力部队的经费开支，为中共粤桂边区的财税工作做出了重大贡献。1947—1949年，国民党军先后9次对牛牯湾税站实行封锁式的"围剿"和扫荡。在反"围剿"期间，中共党组织领导军民为保卫税站，进行了艰苦卓绝的斗争，李那威、唐那真、许仔三位同志壮烈牺牲。革命烈士还有梁德子、赵九子等。

3. 丹寮下村

丹寮下村村貌

丹寮下村，位于民安街道东南方向，常住人口约3360人，村民多为林姓、陈姓、谢姓。

1943年，东海地下党组织先后派颜丰、黄美贺、庞玉琼、李坚等来该村办学校，取名"岛声小学"，以"岛声小学"为阵地，大力宣传抗日爱国思想，进一步激发了广大群众的爱国热情。1943年冬，东海党组织选择群众基础较好的村庄，成立游击队中队和分队。由于该村群众基础好，率先成立了游击分队。林加均、林盛分别担任正、副队长。游击分队共有30多人，拥有长枪20支，短枪2支，取名"护村队"。从那时起，这支武装力量就成为共产党领导的革命武装力量。该村参加解放军的人中，担任连级以上干部多达8人，他们是林德、林盛、林荣义、林如、林勇、林春荣、林智、林追（林成宜）。在部队里担任排级干部的同志有7人，他们是林荣芝、林启国、林景光、陈培（陈凤桐）、林众、林巨勋、林荣任等。

4. 大熟村

大熟村村貌

大熟村，位于民安街道西北部，距民安街道办事处约3.1千米。现全村人口1800人，其中农村户口1350人。该村沈氏宗祠有着光辉的育人史和革命斗争史。

该村的沈荣久（1894—1950）利用宗祠办私塾，教授的学生有沈斌、沈荣珠、王玉颜、沈汉英、谢其乐、沈泽、沈兆炎、沈兆荣等，全部考上遂溪县师范学校并投身革命。1935年，沈荣珠从遂溪师范毕业后利用大熟宗祠创办大熟小学，培育和造就革命人才，先后教的学生有沈江、沈阳、沈树清、沈树聪，他们都考上了雷州师范学校。大熟小学培养的人才当中有80多人走上革命道路。沈荣珠，1937年参加革命，1939年加入中国共产党，1940年在民安镇新民小学任教，以教书为名从事地下党组织工作，1944年在徐闻被捕并遭杀害，年仅29岁。村中突出人物还有沈文周、沈彭、沈丽虹、沈恒志、沈玉琼、沈江、沈省等。

5. 龙舍村

龙舍村村貌

龙舍村，位于民安街道西部，距民安街道办事处约7千米，现有农村人口2600多人。

该村为抗日战争时期的革命老区村庄，涌现了许多为革命事业做出贡献的人物，如王玉颜，中共党员，曾任东硇特别区区长，因斗争艰苦积劳成疾，52岁时去世，被追认为革命烈士。王平，1939年参加革命，1944年8月参加了中共领导的遂溪老马抗日武装起义。后任南路人民抗日解放军老一团一营政委。1945年在廉江遂溪战斗中牺牲。王来周，1947年参加粤桂边区人民解放军，同年9月在遂溪笔架岭与国民党军作战时牺牲。王玉武，曾任雷州人民抗日游击队第二大队政委。王忠，1943年参加共产党抗日游击小组投身抗日救亡运动，曾创建龙湾联村的“抗日少年先锋队”组织。还有王培、王荣、王奎、王南、王建明、王如竹、王栋、王如校、王其德等杰出人物。

6. 山内村

山内村，位于东海岛西部，距民安街道办事处仅7千米。古时称逯遐，有居民225户1300余人。

山内村村貌

该村是抗日战争时期较早建立中国共产党组织的革命老区村庄。1939年7月，在位于该村陈氏宗祠的英才小学成立四联村党小组，同年冬改为党支部，一批革命青年先后入党，为革命做出了贡献，他们是陈元清、陈光爵、陈元寿、陈英、陈元兴、陈杰、陈均、陈景美、陈光党、陈元宏、陈老兴、陈景业、陈山、陈章、陈景元、陈元珍等。1944年7月，陈光爵在遂溪县江洪与日伪军作战时英勇牺牲。1945年夏，陈元兴、陈杰、陈均、陈元宏等人受党组织的派遣，奔赴海康扶桥抗日联防区。1947年秋，陈元寿到新安传达上级指示时，被国民党兵追赶，负伤不治牺牲。1947年冬，中共东海特区委在陈光舜家开设军械厂，为前线部队制造地雷、修理枪支。

7. 民安圩

民安圩，位于东海岛西南方，曾称"水流沟圩"，是一个圩集中心。中心面积1.6平方千米。

1936年冬，陈其辉、黄明德、沈斌、王玉颜、沈植三、谢其乐、沈荣珠等青年教师在水流沟圩成立进步书刊读书会。他们在开展抗日救亡活动的同时抱着寻找共产党的救国志愿，传播抗日

新民小学

革命思想。

　　1939年5月，东海岛第一个党支部在水流沟圩小学建立。沈斌担任首任书记。其间黄其江、黄明德、沈汉英、王玉颜、陈志群等人经常在此开展爱国教育及举办党员培训班等。1940年1月，东海党组织将水流沟圩小学更名为"新民小学"。谢国美任校长，他和沈荣珠、王玉颜、林进犹、王三芝、张耀森、沈康武、沈粤民等一批师生投身革命，其中7名牺牲，被追认为革命烈士。1947年5月，党组织发动群众公开协助"东海暴动"，攻打国民党水流沟圩盐警队驻地。水流沟圩革命青年在沈时升、沈粤民、沈标、沈耀东、张耀联等带领下，协助粤桂边区人民解放军作战，提供送情报、送饭、送水等支援，最终"东海暴动"取得胜利。

　　8. 文亚村

　　文亚村，地处民安街道中部，毗邻民安街道办事处，有户籍人口约1650人。该村有着光荣的革命传统，是抗日战争时期的革命老区村庄。

文亚村村貌

　　村中谢国美、谢其佳、谢开和、谢其合等热血青年积极投身革命活动。1936年秋，谢国美等一批青年教师在新民小学成立革命读书会，学习并传播革命思想，宣传抗日救亡主张。1939年，谢国美等人加入中国共产党，参与成立东海岛第一个党支部。1940年，谢国美任新民小学校长，1944年接上级通知，秘密撤离家乡奔赴徐闻青桐村任徐闻县抗日联防队负责人、徐闻县总支书等职，在抗日救亡中壮烈牺牲。

　　9. 下山村

下山村村貌

下山村，位于民安街道北部，距民安街道办事处约1.5千米，世居村民全为沈姓，有户籍人口806人。

在革命战争年代，村民们拥护革命，积极参加革命。村北面有一个海港，港口岸边有一个大石㙟，因此得名"石㙟公港"，历来是民安圩商品出入的港口通道。抗日战争、解放战争时期，中共地下游击队人员来往、军用物资的运送，就是主要依靠这个港口。村中参加革命的主要人物有沈自豪，又名廖源，1938年参加革命，1939年5月入党，曾任广西百色地区行署副专员；沈德孝，又名沈克，1938年参加革命，1940年入党，中华人民共和国成立后任职于湛江市卫生局，享受副处级离休待遇；沈德明，1938年参加革命，1940年加入中国共产党，1947年11月在遂溪县笔架岭战斗中英勇牺牲，年仅26岁，被追认为革命烈士。

10. 后坡村

后坡村村貌

后坡村，位于民安街道东南部，距民安街道办事处约2.5千米，有户籍人口950人。

该村在抗日战争和解放战争时期，涌现了许多为革命事业做出贡献的人物，主要有沈泽、沈兆梅、沈兆炎、沈相、沈兆奇、沈兆尾、沈兆怀（沈值）、沈裕、沈时兰、沈希、沈时学、沈树隆、沈保才、沈时命、沈兆星、沈时理等。沈泽，1938年参加革命，1939年11月加入中国共产党，先后任南路人民解放军连政治指导员、营教导员。沈兆梅，1939年参加革命，1940年加入中国共产党，中华人民共和国成立后任湛江市郊区民政局局长。沈兆炎，1939年参加革命，1940年加入中国共产党，中华人民共和国成立后任徐闻县公安局副局长。沈相，1944年参加革命，1947年加入中国共产党，中华人民共和国成立后任怀集县武装部副部长。沈时兰，1946年参加革命，1950年加入中国共产党，1960年任北方交通大学人事处处长。沈兆怀（沈值），1939年参加革命，1947年加入中国共产党，中华人民共和国成立后曾被评为"全国民兵先进工作者"，在北京受到毛泽东接见。

11. 迈林坡村

迈林坡村村貌

迈林坡村，位于民安街道西北部，距民安街道办事处3千米，现有农村人口560多人。

该村曾经是革命活动联络站，在抗日战争和解放战争时期都为革命做出了贡献。1944年7月，南路特委运送一部电台给琼崖

特委，沈斌把运送的任务交给
西山村交通站，从"裕利行"
把电台运回西山村沈益聪家收
藏，后来为了安全起见，又转
移到迈林村沈时伟家收藏，
再由沈时文、沈文清（三盆村
人）挑运到三盆村，藏在运番

沈时伟一家收藏的电台

薯的船里，运到硇洲岛水港交给海南派来的人接运回海南岛。在
革命战争年代，该村的沈时读、沈时文、沈时诗、沈时伟、沈时
芳和沈凤梅等人积极投身革命，为革命事业做出了巨大贡献。

12. 三盆村

三盆村村貌

　　三盆村，位于民安街道西南部，距民安街道办事处约2.5千
米。现有农村人口2900多人。

　　该村是抗日战争时期的革命老区村庄，涌现出很多英才俊
杰，如李晓农，1939年加入中国共产党，1949年为解放云南，围
歼国民党残余势力立下卓越战功，先后荣获中华人民共和国国防
部、中共中央军委授予解放勋章、独立勋章各一枚，曾任昆明军

区后勤部政治部主任（副军级）；陈沈潜，1939年入党，1944年从地方游击队转入四野部队，曾参加过平津、淮海战役，中校军衔；沈植三，1939年入党，是东海岛历史上第一个共产党支部的成员，后在革命战争年代病逝。该村的革命人物还有沈醒民（沈民）、沈文清、沈志英、沈存武（沈耀）、沈永合等。该村革命烈士有欧那赤、沈那宝、李丑全、沈端伦。

13. 南池村

南池村村貌

南池村，位于民安街道西北部，距民安街道办事处约0.5千米，现有人口660多人。

该村在抗日战争和解放战争时期，培养了不少革命人才，其中厅级干部有1人，副处级以上的干部有6人。沈汉英，1938年加入中国共产党，1940年后历任遂溪东区区委书记、雷州特派员、遂溪中心县委书记、粤桂边区人民解放军第一军分区（雷州）司令员，指挥了著名的笔架岭战斗等，取得反"扫荡"的胜利。中华人民共和国成立后，沈汉英任中共高雷地委委员、中共合浦县委书记等职，曾领导合浦军民迅速平息当地匪患。沈桐，1943年参加革命，1948年加入中国共产党。中华人民共和国成立后历任株洲市中医院院长、株洲邮电局局长。沈如，1947年3月参加革命，在游击队参加解放战争，1949年3月加入中国共产党，中华人民共和国成立后历任柳州市第一棉纺厂厂长、柳州市纺织工业局局长等职。沈桂桐，1948年参加东海岛游击队，同年参加粤桂边人民解放军第五团。沈邬，中共党员，湛江郊区渔业局离休干部。

14. 盐灶坡村

盐灶坡村，位于民安街道东南部，距民安街道办事处约2千米，有户籍人口865人。

1943年，在中共地下党组织的领导下，该村陈心泽、陈心希、陈心创、陈心怀、陈安乔、陈心悟、陈安波等一批热血青年参加地下游击小组，在该村以及周围村庄开展抗日救亡运动。其中，陈心希是东海岛共产党组织地下武装——

盐灶坡村村貌

"驳壳队"的队长。在艰苦的革命斗争中，该村青年陈心创、陈心怀为革命献出年轻的生命。陈心创（1923—1949），1946年4月参加游击队，共产党员，曾任粤桂边区人民解放军第八团一连指导员，1949年在遂溪县坡口村不幸被捕，后遭杀害。陈心怀（1930—1948），1946年参加游击队，南路人民游击队保卫连连长，1948年12月在徐闻曹家村被敌人包围，在突围时牺牲。

15. 塘尾村

塘尾村村貌

塘尾村，坐落在民安街道办事处西面2千米处，是清代嘉庆年间从西山村分居出来的。该村有户籍人口共500多人。

西山村于1939年6月成立党支部后，塘尾村就在西山党支部的直接领导下开展各项革命活动。1940年春，西山村交通联络站建立，后在塘尾村沈怀仁家设立了分站，交通联络范围扩大到整个雷州半岛甚至香港华南分局等地区。1948年，粤桂边区党委的出版处设立在塘尾村沈树梓家。粤桂边区党委机关报《人民报》、雷州地委的《半岛导报》都在该村编辑、出版、发行。出版处的负责人曾尚纪因积劳成疾在该村革命堡垒户何凤英家中病逝。

在西山党支部的坚强领导下，塘尾村群众冒着生命危险参加革命活动，成立了农会、妇女会，办夜校，为革命事业做出了突出贡献。该村的著名革命人物有沈怀仁、沈树福、沈佛生（沈生）、沈那力、沈益、沈怀德、沈树保、沈树柳、沈申富、沈那俊等。

（二）东山街道

东山街道共有31个革命老区村庄，选介7个。

1. 东坡村

东坡村文化广场

东坡村（包括北村、南村、上湛村），位于东山街道东面，距东山街道办事处约4千米，现有农村人口3850多人。

东坡村是抗日战争时期的革命老村庄，涌现了一批为革命事业做出贡献的优秀人士，如杨盖昌（杨金波），1942年加入中国共产党，同年7月，他创办东坡益智小学，组建党组织，杨甫昌等人先后在这里加入中国共产党。杨金波接受党的指示离开东坡时，杨甫昌负责领导以东坡村为中心的中、上社四邻村的组织工作和地下武装斗争。据统计，抗日战争和解放战争时期，东坡村有80多人参加革命，为革命捐躯者有杨争、杨蕃昌、杨逊侬、杨有三、杨之业等。

2. 东参村

东参村，位于东山街道北面，距东山街道办事处约7千米，面积2平方千米。有户籍人口1780多人。

东参村原村貌，现为中科炼化项目下游产业园区

该村是抗日战争时期的革命老区村庄。早在1922年，著名革命烈士黄学增就来到这里开展反帝反封建革命宣传，倡议开展新型教育，反对殖民奴化教育。1925年，东参村建成东海岛唯一的交通海运出口——溪尾草码头，经黄元武的活动，获取东海岛开往西营（今霞山）、赤坎唯一航线经营权。置有大型运输船30多艘，对外贸易远及马六甲等地。1925年，黄学增到该村组织船工、盐工支持省港大罢工。1939年，村中青年黄轩加入中国共产党后，引领村中40多人参加革命，秘密建立党小组，成立游击小分队开展革命活动，为革命事业做出了突出的贡献。

2010年，东参村作为中科炼化项目征地搬迁村庄整村搬迁。总面积100亩、共16栋的村民安置小区已建成，位于民安街道三角站鱼网城西。

3. 西坑村

西坑村，位于东山街道西面，距东山街道办事处约2千米。祖先从福建省莆田县金鸡村迁移到此建村，全村有户籍人口1300多人。

西坑村是抗日战争时期的革命老区村庄。1941年皖南事变

西坑村村貌

后，党中央指示琼崖革命根据地保存实力，撤退和分散部分革命干部到广东。有的来到西坑村创办西坑中心小学，先后有凌光前(任校长)、郑光民(任教导主任)、潘文波（南路特委）、黄成海、吴福田、严雪、沈斌、陆锦纶、钟正书、陈宏仁等10多名党员和革命干部任教。学校作为联络点和情报站，成立了党支部，陈克为支部书记（后为陈宏仁），潘文波、黄成海为支部委员。支部成员有陈宏仁、陈其达、陈明湘、王泗利、陈辉等10多人。成立由王泗利为组长的游击小组，组员有10多人，配备长短枪11支。1947年配合南路游击队攻打东海岛东山、民安反动据点，取得胜利。

4. 青蓝村

青蓝村泛指北园、南园、青蓝仔村，位于东山街道东北部，面积约6平方千米，现有农村人口4000多人，其中港澳台同胞42人，华人华侨138人，主要分布在新加坡、马来西亚、泰国，是岛内著名的侨乡。

青蓝村历史悠久，人才辈出，明代末期至民国时期，先后出总司、千总、文林郎、庠士等32人。该村是解放战争时期的革

青蓝村原址（现中科炼化项目厂址）

命老区村庄，参加革命者有朱兴教、朱兴贯、朱美、朱兴山、朱兴衣、朱四彬、朱长真、朱四苑、朱兆章、朱四衣、朱玉凤（女）、林成机等，有革命烈士朱仁光。

中科炼化项目厂址坐落在青蓝村，2010年全村搬迁，总面积100亩的村民安置小区已建成，位于东山街道龙安村西。

5. 什石村

什石村文化楼

什（拾）石村，位于东山街道南面，距离东山街道办事处约3.5千米，现有农村人口2260多人，有港澳台同胞60人，华人华侨10人。

什石村是抗日战争时期的革命老区村庄，有着光荣的历史。从1940年起，该村许建义组织村中40多人成立抗日游击小组，参加抗日游击战争；许建义、许义昌成立10多人的抗日武装队，于1943年2月赴遂溪卜巢山参加南路抗日武装队；1945年8月，许伟等20人踊跃报名参加解放游击队。在抗日战争和解放战争中，什石村为革命牺牲的达20多人，经认定的有许建义、许那尾、许那保三位革命烈士。村中革命先辈及做出突出贡献人士有许玉锦、许义昌、许建凰、许立新、许锦琼、许锦礼、许伟、许强、许卓然等。

6. 东山村

东山村村貌

东山村，位于东山街道东面，距东山街道办事处约2千米，现有农村人口1400多人，有香港同胞8人，华人华侨40多人。

该村是解放战争时期的革命老区村庄，在解放战争中经认定的烈士有庄开盛、庄成章、庄民生。革命先辈有：庄全农、庄承合、庄乔举、庄四期、庄乔兰、庄乔学、庄学兴、庄乔菊、庄希保、庄胜、庄菊英等。副县处（团）以上党政军领导及对村贡献较大的有庄益明（副师级）、庄伟杰（西安大学教授）、庄益智、庄森博、庄坚、庄济勇、庄译等。

7. 脚踏村

脚踏村村貌

脚踏村，位于东山街道东面，距东山街道办事处3千米，现有农村人口3360多人，有港澳台同胞88人。

该村是解放战争时期的革命老区村庄，参加革命人员有庄梅寿、庄贤明、庄文海、庄宏华、庄承海、庄巨华、庄宁、庄日葵等。庄梅寿，曾任南路人民抗日解放军老一团三营教导员。庄宏华，曾任昆明怒江军分区司令员（正师级）。脚踏村高度重视精神文明建设，村内有什足小学、文化广场、原始生态园及崇荣园小公园，在农村建设中起示范作用，2006年9月，该村荣获湛江市第二批"湛江最美村庄"称号；2014年被评为"湛江市宜居村庄"。

（三）东简街道

东简街道共有28个革命老区村庄，选介5个。

1. 后湖村

后湖村，位于东简街道东南面，距东简街道办事处约10千米，全村总面积约2.3平方千米，现有农村人口1080多人。

解放战争时期，游击队曾在后湖村李志超家设据点，李志超

后湖村文化中心

担任联络点的站长，许锦理、许义昌、余建华、余习荣等多位同志和解放军八团四连、六连在村里进行革命活动。村民热心革命事业，支持抗战，无偿供给伙食，为游击队望风放哨，遇有险情及时通知游击队。1947年的一天，获知国民党军队前来"围剿"的消息后，第一时间通知游击队员，游击队员全部转移至北园村，国民党军队扑空而归。正由于后湖村在解放战争时期所做的贡献，中华人民共和国成立后被评为革命老区村庄。

2. 极角村

极角村文化楼

极角村，位于东简街道西南面，距东简街道办事处约4千米。全村场占地面积约0.8平方千米。极角村户籍人口1983人。

抗日战争时期和解放战争时期，村民余乃文带领村民与敌人斗争，保护了无数的革命战士。中华人民共和国成立后，余乃文被安排在东海岛东山镇觉民小学负责教育工作，20世纪70年代被调到东山镇调东小学当校长，1983年病故。村民余尾哥开船送革命同志参加海南岛的解放战争，被国民党抓捕后，被刀具利器切割至死，中华人民共和国成立后被评为革命烈士。中华人民共和国成立后，在党的领导和改革开放政策的推动下，极角村进行了美丽乡村等多方面建设，建起了占地400多平方米的文化大楼，村容村貌焕然一新。

3. 迈奴村

迈奴村新区

迈奴村，原址位于东简街道北面，2008年支持钢厂兴建搬出，2015年迁入钢铁安置小区新村，距离东简街道办事处约1.5千米。

该村是解放战争时期革命老区村庄，有着光荣的历史。1947年，东简区党组织负责人许锦理在东简区组织开展活动、成立农会、建立革命基地时，曾以迈奴村为驻点，村中积极分子除负责接待到本村活动的革命同志，为游击队站岗放哨、通风报信外，还负责组织村民开展退租退押和收缴黑枪运动；1947年，国民党反动派从蔚葎村抓来壮丁20多人，企图通过蔚葎港将其押往霞山。路经迈奴村时，被村民拦截，将全部壮丁救出；1947年，国民党反动派带兵进村"围剿"共产党时，被村民拦在村外的大宗桥头，在双方对抗时，村民秘密地将驻村共产党员转移到龙水岭。

4. 北坡村

北坡村新貌

北坡村，位于东简街道西面，距东简街道办事处约4千米，全村面积约1.7平方千米，现有农村人口670多人。

该村是解放战争时期革命老区村庄，村东南角有一偏僻村庄叫泥坯园村（中华人民共和国成立后，泥坯园村解散，部分村民迁入北坡村），曾是共产党组织的重要驻点，许锦理等革命同志曾在此开展革命活动。北坡村村民主要负责接待到本村活动的革命同志，为游击队站岗放哨，引路及通风报信。当时陈金良任交通站站长，叶肖禄任地下通讯员，一遇有情况立刻报信，成功转移地下党。中华人民共和国成立后，北坡村在党的领导下和改革开放政策的推动下，开展文明村建设，成了远近知名的生态文明村，曾获市、区政府部门颁发的多项荣誉。

5. 草陆坡村

2006年，时任湛江市委书记徐少华为草陆坡村所题字

草陆坡村，位于东简街道西南面，距东简街道办事处约6.5千米，全村面积约0.9平方千米。现有户籍人口600多人。

解放战争时期，游击队曾在村中设有秘密联络点，地下党游击队组织村民与国民党、土匪进行顽强的斗争。游击队的组织领导许锦理、许义昌、吴三时等人均在村中驻留。村中发展的地下游击队员有吴林记、吴仁三、吴瑞利、吴瑞先等人。村民积极为游击队做好秘密工作，并无偿为地下党、武工队供给伙食。中华人民共和国成立后，该村推进农村安居工程暨创建生态文明村，整治"脏、乱、差"，成了远近知名的生态文明村。

2006年，时任湛江市委书记徐少华到东海岛经济开发试验区调研新农村建设时，被草陆坡村村民自力更生建设家园的精神所感动，欣然题字"村民齐动手，建设新农村"。

（四）硇洲镇

硇洲镇共有17个革命老区村庄，选介3个。

1．黄屋村

陆秀夫庙开展革命传统教育

黄屋村，位于硇洲岛北部，北港渔港东岸，全村人口600多人。

黄屋村有着光荣的革命历史。1928年秋，黄凌氏率领农军借认宗亲为名进驻黄屋村，以陆秀夫庙为据点发展农军，村中多人参军；1929年初，中共南路特委领导人彭中英、陈信材率10多名革命志士上岛开展革命工作，成立渔民工会，发动渔民抗租罢工取得胜利；1948年，党的地下武装在陆秀夫庙设置北港税站，对过往船只收取税费，为革命提供了大量经费；1950年1月，黄锡锦等20多位村民积极响应政府号召，踊跃协助解放军海练，并冒着生命危险驾船运送大军潜渡琼州海峡，为解放海南岛立下功勋。中华人民共和国成立后，黄屋村被评为解放战争时期革命老区村庄，陆秀夫庙成功申报为市级文保单位和爱国主义教育基地。

2. 谭北湖村

谭北湖村村貌

谭北湖村，位于硇洲岛东北部，全村共239户1154人。

谭北湖村有着光荣的历史。1943年，王玉山、王菜仲、李明等地下党员来到谭北湖村以谭清小学教师的身份，广泛宣传抗日救亡思想，村中一批热血青年投身抗日行列，成立了以窦恒清、窦志海为正、副队长，窦法高、窦妃尚、窦文山等为队员的抗日武工队，为抗日做贡献；1946年5月，谭北湖村成立了地下党联络站。联络员窦恒清、窦志海等人不断发展队伍，与国民党反动派斗智斗勇，先后多次掩护、接送了在谭北湖村活动的革命同志；1950年，解放军南下准备解放海南岛，谭北湖村联络站窦恒清等组织动员本村船工、水手、艄公纷纷报名参加渡琼作战，在解放海南岛战役中立功受奖。

3. 港头村

港头村，俗称港头埠，位于硇洲镇北部，全村人口650多人。

港头村有着光荣的革命历史。1929年初，中共南路特委领导人彭中英、陈信材、易经率10多人来到硇洲岛，以商人的身份秘

港头村远景

密开展革命活动，成立硇洲渔业工会、海晏会，会员发展到1200人，组织举行罢工并取得胜利；1949年12月，中国人民解放军第三八三团第一营进驻硇洲岛作解放海南岛战前准备，李合生、陈进兴、梁秀信、蔡光耀等船工，积极协助解放军海练，李合生等船工冒着生命危险，运送解放军潜渡琼州海峡，成功登陆海南岛，多人被评为渡海功臣。

（五）乐华街道

乐华街道共有4个革命老区村庄，选介平乐村。

平乐村村貌

平乐村（中华人民共和国成立后分为平乐上、平乐下两个村），位于霞赤两区之间，距两区各5千米，东濒海湾滩涂，现有户籍共1347户7500多人。

该村是解放战争时期革命老区村庄，有着光荣的历史。1940年春，据中共南路特委的指示，陈以大同志动员黄学恒、黄思孔、黄绍宜、黄连枝等村民在平乐黄氏宗祠建立了明健小学，委派党员当校长和任教，发展了一大批进步青年加入中国共产党；1947年，在党的领导下组建地下武装游击小组，村中125人参加；1949年12月，南下大军和粤桂边纵抵湛江追歼残敌，村全体党团员、游击组员及农会会员积极支军支前解放湛江。为支援解放海南岛，平乐村组织100多人到海康县南渡装卸搬运粮食和其他军用品等，日夜奋斗直至海南岛解放。中华人民共和国成立后，平乐村发生了翻天覆地的变化，村边的中澳公园风光如画，村民幢幢新建楼房掩映在绿树丛中，构成湛江城中村靓丽的风景线。

四、老区工作促发展

在革命战争年代，湛江经开区东海岛是中共粤桂边区重要活动基地，东海岛人民在中国共产党的领导下，建立了一个个革命据点，进行了艰苦卓绝的斗争，全岛先后有1257人参加革命队伍，有165人在革命事业中献出宝贵生命，为粤西地区的解放事业做出了重大的贡献。新中国成立后，东海岛有民安、东山和东简三个镇被评为革命老区镇。湛江经开区与东海岛经济开发试验区"两区整合"后，全区的革命老区村庄共有150个，其中抗日战争时期的革命老区村庄34个，解放战争时期革命老区村庄116个。全区革命老区总人口达17.2万人，占全区户籍人口的53.8%。长期以来，党委和政府非常关心革命老区的建设与发展，采取各种切实的措施推动革命老区的建设。经过老区人民几十年的努力，老区的经济、文化、教育、卫生、交通等方面建设有了很大的发展，人民群众生活水平得到了显著提高，老区村的村容村貌也发生了翻天覆地的变化。

（一）加强基层党建，革命老区村基层党组织的战斗力得到强化

湛江经开区党委、管委会历来重视老区村的党组织建设，采取了一系列的方法和对策，提升革命老区村基层党组织的战斗力。一是加强理论学习，强化老区村基层党组织领导班子建设。坚持学习制度，村中的党员带头学习政治理论。同时，强化党支部班子的民主集中决策机制。严格按照"集体领导、民主集中、个别酝酿、会议决定"的原则，建立健全老区村基层党组织的决策机制。积极推动"村务公开"。二是深入开展党的主题教育实践活动，不断推进老区村党组织的基层建设。同时，强化作风建设。在革命老区村当中，深入开展党的群众路线实践教育、"三严三实"、"两学一做"学习教育和贯彻党中央重要会议精神等实践教育活动。动员教育广大党员为民谋利，积极建言献策，带动广大群众干事创业。让广大党员自觉行动，学习党章、党规，学习习近平总书记系列重要讲话精神，做一名合格党员。三是强化党风廉政建设和安全稳定建设，维护革命老区村治安稳定，积极推动廉政建设在老区村基层全面开展。认真执行党风廉政各项制度，在老区村基层党组织开展反腐倡廉宣传教育和党纪法制教育，多次组织老区村基层党员干部观看各种警示教育片，认真履行好职责，坚持党性，推动老区村基层党组织的风清气正。四是切实加强老区村基层党组织建设。党组织建设紧紧围绕着"抓班子、带队伍、求发展"的主线，积极地探索和完善老区村基层干部队伍管理机制，调动广大党员干部攻坚克难、创业发展。积极推行村务监督委员会制度和"两个联席"会议制度，不断强化基层党组织的核心地位和战斗堡垒作用。在区的革命老区村当中，涌现了一批先进党支部和先进党员，受到上级党组织的嘉奖。

（二）成立区革命老区建设促进会，加强老区建设与发展的促进力

由于东海岛革命老区在行政隶属方面几经变化，湛江经开区与东海岛开发试验区"两区整合"后，区一级没有老区建设促进会机构，这对于东海岛革命老区的建设和发展都十分不利。区党委对此十分重视，及时研究决定，由分管区党政办和高新区申报工作的区领导廖东同志出任区老促会会长。

在省、市老促会的高度重视和大力支持下，区革命老区建设促进会于2011年11月28日上午，在湛江经开区东海大厦举行了成立大会，区党委、管委会部分领导班子成员、各相关部门的领导及各革命老区村的代表两百多人参加了会议。广东省老促会专门发来贺信，省老促会林永福副会长、湛江市老促会植标志会长在大会致词，区党委副书记陈观如宣读成立批文并代表区党委作讲话。区老促会成立大会圆满成功，新闻媒体作了专题报道。

2011年11月28日，省市老促会领导、区领导与区老促会首届理事会成员合影

区老促会成立以来，在廖东会长的带领下，立足一个"促"字，围绕解决老区的"五难"，深入调研，以项目促发展，推动老区脱贫，较好地发挥了"纽带"和"助手"功能，受到上级领导和社会的充分肯定。区老促会多次获评湛江市老促会系统的"先进集体"，2016年荣获广东省老促会系统先进单位奖。2018年11月，区老促会荣获参加纪念改革开放四十周年讴歌革命老区征文、书画、摄影创作活动最佳组织奖，廖东会长荣获广东省老区宣传工作特别贡献奖。

区老促会2016年荣获全省老区建设促进会系统先进集体牌匾

区老促会的工作主要体现在如下几个方面：一是积极开展活动，争取区领导支持。区老促会围绕老区建设每年安排完成"十件事"，积极开展调研、宣传、培训、推动项目等活动，得到区领导的大力支持。区财政对老区建设扶持资金的预算最高达到一年300万元。二是弘扬革命传统，宣传老区精神。区老促会多渠道、多形式地做好革命老区宣传工作。三是深入调查研究，解决老区建设的突出问题。区老促会围绕解决老区饮水、出行、医疗、上学、发展这"五难"深入调研，配合有关部门反映老区民生问题，有效地促进了老区"五难"问题的解决。四是立足科学发展，编制老区发展规划。会长廖东积极组织专家，经过大半年的努力，于2014年11月完成了10万字的《湛江经开区革命老区建

2013年12月19日，湛江市革命老区建设现场会在经开区举行。图为时任市老促会会长植标志（中）率会议代表参观西山革命历史陈列馆

设十年发展规划》编写任务，为老区建设的分步实施、分类推进提供了科学的依据。五是以项目促发展，助力老区脱贫。区老促会以项目促发展，积极推动老区村的经济建设，助力革命老区村脱贫致富。近年来促进落实了沙蚕养殖基地、火龙果种植基地、冬瓜等蔬菜种植基地、电子灯饰厂、渔家乐、农家乐等一批项目。六是保护革命遗址，弘扬革命精神。近年来区老促会积极推动了西山革命史陈列馆功能的提升，唐多慧纪念馆的修建；促进了解放海南岛战役解放军第四十三军第三八三团指挥部旧址——硇洲津前天后宫、农军基地——陆秀夫庙、革命联络站——西坑中心小学、觉民中学校长黄超然故居等一批革命遗址的修复，特别是组织西湾村党支部及村委会，积极动员群众捐资、集资70多万元，建造了十分壮观的中共粤桂边区牛牯湾税站纪念碑，并举行了纪念中共粤桂边区牛牯湾税站建立六十八周年大会暨纪念碑揭牌仪式，起到了弘扬革命传统，传承红色基因的功能。

（三）重视民生工程，老区村的"五难"得到了有效的解决

湛江经开区东海岛、硇洲岛在中华人民共和国成立前，由于地处偏远、交通不便，生活十分艰苦。中华人民共和国成立后，党和政府十分的关心老区群众的生活，经过各方面的努力，老区群众的生活条件逐步得到改善。特别是党的十八大以来，湛江经开区党委、管委会认真贯彻落实习近平总书记关心、扶持、推动老区建设发展的重要指示，重视民生工程，针对老区面临突出的行路难、饮水难、读书难、医疗难、生活难等"五难"问题，积极采取强有力的措施，为老区人民办实事办好事，开展了一系列卓有成效的工作：一是由区老促会牵头的调研活动组，深入全区的革命老区进行调研，围绕"五难"问题，找出主要的障碍和薄弱环节，提出解决"五难"问题的具体对策，提交给区党委、管委会作决策参考。二是派驻解决"五难"问题的工作组，对"五难"问题比较突出的老区村，集中力量，抓点带面，积极推动"五难"问题的解决。三是区财政拨出专款，加大投入力度，积极推动老区村"五难"问题的解决。四是充分利用现有政策和争取省、市给予扶持政策，扎扎实实地推动革命老区村"五难"问题的解决。经过几年的努力，湛江经开区革命老区的"五难"问题得到了有效解决。区老促会在促进方面也做出了积极的贡献。

在交通方面，区管委会加大建设投资力度，兴建了东海岛汽车客运站和东南码头客运站，还建设了龙海天、硇洲、民安和东简客运站；在道路建设方面，利用省、市对村道硬底化补助政策，积极动员村民捐资、集资，区老促会通过争取财政给予适当的扶持。2018年，全区村道硬底化（村委会通自然村）已完成了667.2千米，自然村村道硬底化已完成865.2千米，老区村的"行路难"问题基本得到解决。

为了解决老区村的安全饮水问题，区党委、管委会积极推

动实施饮水安全工程，采用以点带面、分批推开的做法。经过几年的努力，先后投入3627万元，建设安全饮水工程60宗，完成39981户的集中供水工作，老区村的安全用水问题基本得到解决。

为了解决老区村学童"读书难"的问题，根据革命老区村的实际情况，湛江经开区争取了相关的扶持政策，在省的专项扶持资金和省市老促会的大力支持、帮助下，全区建起了16所希望小学。现全区共有72所中小学，其中中学7所，完全中学2所（东海岛），九年一贯制的学校1所。全区的教育获得了长足的发展。2016年通过了国家教育均衡区督导评估，实现了全区教育的均衡；2017年通过了广东省教育强区的督导评估；2018年通过了广东省推进教育现代化先进区督导评估。

为了解决老区村的"医疗难"问题，区党委、管委会除加大资金投入、加强硬件建设外，还在建立医疗体制、机制方面下工夫。目前全区共有二级医院9所，卫生院4所，医生663人，护士1182人。2018年，湛江经开区在东海岛各卫生院完成医疗救助一站式服务建设。加大老区村贫困户、低保户再核查力度，将完全或部分丧失劳动能力，且无法依靠产业扶持和就业脱贫的贫困人员971户1168人全部纳入低保范围，提供兜底保障。2018年，全区落实基本医疗大病保险和养老保险政策，落实区财政全额为3499名档立卡贫困户购买城乡居民基本医疗保险的工作；落实老区村贫困户购买基本医疗、大病保险及养老保险；参加城乡居民养老保险条件2916人，基本上落实了革命老区村的群众城乡居民养老保险金的发放。

为了解决老区的"生活难、发展难"问题，区党委、管委会一方面是实施危房改造工程，投入730万元，改造危房37397户，解决了2036人的住房难问题；另一方面根据对老区建设"高看一眼，厚爱三分，同等优先"的原则，积极推动老区村的经济建设。区老促会积极配合，近年来，在充分调研的基础上，经过充分论证，推动了一批老区村的经济项目上马。如沙蚕养殖基地、混凝土搅拌、渔网厂、灯饰厂、工艺厂、农家乐、渔家乐、瓜果蔬菜种植基地、火龙果种植基地和生猪饲养场等，有效地推动了老区村的脱贫致富。

（四）着力产业扶贫、就业扶贫，老区村脱贫攻坚成绩显著

产业发展是老区脱贫攻坚的关键所在。区党委、管委会领导多次召开专门会议研究部署产业扶贫发展工作。区领导和区老促会的领导多次深入各镇街和老区村听取"一镇一业""一村一品"的实施意见，落实产业扶贫责任制，督促各个镇街制定项目实施方案，并多次组织人员到区外参观学习，结合本地实际，找准发展产业方向，全面推动"一镇一业""一村一品"的扶贫攻坚。与此同时，努力筹集资金，加大投入，强力推动革命老区村庄的产业发展。一是结合重大项目建设进行产业扶持。钢铁、石化两项目相继动工建设，带来大量人流、物流，为农村经济发展提供大量商机。把老区发展同重大项目建设紧密结合起来，大力发展农业特色、优势产业。先后投入资金320万元，建成北边村、丹僚村、什足村等5个2000亩蔬菜基地。建成了庵里村鸭场、新安村鹅场、青南村鱼塘等养殖基地，年产值达2亿元左右，逐步形成基地化、专业化的特色格局，老区群众参与产业化率达72%。积极引导调旧村改造旧厂房，引进社会资金建设灯饰厂等，壮大集体经济。二是结合丰富的自然资源进行产业扶持。充分发挥东海岛丰富的海洋资源和独具特色的旅游资源，积极争取上级旅游部门支持，投入资金800万元对东海岛5个有旅游潜力资源的村庄进行重新规划，着力打造"红色旅游""特色旅游"，如西山村"红色旅游"，龟头村、青南村"渔家乐"等特色旅游项目。

区党委、管委会除了着力抓好产业扶贫，还认真落实就业扶贫相关工作。从2017年开始，区建立并完善有劳动力贫困户信息台账及就业信息台账，制订贫困对象劳动力转移就业、就近就业和公益性岗位安置计划；组织贫困户开展叉车、面包师等适用技能培训和转移就业岗前培训；区农业局组织有劳动力贫困户开展农业技能培训；积极推动卫生保洁等公益性岗位扶贫工作，对符合条件的就业困难的贫困劳动力予以公益性安置，截至2018年12月，区共有贫困劳动力1319人（其中在校生304人），外出及就近就业781人（其中公益性岗位安置35人），其中连续就业6个月以上733人，贫困户就业率达76.9%以上，稳定就业率达93.9%，有劳动能力的贫困对象大部分基本实现稳定就业。

（五）落实"三清三拆三整治"，使老区村村容村貌焕然一新

近年来，为了加快城镇化进程，国家提出"乡村振兴战略"，除了大力推进乡村的组织振兴、产业振兴、人才振兴、文化振兴，还要推进生态振兴。加大力度治理农村居住卫生、环境以及脏乱现象。各地农村实施"三清三拆三整治"行动计划，通过调动农村百姓的积极性，改善农村的环境。所谓"三清"是指清路障、清淤泥、清垃圾；"三拆"是指拆危房和残破建筑、拆违章建筑、拆旱厕；"三整治"主要是整治废物、生活污水及水体污染，对村庄的环境进行美化和绿化。农村人居环境长期以来的"脏、乱、差"问题是实现乡村振兴和全面小康的短板中的短板。区党委、管委会认真吃透中央、省、市三级文件精神，十分重视乡村振兴战略和"三清三拆三整治"工作，作出了总体的部署并组织力量积极推动。一是加强领导。2018年，对扶贫开发领导小组进行整合，成立湛江经开区乡村振兴战略领导小组，下设乡村振兴组、扶贫组、文秘组、示范村（新农村）建设组，加强对扶贫攻坚和"三清三拆三整治"工作的领导。二是组织强有力的专门工作队伍。区委组织部制定了驻村干部选派管理文件，加强扶贫干部选派管理，对扶贫干部队伍进行了充实，全面落实"十百千"干部选派工作，选派20多名有农村工作经验的干部充实镇级脱贫攻坚力量。加强贫困村基层党组织建设，整顿贫困村软弱涣散基层党组织，提升贫困村党组织的组织力、战斗力。三是积极宣传发动。利用各种形式、各种渠道大力宣传乡村振兴和"三清三拆三整治"的重要意义，动员广大群众，特别是老区村的群众积极投身建设美丽村庄的热潮中。四是认真落实好相关的补偿政策。做好群众工作，确保"三清三拆三整治"工作平稳开展。五是合理安排使用好"三清三拆三整治"奖补资金。做到专款专用，确保"三清三拆三整治"工作有序推行，取得好成效。截至2018年底，全区304个自然村已有215个自然村健全村规民约、章程及村民理事会，村道硬底化（村委会通自然村）已完成667.2千米，自然村村内道路硬化已完成865.2千米，集中供水完成39981户，建立垃圾收集点418个，配备保洁员524人，雨污分流已完成254.7千米，建设污水终端处理设施256座，完成标准化公厕改造82座，全区有121个自然村完成村容村貌整治工作。丹僚村、丹务村、西山村、毛坑村、西湾村、调文村、文参村、青蓝村、黄屋村、平乐下村等一批革命老区村，经过"三清三拆三整治"后，村容村貌焕然一新。

（六）积极宣传老区精神，老区光荣传统得到弘扬

区党委、管委会对革命老区的宣传工作十分重视，大力支持区老促会在这方面充分发挥职能。区老促会成立以来，在会长廖东带领下，积极地在宣传老区精神、传承红色基因方面发挥功能。区老促会曾多次获评市老促系统先进单位，2016年度被评

为全省老区建设促进会系统
先进集体；2018年，区老促
会荣获全省讴歌老区精神的
优秀组织奖，会长廖东荣获
广东省老区宣传工作特别贡
献奖，被授予特别贡献勋章
一枚。

**广东省老区宣传工作特别贡献奖奖
牌、特别贡献勋章**

近年来，全区弘扬老区
精神，做好宣传工作主要体
现在如下几个方面：

（1）多渠道、多形式做好革命老区宣传工作，弘扬老区革
命精神。区老促会会长廖东在做好老区宣传工作方面以身作则，
带头写文章、创作诗歌来弘扬老区精神（均在报刊发表），还想
方设法加大对老区精神的宣传力度：一是在湛江经开区的期刊
《湛江经开区》和报纸《东海之声》中专门设立革命老区建设栏
目，图文并茂地宣传老区建设的有关动态、建议和理论文章，部
分稿件还在《湛江日报》《湛江晚报》及湛江广播电台中刊登和
播出。二是在湛江经开区网站设立了革命老区园地，在网上可随
时点击浏览有关革命老区情况。三是创办革命老区建设简报，及
时反映革命老区建设发展动态。四是印制图文并茂的单张彩页，
广为宣传革命老区基本情况。五是利用七一建党节设立革命老区
建设大型宣传栏，弘扬革命老区精神，促进老区建设，收到了较
好的效果。六是积极完成《中国老区建设》和《源流》杂志的订
阅任务，并及时发送给区党委、管委会领导及各乡镇分管领导和
部分老区村，扩大革命老区红色媒体宣传功能。

（2）组织编制《湛江经开区革命老区建设十年发展规
划》，发扬光荣传统。为了使革命老区科学、健康地发展，区老促会聘请了广东海洋大学经济管理学院的专家教授组成课题组，在广泛深入调研的基础上，运用专业理论，结合东海岛革命老区建设的实际认真编写，经过大半年的努力，终于较好地完成了《湛江经开区革命老区建设十年发展规划》编写任务，于2014年11月进行了成果发布。规划当中就有关于宣传保护革命遗址、弘扬革命精神的内容。《湛江经开区革命老区建设十年发展规划》的完成，对革命老区建设有很好的指导作用。在编制老区发展规划方面，湛江经开区在全省县（市）区中走在前列，得到了省、市老促会领导的充分肯定和表扬。

（3）组织编写《东海风云——东海岛硇洲岛革命斗争史》，积极推动老区发展史编纂工作。为了弘扬革命传统，宣传老区精神，区老促会决定组织编写《东海风云——东海岛硇洲岛革命斗争史》。会长廖东担任主编，带领编写组不辞劳苦，克服了各种困难，经过近一年的努力，终于完成了编写任务，并于2015年正式出版发行。该书有20万字，以东海岛、硇洲岛地区革命斗争的历史发展为主线，以抗法斗争和土地革命，抗日战争和解放战争的革命史实为主要内容，全面系统和客观科学地反映了东海岛地区革命斗争的光辉历程。书中有许多非常感人的革命史实，特别是在解放战争时期，东海岛的西山村曾一度成为中共粤桂边区党委领导机关的所在地，在那里宣布成立中共粤桂边区党委和临时军委，举行过作出扭转南路革命形势决策的重要会议，

由区老促会组织编写、会长廖东主编的《东海风云——东海岛硇洲岛革命斗争史》于2015年出版

东海岛党组织和人民群众为保卫粤桂边区领导机关做出了重大贡献。西山村被誉为粤桂边区"小延安"。《东海风云——东海岛硇洲岛革命斗争史》一书的完成,有着特别重要的意义,这既是东海岛、硇洲岛人民多年的愿望,也是老一辈革命老同志长期以来的共同愿望。特别是《东海风云——东海岛硇洲岛革命斗争史》书中的附录,专门收入了东海岛地区十处革命活动遗址的名录和革命烈士名录,起到了很好的宣传保护功能,同时也大力弘扬了革命精神。

(4)积极推动革命老区村的文化楼建设,利用文化阵地开展理论宣讲和培训活动。区老促会为了提升革命老区村的文化品位,扩大宣传功能,积极地推动革命老区村的文化楼建设,协调促成了潭息村、后山村和田交村等革命老区村的文化楼相继建设落成。潭息村文化楼落成时,还利用举办落成典礼之机,请市的书法家和画家现场挥毫泼墨,营造老区村的文化氛围。区老促会还充分利用文化楼这个平台开展理论宣讲活动和举办提高村民素质的培训班。有一次,借学习贯彻党的十八大精神之机,区老促会与市社科联共同组织文化下乡活动。区老促会会长廖东到潭息村用雷州话为近百位村民作党的十八大精神的宣讲和解读,受到村民们热烈欢迎和广泛好评。

(5)建造中共粤桂边区牛牯湾税站纪念碑,创办西湾村革命斗争纪念馆。为了宣传和保护革命遗址,弘扬革命精神,区老促会利用纪念抗日战争和世界反法西斯战争胜利70周年的机会,与西湾村党支部及村委会积极动员群众捐资、集资70多万元,并争取到湛江经开区党委和管委会专门拨出扶持资金支持这项活动。经过近半年的辛勤努力,终于建成了十分壮观的中共粤桂边区牛牯湾税站纪念碑,同时创办了西湾村革命斗争纪念馆。区老促会与西湾村党支部在上级的重视和社会各界的支持下,于同年7月28日成功地举行了纪念中共粤桂边区牛牯湾税站建立68周年大会暨纪念碑揭牌仪式。市老促会、湛江经开区党委、市党史办、市委党校、市委讲师团、广东海洋大学南路革命研究所、东海税局和湛江经开区老促会、党政办、农业局、三旧办、民安街道办事处等单位的领导和部分老区村代表以及西湾村的乡亲共200多人参加。市老促会时任会长廖旭材、区党委委员唐玉亮等领导在大会致辞并出席揭牌仪式，活动办得很成功，真正起到了弘扬革命传统，振奋革命精神的作用。

第二章

清末至土地革命时期

第一节 东硇两岛被划入法国租借地

清代，东海岛归雷州府遂溪县管辖，硇洲岛归高州府吴川县管辖，两岛地域相近、习俗相通，同处雷州半岛东北端湾口，守着各方往来南海的必经之路，位置极其重要。1840年鸦片战争爆发以后，西方列强掀起瓜分中国的狂潮，东海岛、硇洲岛也为法国殖民者所觊觎。在法国谋租广州湾的过程中，东硇两岛的归属之争成为重要事件，孱弱的清政府最终应法国殖民者之要求放弃了地处偏远的东硇两岛，原本分属两县的东海岛和硇洲岛被一起从清政府的统治中分离出来，划入了法国租借地广州湾（今湛江市前身）。

一、法国觊觎东硇两岛

对于古代中国而言，东硇两岛一直是历代的海防要地。伴随着海上丝绸之路的兴旺，以截获海运为生的海匪活动频繁，位置险要的东海岛、硇洲岛也成为海匪猖獗之地。自明、清以来，朝廷在两岛多设水师营寨并布有炮台，水师官兵在此屯田练兵，以防御海匪和倭寇。从明末至清代近300年的时间里，这里逐渐成为海防要地，其兵将装备配置在清嘉庆道光时期达到了古代东海岛地区的高峰。

在清廷水师仍然使用传统火炮和冷兵器镇守海疆的时候，欧洲航海家已经掌握了更为先进的航海技术正在全球航行。1701

年，法国商船"安菲特里德"
号在第二次来华时偏离航道误
入广州湾海域而搁浅，当地民
众热心提供帮助，法国商船在
此停留长达半年之久。法国商
人看上了这个地理位置优越的
深水良港，停留期间便偷测水
道、绘制地图，回国后把地图
献给了法国政府。包括南三
岛、海头汛、东海岛、硇洲岛
等在内的一大片水域和土地，
从此被法国殖民者惦记上了。

清嘉庆年间《雷州府志》中的清
代水师东山营、硇洲营图

1897年，法国军舰"白雅
特"号因避台风而闯入了广州
湾，虽然法国人并没有登陆，
但他们再次对港阔浪平的广州湾起念，献书法国政府租借广州
湾。1898年3月，法国开始向清政府要求一处"停船趸煤"之
所；4月9日，法国使臣吕班更是明确提出修筑滇越铁路、租借广
州湾等具体的要求。吕班对租借广州湾等事项态度强硬，竟然不
许清廷官员对他拟定的租借文书改动一个字，而清总理衙门大臣
徐用仪态度软弱，竟草草答应。第二天，法国人得到了他们想要
的答复。

1898年4月22日，法国三艘军舰以接收领地的名义正式武装
登陆广州湾，地点是在广州湾东南部一个废弃的炮台前，他们在
此举行了升旗鸣炮等庆祝仪式。①法国人并没有将登陆一事照会

① 龙鸣、景东升主编《广州湾史料汇编》（第一辑），广东人民出版社，
2013，第29页。

中国地方官员，而且登陆的地点也不是在双方初步约定的广州湾（仅指当时吴川县南三岛上的几个村落及附近海域，是个地理概念）。在和清政府正式签约之前，法国擅自派兵考察、霸占遂溪县和吴川县沿海，甚至深入遂溪县内陆，随意驻军、扩大地盘，想为将来签约时尽可能扩大租借地范围提供便利。

法国人一登陆，就在海头汛的霞山村和海头港村拆屋毁坟，占地筑营，同时还盯上了硇洲岛，"六月初七日，法轮五只，载兵数百，欲驻扎淡水湾前两炮台，都司不允。法提督云已咨会钧署，随即上岸。驻台竖旗，炮十五位悉借用等语"。①法国人为了强占硇洲岛，派出了5艘船，搭载了数百名士兵，要驻扎在淡水湾的炮台前；此时清政府尚未派大臣与法国勘界，硇洲岛的地方官员拒绝法国人上岸，但是法国人借已经知会了上级衙门为由，不由分说强行登岸，竖起他们的旗帜，强占了硇洲营的炮台。此时的硇洲营只有100多名士兵，迫于法国军队坚船利炮、兵力数倍于己而退让，由此法国在硇洲岛强行驻军。登岛后，法国军队的行动更进一步，"法人将硇洲操场演武厅拆去，基址荡平……又将炮五位运去淡水、广州湾；又在缯棚村挖地打靶，如伤人必滋事；又称沿海一带，均须插旗；又勒令巡抚代查盗窃，又连至巡抚署，称洋兵早出挑泥，不见一名，责成追寻各等语。硇洲不在广州湾界内，越界、拆厅、移炮、打靶，役使文武"②。法国人尚未正式取得硇洲岛的管辖权，却如入无人之境，擅自拆去硇洲营的演武厅，将火炮运往广州湾；接着又在村

---

① 苏宪章：《湛江人民抗法史料选编（1898—1899）》，中国科学文化出版社，2004，第106页。

② 王彦威纂辑，王亮编，王敬立校：《清季外交史料》卷135，书目文献出版社，1987，第7-8页，转引自龙鸣、景东升主编《广州湾史料汇编》（第一辑），广东人民出版社，2013，第36页。

民聚居的村庄里练习打靶，打伤了村民不但没有赔偿反而兴师问罪；驱使清政府官员追查盗贼，寻衅滋事。法国人在街市上强买贱买，一遇反抗便是一顿拳打脚踢；法国人还在当地廉价征用民工充当差役，百姓也无法反抗。法国人的这些"越界、拆厅、移炮、打靶、役使文武"的行为导致当地官怒民怨，当地官员只有不断向朝廷上奏，痛陈法国人随意越界、恃强无理、得寸进尺之种种行径，告知朝廷"界址一日不定，民心一日不安"①，请朝廷尽快勘界，一来要防止民变，二来不至于失去更多的疆土。

广东当地官员一面上书朝廷，力陈东硇两岛作为战略门户地位之重要性，一面组织了轰轰烈烈的抗法斗争。当地民众的抗法斗争，分为两个阶段：前一阶段是法国军队最早登陆地附近民众的抗法自救行动，后一阶段以遂溪地方政府团练抗法为主，因而当地的抗法斗争具有官民联合的特点。1898年6—10月，海头村、霞山村及其北边的南柳村等村庄的人民，对侵略者发动了三次斗争。民众自发的保家抗法自救行动虽然付出了较大的伤亡代价，但使得法国兵从此不敢随意单人或少数人外出行动，客观上减少了法国兵肆意抢劫杀人的行径。

在遂溪团练训练及与法国兵作战期间，中法之间关于广州湾界址的谈判一直在艰难地进行着，核心问题仍是法国擅自占领的东海岛、硇洲岛等地的归属问题。但是，法国对东硇两岛志在必得。1899年11月5日，法国军舰增援广州湾，开到赤坎沙湾外炮轰麻章，而后派兵400余人，从洪屋下村和官曲村分两路进攻

---

① 王彦威纂辑，王亮编，王敬立校：《清季外交史料》卷137，书目文献出版社，1987，第1-3页，转引自龙鸣、景东升主编《广州湾史料汇编》（第一辑），广东人民出版社，2013，第42页。

麻章。麻章练勇英勇反击，各营练勇闻声赶来参战，法国军队大败，狼狈跑上军舰逃回海头。这一仗击毙法军官兵8人，伤70余人，是遂溪人民抗法斗争以来最大的一次胜利。遂溪人民在麻章之战的胜利本是大振人心的好事，对于谈判挽回东硇两岛等地极为有利，但是，惧战的朝廷回电指示谈判官员苏元春："法兵已占硇东，虽势为我所必争，诚非口舌所能为力。"得到朝廷退让的信息后，苏元春继续与法国谈判，法国也稍作让步，结果是允许东硇两岛租借给法国，但是可任由中国船只照常往来停泊，这样的结果与其说是谈判，倒不如说是顺从法国意志履行外交手续而已。①

1899年11月16日，勘界大臣苏元春作为清政府的代表，与法国正式签订了《广州湾租界条约》，其中划定归法的界址如下：

东海全岛。

硇洲全岛，该岛与东海岛中间水面，系中国船舶往来要道，嗣后仍由中国船舶任便往来租界之内停泊，勿得阻滞，并毋庸纳钞、征税等事。

其租界定在遂溪县属南，由通明港登岸向北至新墟，沿官路作界限，直至志满墟转向东北，至赤坎以北福建村以南，分中为赤坎、志满、新墟归入租界。②

二、殖民统治初期的海岛社会状况

1900年1月27日，法国广州湾公使署宣布成立，开始对广

---

① 龙鸣、景东升主编《广州湾史料汇编》（第一辑），广东人民出版社，2013，第14页。

② 王铁崖编《中外旧约章汇编》第一册，生活·读书·新知三联书店，1957，第929页。转引自龙鸣、景东升主编《广州湾史料汇编》（第一辑），广东人民出版社，2013，第13页。

州湾实施殖民统治。法国人在统治初期便把广州湾划分成三个行政区，称为"三起"，第一起是由麻车（即麻斜）右河至通明港，公署设在赤坎；第二起由麻斜左河至坡头，公署设在坡头；第三起由东海至硇洲，公署设在硇洲大街，每起设一位帮办公使。后来法国广州湾公使署又对辖区进行了新的区划，分为二城（麻斜和西营）三区（赤坎、坡头和淡水）。[1]为了达到"以华制华"并降低其行政成本的目的，行政办事人员一般都任用当地人。例如，其军事上设有"红带"营盘和"蓝带"营盘，规定"红带"兵由法国人担任，"蓝带"兵则由当地人担任，设有坡头、硇洲、东海、铺仔、太平等营盘，由"蓝带"兵驻守，当然，"蓝带"营盘的营官是法国人，负责地方治安的"绿衣"兵也是由当地人充任。另外，还在街道和圩镇设立"公局"管理地方事务，局长、局兵也由当地人充当，在东山圩和硇洲都设立了"公局"。[2]从以上情况来看，东海岛和硇洲岛已经成为法国人加强治理的重点地区。就硇洲岛而言，一座巍峨的火山石灯塔矗立了起来，也有了一条连接淡水和灯塔的公路和电话线路，另有一条专门的邮路与西营通邮；而在东海岛，法国人以东山圩为中心，分别修筑了连接今东参、民安和东简的公路，还修建了蔚律港沙尾航海灯塔和崩塘后岭航海标志。

　　法国人在硇洲岛最高处马鞍山上修筑灯塔时，把灯塔原址上石塔拆掉，由法国人重新设计，采用当地火山石料、让当地工匠来修筑。巍峨壮观的硇洲岛灯塔修筑不易、工艺堪绝、

---

　　[1]　景东升、何杰：《广州湾历史与记忆》，武汉出版社，2014，第13-15页。

　　[2]　中国人民政治协商会议湛江市委员会文史资料研究委员会编《湛江文史资料》第1辑，1984年内部编印，第44页。

作用甚大，但是资料显示，灯塔的修筑过程就是一部修筑工人的灾难史。"法人招募民工在硇洲岛建造灯塔，派兵监工，强制石匠凿石砖，速度稍有缓慢，便遭到法兵的鞭打。石匠从天亮干到天黑，一天的报酬仅得四角钱西纸（越南币）和一小筒米。""灯塔建成后，法便将扣禁在西营监狱中的成百囚犯押往硇洲修公路……修路的囚犯绝大多数是无辜的平民百姓，他们戴着枷锁进行沉重的劳动，常遭鞭打，吃的是粗糙难咽的红米饭。夜晚，囚犯们被关押在上街的北帝庙中。有的囚犯受不了折磨而逃跑，被法兵抓回来用锁链锁住双脚，进行残酷鞭打。"[1]

广州湾租借时期建造的硇洲灯塔

1898—1899年遂溪等地人民掀起抗法斗争时，南柳、海头、洪屋、黄略、麻章等地也成为抗法斗争的主要地点，东硇两岛并没有有组织、成建制的抗法行动，但是殖民者与当地民

---

① 中国人民政治协商会议湛江市委员会文史资料研究委员会编《广州湾（法国租借地史料专辑）·湛江文史资料》第9辑，1990年内部编印，第254—260页。

众的社会矛盾是始终存在的，有时还会激化。从当时流传下来的"东海嫁"①中，可以窥见海岛人民对于法国人的态度，他们会用特有的方式来表达不满，甚至会出现零星而激烈的抗法行为。

民国时期的东海岛大学生邓茂隆在其所作的"东海嫁"中，描述了法国人进驻东海岛之后对东海书院的侵扰情况以及书院师生和民众的反应。法国人在东海岛的统治中心机构设在东山圩，靠近东海岛的最高学府——东海书院，东海书院占地面积很大，有大殿、院子、荷塘，外围还有纪念东海岛历代举人的"举人路""茂荷路"，一派书香圣洁之气。书院本是值得尊重的地方，但法国人在离书院不到15米的地方，东边建起兵营、马厩，西边筑起炮楼，把书院师生练字、作画时蘸墨用的两条巨大砚石槽抢去用作饮马槽；接着，为占书院的"举人路"，便在路南边种上"牛耳树"，在路北边种上"番鬼树"，进而占据书院的"茂荷路"及荷池北面的空地为其跑马场，还企图拆除书院大殿。法国人的行径激起民愤，"东海书柜公"（当地一个读书人的外号）和书院董事长唐士英带领师生及学生家长包围法国兵营强烈抗议，成功索还蘸墨石槽，保护了书院大殿。据"东海嫁"及当地老人口述，书院的学生和法国兵曾数次发生冲突，有人还在夜间毒死法军最高长官的军马，在闹市杀死法国兵一名。幸运的是"东海书柜公"的父亲是清朝诰命的海口水师千总，书院董事长唐士英的父亲是广州湾法院院长，在当地都是有名望有影响

---

①　"东海嫁"是主要流传于湛江市东海岛、遂溪等地的一种用雷州话来吟唱的民歌，初为女子出嫁或某家有丧事时用来"唱哭"，表达感恩、不舍、颂德等情感，后发展为对任意特定事件皆可"唱哭"。

的人士，他们积极想办法保住了杀死法国兵的学生。[①]民众又在法军炮楼旁边建起神庙——四光公庙，在"番鬼"路（现东山圩中山路）南端建起真武庙。东海岛民间神灵崇拜非常兴盛，百姓遇到难事通常会拜神求法，法国殖民者被当地百姓视为"法鬼"，在他们的据点边上建造"神庙"就是取以"神"驱"鬼"之意，这与广州湾各地百姓使用"番鬼托梁"木雕[②]来表达愤恨的做法是相通的，这是百姓用来表达愤恨、不满的特有方式，其实也是一种朴素的民间反侵略行为。

无独有偶，在下面这首《黄立业打蓝带兵》的"东海嫁"中，也描述了法国兵与百姓起冲突的情景。

> 八月中秋做戏子，四村六土来听歌
>
> 也有赌钱也看戏，工商士农喜心情
>
> 红带蓝带法国兵，七月蔗园事未化
>
> 想来戏场寻报复，凶气十足场中行
>
> 戏场之中找事惹，挑衅戏场作恶声
>
> 立业算是后生仔，起脚起拳打法兵
>
> 全民拥护齐动手，打伤法贼滚回营
>
> 西营一划贼狗子，二案牵连要偿命
>
> 当时放兵和放勇，拿我村人去法营

---

① 据觉民小学校史资料及觉民小学教师王炳有访谈记录。杀死法国兵的学生为东山圩一武馆的学徒，为解救该学徒，当地在审案时假判案情为：因该法国兵在街上看热闹，恰逢该学生在与人打架，混乱中法国兵被误杀，最终判学生赔钱结案。

② 为了表达对殖民者的仇恨和蔑视，广州湾一些民间工匠在雕制托梁建筑构件时，把托梁木垫雕刻成法军官兵及其附庸军（安南兵）的形象，让他们处于大梁的重压之下，显出一副藏头缩颈、胆战心惊的模样。

村民去寻元武兄，将事原由讲他听

当时元武当推事，斟酌事情怎样行

我村保安任三划，统管南土全法营

保安见书心忐忑，急付书文回东山

一划见书大恐惧，从速放人无拖麻

赔礼道歉法鬼子，焰势总灭法国兵

二次祸害都平静，乡亲各人放心宽

广州湾站多鬼子，听我村名他都惊

红带蓝带都敢打，声振雷阳十三城①

这段"东海嫁"的大意是：东海岛十二昌村与法国兵曾发生两次冲突，有一年的7月，三个法国兵未经村民同意随意砍伐村里的甘蔗、采摘番薯叶，被村民教训一通，这就是歌中所指"七月蔗园事"。蔗园冲突后的第二个月，恰逢八月中秋节，村里群众聚集看戏，有赌钱的、有看戏的，热闹非凡。几个法国兵为蔗园冲突之事前来寻仇滋事，一个叫黄立业的年轻人带头动手教训了法国兵，接着，村民群起殴之，法国兵负伤逃回营地。不久，法国"一划"官派法国兵到村里抓走了黄立业等人，村民去找在广州湾法院当"推事"的同村人黄元武，黄元武写信给在越南担任"三划"官的东海岛同村人黄保安，黄保安也立即写信回东山圩说情并要求放人，最后被抓的村民成功得释。因此，十二昌村"红带蓝带都敢打"的威名就传开了，这件记载在"东海嫁"里的事情清晰反映了殖民者与民众的矛盾冲突。殖民者出于维护其统治的需要，要发展经济民生，因此，东硇地区确实在道路、通

① "东海嫁"创作于20世纪30年代，作者黄永亨，东海岛东山圩人。原文据雷州话而写，为方便读者理解，部分字句依据现代汉语习惯作了修改。

信等基础建设上有所改善，但是，殖民者基于自身利益的需要，出于傲慢的殖民者心态，发展和治理的背后是尽可能地盘剥和压榨。而东硇两岛民风虽然朴素，但"惟好争讼"[①]，难抵不平之事，这也就注定了民众与法国殖民者之间的关系，是一种随时可能爆发冲突的殖民与被殖民的关系。

---

① 郭寿华：《湛江市志》，大亚洲出版社，1972，第9页。

革命思想的传播及农民运动的兴起

1912年，清朝灭亡，中华民国诞生。但清王朝灭亡后的副产品——军阀割据，阻碍了社会的发展；袁世凯称帝，初生的中华民国面临严重挑战。先后成立的中国国民党和中国共产党，虽然代表的阶级、阶层利益不同，政纲主张各异，但在国民党一大确立"联俄、联共、扶助农工"三大政策后，国共两党第一次合作正式形成，以反帝反封建为要义，继续推进国民革命。在偏远的东海岛地区，大革命和农民运动的风潮也被掀起。

一、革命思想在东海岛的传播

东海岛和硇洲岛虽地处偏远、信息闭塞，当时还没对国内如火如荼的各种革命思潮和行动产生反应，但是有一些外出经商或求学的岛民，较早地受到革命思潮的影响，他们便成为东海岛地区早期革命思想的传播者。位于东海岛东北端的东参村溪尾草码头是东海岛往来西营、赤坎等地的必经之地，由于东海岛的东参村和庵里村都开办有盐场，盐业发达，便有商人通过溪尾草码头外出贩盐，他们一般也都是岛内有相当经济实力的人家。生于1905年的东参村人黄元常，少年时便常年跟随父亲在广州湾赤坎等地经营盐业生意，黄家在赤坎鸭嫲港也开办了一间"黄记盐店"，这家盐店是广州湾及遂溪黄氏族人以及各方人员往来频繁的一个重要场所。在此期间，黄元常结识了后来成为中共广东省委早期重要领导人之一、南路农民运动领袖的黄学增。黄学增是遂溪乐民敦文村人，少时天资聪颖，1920年考上广东第一甲等工业学校。因为家庭贫困，黄学增赴穗求学的经费是遂溪籍黄氏族人为他筹集的。黄元常佩服黄学增的学识和欣赏他的才华，也慷慨解囊，给予黄学增较大的支持。[1]黄学增赴广州求学时，专程去了黄记盐店拜谢黄元常父子，黄学增介绍了不少自己的家族兄弟与黄元常认识，自此，黄记盐店便成为黄学增联系家乡青年从事革命活动的联络点。

黄学增和另一名遂溪青年韩盈在广州求学时接受了马克思主义并分别于1921年冬和1923年加入了中国共产党，他们成为广东南路最早的一批中共党员。因广州湾的邮政局是不受国内军阀控制的，为了在家乡宣传革命，黄学增他们便把革命期刊资料寄回到黄记盐店，再由黄记盐店把这些期刊传递给遂溪、广州湾等地的进步青年，传播革命思想。[2]受广东党组织

黄学增

的派遣，黄学增曾经多次返回家乡从事革命活动，1922年6月，黄学增在陈独秀创办的"宣讲员养成所"结业后，返乡宣传马克思主义和革命思想，他在广州湾的落脚点就是黄记盐店。在黄记盐店里，黄学增经常向黄元常及盐工宣传马克思主义，讲述俄国十月革命和苏联红军的故事，谈论广州的革命政治形势及革命运动的情况。黄记盐店的盐工们则在走街串巷送盐、卖盐中，在

---

[1]　东海岛黄氏曾有一支族人迁到遂溪苏二村，与黄学增所在的敦文村同在遂溪县，两村虽不是同一个先祖，但都姓黄，因而来往密切。经苏二村的黄氏族人介绍黄学增情况后，黄元常决定资助黄学增赴广州求学。

[2]　中共湛江市赤坎区委党史研究室：《中国共产党赤坎历史》第一卷（1921—1949），中共党史出版社，2014，第14页。

茶余饭后交谈中，有意无意地谈及他们从黄学增处听来的广州革命形势和革命运动的情况，或津津有味地讲述苏联红军的故事，[①]就这样把革命的思想和情况传播开去。广州湾的政治环境在当时是比较宽松的，法国殖民者对这些活动本着只要不聚众闹事就不管的态度，任由革命思想在广州湾逐渐传播开来。黄元常也深受影响，与黄学增关系日益

黄元常

密切，坚定地用实际行动来支持黄学增的活动，他经常主动陪同、护送黄学增去遂溪各村开展革命宣传活动。那时黄元常经常乘坐自家的盐船在东海岛收盐，然后运往遂溪、广州湾等地贩卖，黄学增便经常乘坐黄元常家的盐船往来于这些地方，多次到东海岛，考察东参村和庵里村的盐业及从业工人的状况，宣传革命思想和马克思主义。在返回家乡敦文村活动期间，黄学增发动一批进步青年成立了雷州半岛第一个具有共产主义思想的革命组织——雷州青年同志社，集合了大批有志青年。返穗读书前，黄学增将部分雷州青年同志社的青年介绍给黄元常认识，他们当中有部分人在1924—1925年间经黄学增引荐，先后赴广州入读国共联合创办的黄埔军校或广州农民运动讲习所，成为国民革命的中坚力量。东海岛早期进步青年陈炳森、苏天春也时常在黄记盐店活动。

东参村是东海岛革命思想传播较早的地方，这与东参村的地理位置有极大关系。东参村旧名墩参村，是一个小岛村，当时全村人口不足400人，盐业却很发达，仅盐田工人便有70余人，

① 中共湛江市赤坎区委党史研究室：《中国共产党赤坎历史》第一卷（1921—1949），中共党史出版社，2014，第15页。

东参村溪尾草渡口

也有在外经营盐业的商人；东参村还有一个重要特点，它是来往西营和东海岛的必经之道，每天有10多艘渡船从溪尾草渡口往来于东海岛和西营、赤坎之间，十分繁忙。正是由于这两个特点，东参村在外经商的商人能够较早地接触到海岛外的新思想，也使得人来人往的东参村更容易接受外来思想。

由于黄元常的关系，广东南路早期中共党员黄学增搭乘黄元常的盐船来往于广州湾和遂溪各地，考察各地情况。1922年夏天，黄学增利用暑假机会回到广州湾宣传革命。在此期间，在黄元常的堂弟黄元德、黄元道（二人为船工）的陪同下，曾到东海岛的东参村居住了一段时间，住宿地点在东参村的培智学校（即黄氏祠堂）。黄学增以在培智学校教书为名，在村里动员、发展了东参村盐工黄安国、黄兴智、黄安义、黄元香、黄元顶、黄元希及船工黄元德、黄元道等人。这些青年后来大多参加了支援省港大罢工的活动，也成为革命的后备力量。但黄学增在东参村停留的时间不长，其间也常到遂溪、广州湾等地开展工作，因此没能在东参村进一步地宣传革命、发动群众。1926年4月，黄学增再次秘密来到东海岛，专门去庵里村考察盐业工人的状况，酝酿成立盐业工会。虽然这件事情最终并没做成，但黄学增借此传播了革命思想。黄元常在经商之余，经常往返家乡东海岛东参村与赤坎之间，每次回到信息闭塞的东海岛，他便把自己在黄学增等人处受到的革命思想熏陶同盐场的盐工们分享，把听到的俄国十月革命的故事讲述给盐工们，让他们知道了孙中山、国民革命，也知道了马克思主义和中国共产党。

培智学校是东参村村民利用黄氏宗祠办起来的一所新式学校，也是东参村传播革命思想的主要阵地，其具体创办时间已不可考，各方说法不一，但有回忆文

培智学校旧址——东参村黄氏宗祠

章提供了一些线索。东参村的革命老人黄轩在回忆时说起，1933年之前，他在农村学堂读书十年，那么可知培智学校至少已经存在10年，大约是在1922年创办的，从时间上来看，正好与黄学增在这里教书的时间吻合。创办初期的培智学校仍旧使用私塾式的传统教育方法，私塾老先生要求学生们背读《三字经》、四书五经；如果背不出来，老先生就用木棍打学生后背，并用黑墨水圈画学生的眼睛，还不让学生回家洗掉，如果洗掉则回校又要挨打。每天都有学生因为背不出书而受骂挨打和圈画眼睛，有的学生在一天里两个眼睛都被圈几次。这种典型的旧式教育无论是从内容还是形式上都不能满足学生们的需要，这种情况直到东海岛调市村人、进步青年陆春保任教培智学校时才得到改变。

陆春保有新思想，是见过世面的人，他在培智学校教书期间，使用白话文授课，这可是学堂"第一次用白话文讲课"，陆春保的讲课内容也让学生们耳目一新，因为陆春保经常脱离了课本讲外面世界发生的事情，学生们第一次知道了林则徐禁鸦片的故事、太平天国的故事、李自成的农民革命运动等，得到了反抗帝国列强的思想启蒙，初步树立了爱国思想。陆春保在东参村教书几年，很受学生和家长们欢迎。在赤坎经商的黄元常也经

常回村里，给学生们讲外面的世界，一到晚上，学生们就坐在学堂门前的板凳上听黄元常讲述在外做生意的所见所闻，黄元常也时常有意识地加入革命宣传的内容。在第一次国共合作失败以后，黄记盐店暂时停止了共产党联络站的活动，他也就回到了东参村家里，给学生们讲些共产党和红军的故事以及一些劫富济贫的故事，学生们听得入迷，从那时开始向往革命。黄轩回忆道："从此，我心灵里，第一次烧起羡慕共产党，走革命道路的导火线。"[①]1933年，黄元常介绍东海岛的进步青年黄明德等人到培智学校教书，黄明德任教时，除废除旧学制创建新学制、采用新课本教育学生外，还常向学生宣传马列主义和抗日救亡思想，更是带动了一大批青年学生走上革命的道路。

二、农民运动的兴起

大革命前后，在外经商、居住和求学的东海岛人中，陈炳森、苏天春和黄义民都投身大革命的洪流，他们是东海岛地区参加革命的第一批人士。

陈炳森原名陈德怀，是东海岛西坑村人，家里在赤坎开有店铺经营生盐，因生意往来，认识了同样在赤坎经营盐业生意的东海岛同乡黄元常，经黄元常的介绍，陈炳森认识了黄学增，1924年，黄学增引荐陈炳森到广州去求学。其时正值第一次国共合作，黄学增既是共产党员，也是国民党员，黄埔军校与广州农民运动讲习所都是国共合作后创办的。陈炳森在广州求学期间，与黄学增一起从事革命活动并加入了国民党。他主要从事的是工人运动，1925年随国民党国民革命军南征军南下讨伐军阀邓本殷，后出任雷州总工会主席。

---

① 黄轩：《东参村革命斗争史》，1999，第8页。

苏天春

苏天春是东海岛田交仔村人，与陈炳森是邻村人，受到陈炳森启发，了解到革命中心广州的情况，因而向往革命，于1925年去了广州。同年5月，经陈炳森介绍认识了黄学增，向往革命的苏天春也得到黄学增的引荐，进入广州农民运动讲习所第四届学习，在农讲所学习期间，苏天春加入了中国共产党，[①] 其后来转变立场加入国民党，中华人民共和国成立后被捕。

由于广东的革命形势发展很快，为了统一广东革命根据地，1925年9月，广东国民政府作出了东征讨伐陈炯明和南征讨伐邓本殷的决定。因此，革命中心广州以外的地区迫切需要被发动起来配合广州国民政府的行动，在广州经过学习培训的许多国民党员或共产党员纷纷被派回原籍从事发动群众的工作。陈炳森和苏天春都回到了南路，参与了国民革命军南征的前期准备工作。共产党员、黄埔军校第一期学员薛文藻奉命潜回雷州，设法在南征军到来之前进入雷州军阀的军中做策反工作，但"因环境所迫，不能亲身到民军中活动，只派国民党员陈炳森、黄昌亭等潜入蔡春霖（因蔡春霖与邓本殷有矛盾——编者注）部指导"[②]，由于陈炳森的国民党员身份有利于他深入雷州民军中开展工作，因此，陈炳森代替薛文藻前往民军中做策反工作。苏天春则以国民党员的公开身份，奉调国民革命军第十师陈铭枢部，随军南下开展政治宣传工作。1925年10月，奉陈铭枢之命，与雷州民军头

① 苏天春：《苏浴尘自白书》，载中共湛江市委党史研究室编《南路农民运动史料》，广东人民出版社，1997，第246页。

② 苏天春：《苏浴尘自白书》，载中共湛江市委党史研究室编《南路农民运动史料》，广东人民出版社，1997，第18页。

目一道去雷州招编土匪。法国人统治广州湾时期，有意放纵海康、徐闻土匪的发展，甚至有意提供武器给土匪从中牟利，导致海徐匪患相当严重，烧杀抢掠行为令人发指。在国民革命军到来前，如能解决土匪问题，那么，对于牵制邓本殷的后方是大为有利的。

1925年夏秋之间，雷州青年同志社的骨干韩盈、黄广渊、钟竹筠等人也被中共广东区委派回乡，他们打探军阀邓本殷的情况，分头到遂溪、海康、广州湾等地秘密开展宣传工作，发动群众和民军，为解决国民革命军南征部队的粮草供给等后勤工作做准备；同时，也在遂溪和广州湾从事秘密建党和农运工作。1925年10月，中共广东区委任命黄学增为中共南路特派员。在黄学增的指导下，韩盈等人在遂溪城召开秘密会议，商议成立中共党组织的事情。会议认为，当时雷州半岛为军阀邓本殷所盘踞，中共党组织不能公开活动，只能用共青团的名义来成立雷州特别支部，因此决定成立中国共产主义青年团雷州特别支部，简称"雷支"，代号"雷枝"。此时的"雷支"其实是一个由中共党员创立的党团混合支部，标志着雷州地区中共党组织的正式创立。"雷支"刚刚成立时，韩盈出任支部书记，成员有黄广渊、苏天春、薛文藻等人。"雷支"成立会议召开之后，苏天春被分派前往海康县，继续策动民军以策应即将南下的南征大军。[①]到了1926年3月，中共南路特派员黄学增回到南路领导革命斗争并负责在南路地区建立起党组织的任务。5月，在"雷支"的基础上，遂溪县和海康县的大部分团员转成党员，分别成立了中共遂溪县支部和海康县支部，其中，遂溪县支部的成员是最多的，黄

---

① 苏天春：《苏浴尘自白书》，载中共湛江市委党史研究室编《南路农民运动史料》，广东人民出版社，1997，第247页。

广渊任支部书记，苏天春也在遂溪县支部，他参与了组建"雷支"和中共遂溪县支部的全过程。

此时，黄学增的公开身份为国民党中央农民部农运特派员、国民党广东南路特委负责人、广东省农会南路办事处主任等，负责统管南路地区的农民运动，陈炳森和苏天春都被派到了海康县工作，陈炳森负责工人运动，苏天春则从事农民运动工作。苏天春和陈炳森在遂溪县、海康县工作期间，常回家乡东海岛进行宣传和发动农民运动的工作。经过考察，他们决定在东海岛调那（现称调文）山后村发起成立海岛农民协会。虽然在大革命时期，国共合作成立的农民协会是可以公开的，但由于东海岛属于法国殖民当局管辖，农民协会和农民运动会遭到法国殖民当局的阻止而不宜公开，于是，在秘密的情况下，在村民唐定荣的家里宣布成立东海岛农民协会，当时加入农会的有100多人。①农会的会长最初由陈炳森担任，后由唐定荣接任；农会骨干分子有唐平家、唐里志、唐平章、唐那三、唐戈政、唐那二、唐平香等。唐定荣还被大家推选为广州湾法国殖民当局驻山后村的议员，唐生财是村中头面人物之一，也是支持农会的，他们作为与法国殖民当局有联系的山后村上层人士，参加和支持农会，非常有利于保护农会的组织和活动。他们曾向广州湾法国殖民当局请示，以防匪为名，要求配发枪械，组织联防军，实际目的是扩充农军。

东海岛农民的生活向来贫苦，除了因为这里人多地少收成少，也因为法国殖民者的盘剥，他们日子过得非常艰苦，渴望改变现状；但是他们无法仅靠自身来实现改变，因而，当地的农民

---

① 王钦进：《东海岛第一个农会及农军活动概况》，载中国人民政治协商会议湛江市委员会文史资料研究委员会编《湛江文史资料》第18辑，1999年内部编印，第11页。

对于加入能给自己带来好处的农会是有着强烈兴趣的，即使是在秘密的情况下，农民仍然踊跃参加农会。东海岛农民协会是东海岛的第一个农会，其活动一直坚持到1927年蒋介石发动反革命政变后才停止。

农军武装斗争与渔民斗争

一、遂溪农军转战东硇

1927年蒋介石发动四一二反革命政变后，各地共产党员遭屠杀或通缉。4月18日，南路国民党也开始实行"清党"行动，韩盈、梁本荣等一批共产党员和革命群众被杀害。5月，撤退到广州湾的各县党组织及农会领导人组织召开会议，由朱也赤、陈信材、黄广渊主持，决定发动群众壮大农军力量，武装反抗国民党反动派，并决定成立由朱也赤为主任的南路农民革命委员会，领导武装斗争。不久，黄广渊、陈光礼、薛文藻等人发起了遂溪乐民起义，打响了中共南路党组织领导农民武装反抗国民党反动派的第一枪，陈炳森此时也参与组织和领导了乐民起义。随后，海康、廉江、吴川等地相继发起了中共领导下的农民起义，苏天春则根据部署，参与组织和领导了在海康举行的东海仔暴动。但由于经验不足、力量不足等，在国民党的镇压下，南路的武装起义相继失败。

苏天春在东海仔暴动失败后，途经通明港潜回了广州湾，考虑到东海岛部分农村已经组织了农会，初步把农民教育发动了起来，曾计划返回东海岛组织农民武装举行起义，终因各方面条件不成熟而取消行动计划。但是，土地革命时期，东海岛和硇洲岛也出现了农军武装革命，这是因为遂溪农军把队伍拉到了东海岛地区，使得这里第一次出现了中国共产党领导的武装斗争，东海岛地区的革命进程再次与内陆紧密联系了起来。

遂溪农军发动乐民起义后，中共遂溪县委根据彼强我弱的态势，作出了分散秘密活动的决定，农军被分成三部分，身份未暴露的由黄学新带领潜伏在敦文村的尚武堂，主力部队由陈光礼带领撤往北部湾的斜阳岛上，还有一部分由黄广渊带领在遂溪的第六、第七区一带农村活动。当时的斜阳岛属遂溪县管辖，岛上海匪众多，农军打算在那里改造海匪以壮大力量，伺机再打回内陆。这支农军壮大后曾数次回师内陆，后来长期在斜阳岛上坚持斗争，直到1932年12月，开辟了中共南路组织领导下武装割据海岛的历史。中共南路特委委员、遂溪县党组织负责人黄广渊率领的农军队伍在遂溪的第六、第七区一带农村活动，同时发动群众坚持斗争，但是，在1927年9月20日的战斗中，黄广渊为掩护大部队撤退不幸牺牲。农军在黄广渊牺牲之后并未放弃斗争，在黄广渊的母亲黄凌氏和黄广渊三弟黄广荣率领下转移到了东海岛，此后，他们以东海岛和硇洲岛为据点，坚持了一段时间的斗争。

遂溪农军为什么选择东海岛并且选择了调那山后村作为落脚点？对比有两种说法：第一种说法认为是东海岛盐商黄元常带过来的。[①]因黄记盐店是共产党人在广州湾的联络站，黄元常与黄广渊早已经认识，又同为黄姓，在黄广渊牺牲后，黄元常把农军队伍带到太平一带活动，最后又带到自己非常熟悉的家乡东海岛来落脚。第二种说法认为是山后村的唐定荣等人带过来的。原东海岛农民协会会长唐定荣和会员唐李志、唐平家、唐那二等获悉黄凌氏带领农军的情况后，冒着危险前去寻找这支革命队伍，与黄凌氏取得了联系，随后都参加了农军，跟随农军在太平一带

---

① 梁政海：《广州湾著名盐商——黄元常》，《湛江日报》2010年6月6日，第6版。

参加对法国当局和民团的战斗。1928年5月，唐定荣等人将黄凌氏、黄广荣及30多人的农军队伍秘密带回山后村，住了下来。①仔细分析，这两种说法不矛盾，黄元常接触农军在前，选择了国民党势力不强的法国殖民地广州湾作为农军回旋的地方，太平在广州湾中又离西营较远，离遂溪地界较近，处于广州湾和遂溪的交界地，是较为安全的，而他也是主张将农军撤到东海岛去的；唐定荣等人接触农军在后，东海岛农民协会不能公开活动以后，东海岛的这些农运骨干分子也未放弃斗争，积极寻找同路人，因此找到了黄凌氏率领的农军并参加了在太平的战斗，这样就可以解释为什么黄凌氏最后会率领农军撤到东海岛的山后村来。从地理位置来看，东海岛当时是法国殖民地，国民党势力固然管不到，但法国殖民当局一样不会容忍农军的存在，但山后村的地理位置对于农军的隐蔽是相当有利的。东海岛是个平地岛，岛上大部分是平原，没有山，只有一些稍高于地平面的坡地。山后村正好位于一大片坡地的后面，村子被过人高的簕古丛林包围，外人很难找到入村的道路；更重要的是，这里是东海岛第一个农会产生的地方，群众基础好，受过革命思想的熏陶，不会轻易出卖农军，村里的头人唐士英也支持农军，于是，黄凌氏率领的这支农军队伍就在山后村的唐氏宗祠里驻扎了下来。

黄凌氏虽是女性，年龄也已约50岁，她的长子和次子在大革命中先后牺牲，但是她信念异常坚定，带领农军在艰苦的环境中坚持秘密斗争。经过多年艰苦战斗的磨炼，黄凌氏战斗经验丰富，怀有一身绝技，比较突出的是能两手同时开枪且命中率高，

---

① 王钦进：《东海岛第一个农会及农军活动概况》，载中国人民政治协商会议湛江市委员会文史资料研究委员会编《湛江文史资料》第18辑，1999年内部编印，第12页。

所以，她在农军中威信很高，当地群众也很佩服这位眼界和行为都与众不同的农军领导人，称她为"双枪婶"，她和她领导的农军自然就成了国民党和法国殖民当局欲除之而后快的对象。遂溪农军来到东海岛之后，黄凌氏等中共党员就地成立了党小组，①山后村青年唐里志、唐平香、唐平家等加入了中国共产党，唐定荣和妻子王氏也加入了中国共产党。山后村的农民协会本来已经停止活动，在黄凌氏的发动下又重新发展了起来。此外，为解决农军资金不足的问题，还成立了"渔网队"、海上"税队"和"妇女会"，分别由唐定荣的妻子王氏和姚妃洪负责，所有在山后村成立的这些组织，都由农军领导人黄凌氏统一指挥。②中共领导下的山后村革命组织形式多样，拥有党小组、农军、农会、妇女会等，还有为解决经费问题而设立的税队。另外，他们还开展了土地革命的初步尝试，把祠堂的田地分给穷人耕种。当然，由于当地的革命活动刚刚起步，对于群众的发动还不够深入，又位于法国殖民地管辖区内，加上与中共上级组织长期失去联系，因此，他们无法提出完整的"打土豪、分田地、废除封建剥削和债务"的主张以满足农民对土地的要求，即使能提出来也是极不现实的，必定会令农军陷入"左"倾盲动的危险境地。山后村在中共党组织的领导下进行了短期的武装斗争，把祠堂的公田分给贫苦农民，只是满足了贫苦农民"耕者有其田"的朴素愿望，并不是真正意义上的土地革命。

为了扩大农军队伍，黄凌氏改造收编了东海岛有名的以"曲

---

① 根据黄凌氏后人回忆，这个党小组在1929年被改为党支部，黄凌氏是负责人，她在山后村发展了一批新党员，但目前没有其他资料也无法考证这个党支部是否曾经存在过。

② 湛江市东海岛东山镇调文山后村：《东海岛山后革命斗争史概况》，2002。

手"为首的一支土匪队伍。"曲手"原名唐秋保，东海岛调文下洛村人，年轻时曾当过兵，枪法和武艺皆强，曾经跟随雷州土匪，以打家劫舍为生，受伤后落下一只手的残疾，得外号"曲手"。但唐秋保为人很有民族气节，曾与为法国人工作的广州湾士绅陈学谈结仇，又常与法国人为敌，东海岛上的法国东山公局常派兵到下洛村去追捕他，他的日子也不好过。黄凌氏在调文山后村驻下后，了解到唐秋保的情况，便与他接触，用革命思想教育和改造唐秋保，唐秋保深感只有参加农军，投靠共产党才会有出路，于是带领手下六七十人参加了黄凌氏率领的农军。1929年，正在主持东海小学工作的海康县人李春熙也动员了一批学生和青年农民加入农军队伍。[①]于是，从遂溪过来的这支农军在东海岛就发展到了100多人，拥有枪支68支，队伍壮大了。

黄凌氏和农军在这个经济落后的海岛上能够立住脚并坚持斗争，与包括士绅在内的当地群众的有力支持是分不开的。农军的活动虽然是秘密的，但是100多人的队伍天天吃住在山后村里，训练活动也在村里，有时还要外出战斗，所以，他们的活动在村里是公开的。如果村里的中上层人士不同意，他们不可能驻在唐氏宗祠里，更不可能在此长期立足；只要任何一个群众去告密，农军就无法在这里坚持斗争长达三年之久。这不仅是因为当地群众对于与自己处于相同阶级阶层的农军怀有同情，也因为经过共产党组织在大革命时期的革命教育之后，这里的群众对于能够代表自身利益的队伍是高度认可的。由于遂溪农军的革命活动不能公开，供给上很快也出现了困难，尽管当地经济水平不高，群众生活也不富裕，但是他们还是非常愿意在物质上积极支持农

---

① 中共湛江市委党史研究室编《中共在广州湾活动史料》，广东人民出版社，1994，第13页。

遂溪农军据点遗址——东海岛调文唐氏宗祠

军。农会发动群众捐钱献粮来保障农军的供给，据统计，唐平家捐大洋60元，唐那三捐大洋30元，唐里志捐大洋80元，唐定川捐大洋40元，山后村祠堂将所存的大洋200元也捐了出来，又将祠堂田划了5亩给农军耕种以解决活动经费问题。[①]东海岛农军在环境异常恶劣的情况下，依然坚持革命斗争。由于有农会和当地群众的大力支持，黄凌氏开始带领农军走出山后村，同广州湾租界内的殖民势力展开了武装斗争，1929—1930年，先后袭击了法国驻广州湾当局设在东山、太平等圩镇的据点，每次都能缴获一批枪支弹药和其他物资，补充了自身的物资短缺；此外，姚妃洪带领税队在曲港一带缴获法国殖民当局的运输船，获得粮食一大批；根据在法国公局当兵的农会会员唐神保提供的情报，攻打了法国人开设的赌馆，这些行动进一步树立了农军在群众中的威信。

黄凌氏和农军不仅在东海岛有了一个可靠的落脚点，在硇洲岛同样也有。硇洲岛北港的黄屋村与黄凌氏夫家所在的遂溪海山村来自同一支黄姓先祖，于是，为了攻打法国硇洲公局，1930年春，黄凌氏、黄广荣带领遂溪农军全副武装30多人，从东海岛乘

---

① 王钦进：《东海岛第一个农会及农军活动概况》，载中国人民政治协商会议湛江市委员会文史资料研究委员会编《湛江文史资料》第18辑，1999年内部编印，第12页。

船秘密来到硇洲北港黄屋村。黄凌氏等人驻下后，也在这里宣传革命思想，给农民讲解革命的意义和目的，还在这里发起成立了农会，这是硇洲岛上的第一个农会。大家推举黄凌氏、黄广荣为会长，黄玉书、黄之茂为副会长，农会成立时歃血为盟，表示同生共死、保守秘密。又把有志青年集合起来组织农军，黄玉书、黄之茂、黄丙才、黄公易等20人参加了农军，为遂溪农军增强了力量。①革命的星星之火，被遂溪农军带到了偏远的硇洲岛，当地群众为他们的活动保密并给予了热情的支持。黄凌氏的孙子，即黄广渊之子，小名"民仔"，大名黄芝劲，被寄养在村民黄玉书家中，由黄玉书的妻子窦明顺抚养。这年秋天，黄凌氏带领在黄屋村扩编的农军攻打位于淡水的法国硇洲公局据点，获得成功，缴获了一大批枪支弹药和米、盐等其他物资。由于硇洲岛地域狭小，回旋余地不大，因此，攻打淡水公局的任务顺利完成后，农军又转移回东海岛活动。

二、硇洲渔民罢工

大革命时期的革命风潮也波及硇洲，硇洲渔民曾于1923—1924年自发组织罢工斗争，也曾经支援过省港大罢工的工人纠察队；1927年大革命失败后，硇洲因其归属广州湾的特殊性、海上交通的便利性以及远离法国统治中心等，数次成为共产党员疏散和撤退的地点，这些陆续撤退到硇洲岛的革命者主要有海南龙马乡农运党组织负责人曾鲁、遂溪农军和原中共南路特委书记彭中英、委员陈信材等，他们给硇洲带来了最初的革命启蒙，使得硇洲开始出现有组织的革命活动，和东海岛一样，跟上了内陆的革

---

① 中共湛江市东海经济开发试验区硇洲镇委员会党史编写组编《硇洲岛革命斗争史》，1998年内部编印，第3页。

曾鲁

命斗争进程。

硇洲是个天然火山岛，海产极为丰富，自古盛产鲍鱼、海参、龙虾等朝廷贡品，岛上大部分人都是靠海谋生，但是多数渔民却无法靠着天赐的优良海产温饱有余，总是挣扎在温饱线上。当地渔民共有9000多人，拥有深水渔船100多艘，分别属几十个船主所有，渔民大部分是没有固定资产的打工者，经年累月受雇于船主出海捕鱼或做苦工为生。出于资本特有的逐利性，船主靠压低工资，或以各种借口扣工资和加派义务工，渔民工资非常微薄，常常入不敷出；一旦渔民身染疾病不能干活，就会被赶离渔船；更为严重的问题是，出海渔民不比耕种土地的农民，在陆地上的农民再辛苦，也仅是辛苦，一般不会有生命危险，而在科学技术并不发达的年代里，渔民出海后能否安全回来是无法保证的，一旦遇上稍大的风浪便有生命危险，是典型的在风口浪尖上谋生。1927年8月21日，一场突如其来的强台风袭击了硇洲，来不及返港避风的渔民损失惨重，有30多艘渔船被打沉，400多名渔民葬身大海。渔民们的权益无法得到保障，但船主们却有办法进一步增加自身的利益。他们通过组织帮会或者团伙联合起来，风险共担、利润均分。硇洲有10多个帮会，每个帮会选一个船主当帮头，负责处理海上碰船、打架等纠纷，也负责处罚渔民、镇压渔民反抗。由于渔民处于弱势，没有人或者组织能够代表他们来维护权益，而强势的船主阶层则组织相对健全，在这一强一弱之间，船主对渔民压迫过重、剥削过多的情况。有压迫就会有反抗，1923—1924年，硇洲北港曾经爆发过一次规模较大的罢工斗争，数百名渔民离船上岸罢工，要求船主增加工资，由于这次渔民罢工斗争是自发的，缺乏领导和组织，很快就因行动涣散而失败了。[1]但是，这次罢工斗争正是硇洲渔民对于摆脱困苦境况的真实情绪和需求的反映，也是后来彭中英等人能够在此组织开展罢工斗争的群众基础。

彭中英

到了1925年，正值第一次国共合作如火如荼之时，国共两党合力推动的农民运动在全省铺开，以英殖民者制造的五卅惨案而引发的省港大罢工为标志的工人运动也掀起高潮，这场持续时间长达一年多的罢工斗争在全省范围内得到广泛的支援。省港工人大罢工浪潮也影响到了广州湾，7月，省港大罢工工人纠察队进驻广州湾、遂溪、海康、阳江等地，广州湾工人也成立了工人纠察队，配合封锁广州湾沿海港口，在麻斜、东海岛、硇洲岛、麻章、遂城等地严防死守，对来往沿海与香港的海上交通线进行封锁。省港罢工工人纠察队曾先后在东海岛、硇洲岛海面查获了军阀邓本殷从广州湾运粮资助香港的"华山号"货轮，在海康城查获雷州财政处处长李光业从广州湾偷运出的英国货物一批。[2]东海岛地区的渔民都在这次支援省港大罢工的过程中初步感受到了革命的气氛。

1927年国民党反动派发动四一二反革命政变后，国共双方势同水火，国民党政府开始屠杀大批共产党员和革命群众，中国共产党组织遭到严重破坏。硇洲岛因地处广州湾境内，又是扼守

---

[1] 中共湛江市东海经济开发区试验区硇洲镇委员会党史编写组编著《硇洲岛革命斗争史》，1998年内部编印，第6-7页。

[2] 中共湛江市赤坎区委党史研究室：《中国共产党赤坎历史》第一卷（1921—1949），中共党史出版社，2014，第28页。

海上交通要道的重地，于是成了中国共产党党员和组织的避难之地、撤退之所。从这时起，一直到抗日战争时期，硇洲作为避难地的独特历史作用都非常明显。1927年6月，海南文昌县龙马乡农民运动遭破坏，农民运动负责人曾鲁按照中共上级党组织指示精神，决定分散坚持斗争，他率领吴必兴、曾令运、曾孙谦、陈清、云如能、曾廷、李子苏、陈景尧、谢飞等12人，由海南秘密潜入硇洲岛，以认宗为名，在曾介臣家中落脚。在曾介臣的帮助下，他们以经商为名，先后在淡水街上开了"新新咖啡店"和"东坡茶楼"，以维持生活和掩护革命工作，秘密进行革命活动。这群来自海南的中共党员在群众中秘密宣传"耕者有其田""一切权力归农会"等农运思想，灌输不做法国奴的爱国思想，引起了法国殖民当局的注意。不久由于叛徒告密，吴必兴、李子苏等4人被法国殖民当局逮捕入狱，遭受酷刑，后由曾介臣保释出狱才免遭杀害。法国殖民者因此而加强了监视和巡查，曾鲁等人被迫离开硇洲岛，转往他处。曾鲁和云如能前往上海，其他人则陆续分散回海南继续秘密斗争。1929年冬，曾鲁转移到上海之后，特意在报上刊登《退股书》，宣称因东坡茶楼"生意亏本"而退股，说明与曾介臣的合股经商关系的结束，这也意味着，曾鲁在硇洲岛的真实身份未被发现，登报声明只是表明他在硇洲岛生意的结束，这为他后来再次合法地进入硇洲岛作了铺垫。

1928年召开的中共六大指出：当前革命处于低潮期，党的中心工作不是千方百计地再去组织暴动，而是要隐蔽下来做艰苦的群众工作，积蓄力量，以图再起。在广东南路地区，中共组织的武装暴动先后失败以后，国民党更是加紧了对共产党人的"清洗"，1928年冬，由于叛徒的出卖，国民党联合法国殖民当局破坏了位于广州湾的南路特委领导机关，机关领导成员遭到逮捕和杀害，特委书记黄平民、常委朱也赤也未能幸免。幸存的特委成员卢宝炫、彭中英、陈信材、梁安成、薛经辉、刘邦武、邱祥霞、易一德、车振轮、薛文藻等人，互相失去了联系，只能各自想办法寻找上级党组织。彭中英被推举为临时负责人，经广州前往香港寻找中共广东省委机关，但在广州因缺乏保人而无法赴港；陈信材利用"卖猪仔"做劳工的机会到了

陈信材

香港，碰上卢宝炫，却仍然找不到上级机关，因为上级机关的地址也常变动。辗转多次寻找无果之后，南路的党员们决定分散隐蔽待机再起，其中一部分人转移到了相对安全的法国租界广州湾隐蔽。

1929年2月，未能找到上级党组织的卢宝炫和陈信材乘船从香港返回广州湾，来到了硇洲岛。2月下旬，卢宝炫离岛赴广西的东兴，途中被国民党抓捕，后被杀害。留在硇洲的陈信材联络了彭中英，准备在硇洲岛住下，坚持斗争。其实，早在中共南路特委机关未被破坏之前，彭中英便经常来往此地，硇洲已经成为他进行革命活动的联络点之一。他以贩卖咸鱼为掩护，通过廉江地下党员的介绍，认识了一些在硇洲开设烟丝店的廉江商人，这些烟丝店也成为他的联络点，彭中英便常来往于石门和硇洲之间，接送地下工作者。陈信材到硇洲后，写信叫熟悉硇洲情况的彭中英来硇洲会合，接信后彭中英与彭庭贵、易经等10多人来到了硇洲。此后，他们就利用原有的社会关系以做买卖为名住了下来，彭中英又通过硇洲商会会长陈俊三的帮助，当上了商会秘书，他们在硇洲便有了合法的身份。尽管此时彭中英、陈信材等人已经失去了和上级党组织的联系，也很难获知中共中央新的指示和精神，但他们在极度困难的时期里仍坚守革命的信仰、坚

持革命的行动。在硇洲立足之后，他们便以经商为掩护，深入渔港、接近渔民，进行社会调查，从中掌握了硇洲岛的社会经济状况。当了解到硇洲岛渔民的生活状况和以往的斗争经历以后，彭中英等人深感渔民受船主剥削严重，工资低、生活苦、职业安全无保障，要求增加工资、改善待遇是人心所向，也是符合中共的理念和宗旨的，如能借此机会搞一次罢工斗争，既可以替渔民解决一些实际问题，还能把渔民发动起来，体现中共党员在困难时期的斗争精神。当然，他们不便以共产党的名义来进行公开的斗争，只能以渔业工会的名义来进行，因此，当务之急是成立能够代表渔民利益的工会组织，以便形成与船主帮会对等的组织，只有这样，彭中英等人才能带领渔民进行合法的斗争。

硇洲岛渔民已经有过自发的罢工斗争，这说明硇洲岛渔民是具有斗争精神的，过去斗争失败最主要的原因是渔民缺乏能把他们组织和领导起来的主心骨，导致罢工发起之后难以坚持下去而归于失败。因此，彭中英、陈信材认为，要保证罢工斗争的效果就必须充分发动群众、建好组织、做好计划，还要选择好时机，才能展开行动。他们通过观察物色了一批渔民中的骨干力量，有高四、妃乌、黄大珠、黄玉腾、黄玉书、黄芝统、黄玉君、黄大养等。1929年夏，彭中英、陈信材带领渔民在北港黄屋村调蒙宫①成立了"硇洲渔业工会"，高四、妃乌、陈大养、黄大珠等骨干力量先后加入了工会，被分派到北港、南港、谭北、淡水、那晏等村做秘密发动渔民的工作，他们先后发动了900多名渔民

---

① 调蒙宫是黄屋村的一座神庙，也叫陆秀夫庙。南宋末年，被元兵追杀的宋帝在张世杰、陆秀夫等众大臣护送下南逃至硇洲岛，后移至新会崖山，元兵追杀至此，宋军即将倾覆，陆秀夫负幼帝投海殉国。硇洲人民非常敬仰张世杰、陆秀夫、文天祥等爱国将领，为他们在岛上建神庙以作纪念，至今仍在。黄屋村人更为敬重陆秀夫，历来尚武，有反抗压迫的传统，因此，渔民工会在这里成立。

硇洲渔业工会旧址——硇洲北港黄屋村的调蒙宫

加入了工会，这些会员分散在100多艘渔船上，也就是说，几乎每艘硇洲岛的渔船上都有工会的会员。

有了渔业工会之后，彭中英等人的工作目标就是发动罢工为渔民争取权益。为了使罢工斗争顺利进行，他们事先作了多方面的考虑和准备。首先，选出高四、妃乌为工会的负责人，担任罢工的前线指挥；其次，挑选了10多名力气大、胆子壮的年轻人，组织渔民罢工纠察队，负责维护罢工期间的治安秩序，以防止船主、渔头栏、资本家等人在罢工期间搞离间和破坏；再次，做好罢工期间的粮食物资准备。省港大罢工曾经持续长达一年多时间，硇洲岛渔民罢工会持续多长时间，无法事先准确预计，必须提前做好粮食储备，这是将罢工坚持至胜利的重要保证。在渔业工会的会员中，有相当一部分人来自外地，在岛上没有家，他们罢工期间的食宿如果不能得到解决，就很可能中途动摇。因此，彭中英利用商会的关系，争取商会的同情和支持。商会会长陈俊三是个开明商人，他答应支持渔民的斗争，他和商会为渔业工会筹集了一批粮食，其中，陈俊三个人就捐了大米几十包。这样，渔民罢工所需的物资陆续准备好了。

彭中英等人组织和领导硇洲岛渔民进行过两次罢工。第一次渔民罢工发生在1929年6月，当罢工的各方面准备工作就绪以后，渔业工会代表全体会员向船主提出了增加工资的要求，即从过去每月大工4元、小工3元，增加为大工6元、小工4元。船主一开始摸不清情况，自然不答应。渔业工会立刻宣布全体罢工，全岛各地的渔民纷纷响应。船主背后的靠山渔头栏、资本家鉴于过去的经验，认为只要拒绝要求，不用太久，渔民自然就会复工，因此拒绝增加工资。彭中英命令高四等人让全体渔民即刻离船上岸，这次罢工坚持了一个多月时间，远远超过了以往，船主们最终因利润严重受损被迫答应渔民提出增加工资的要求。这是硇洲岛渔民罢工取得的第一次胜利，渔民们深受鼓舞，就连船主都认为渔业工会力量强大，能做成以前做不成的事情，也动了要加入工会保障自身利益的心思。其实，船主们多数并非大富大贵之人，只是拥有渔船并使用雇工的小生产者，他们一样不满权力过大、盘剥过重的渔头栏和资本家，也希望加入工会，希望工会能代表他们，维护他们的利益。渔业工会吸收了这些新成员，自船主入会后，会员成分发生了变化，彭中英等人把渔业工会改为渔民协会，后来为了避免法国殖民当局怀疑"协会"是共产党组织而改称"海晏会"，"海晏会"时期的工会会员发展到1200人，这时的"海晏会"会长为林潮浩（后叛变）。入会的船主每人缴纳40元为会费，渔民则把斗争得来的第一个月增加工资的一部分捐出来作为工会的基金。①

第二次渔民罢工发生在1930年。随着时间的推移，渔头栏、

---

① 何锦洲：《陈信材忆述高雷及广宁等地革命斗争》，载中国人民政治协商会议湛江市委员会文史资料研究委员会编《湛江文史资料》第26辑，2007年内部编印，第16页。

资本家又煽动船主盘剥渔民。彭中英、陈信材等人决定再次发动罢工以巩固第一次罢工的胜利成果，这次罢工要比上一次规模更大。他们通过调查了解到，每年6—7月间，渔民都会从海上回到硇洲岛来结账领工资、修船补网和筹备下次出海的物资，到7月中旬，渔民又会离岛出海去汕尾渔场赶汛期。如果在渔民集中回岛的时间段发动罢工，一来容易聚集大量的罢工力量，形成强大的威慑力；二来可以迫使船主赶在汛期前答应工会的要求，以避免罢工时间过长产生意外状况。经过周详考虑，彭中英、陈信材等决定就在6月中旬举行第二次罢工。这次罢工斗争仍然由彭中英、陈信材等人直接组织和领导，由高四、妃乌等人在前线指挥。高四、妃乌等人去找船主代表吴德芳、石采明、吴宏青、周振宏等谈判，提出再次增加工资的要求：大工工资由每月6元增加到7元，小工工资由每月4元增加到5元。船主当场拒绝了要求，"海晏会"宣布罢工开始，渔民分别从南港、北港、淡水等三个码头上岸。高四、妃乌向罢工队伍作简单的动员，他们强调这次罢工的目的是提高工资，这关系到每个人的切身利益；号召会员一切行动听工会指挥，只要大家同心协力、坚持到底，罢工的目的就一定能达到；他们还反复宣布了有关组织纪律事项。这些简单而严肃的动员，使渔民们下定决心："不取全胜，决不收兵。"[1]罢工的游行队伍浩浩荡荡向着淡水街开进，分成若干小组，分别向各船主请愿；与此同时，罢工纠察队也分头执行任务，一部分人前去封锁三个码头，严禁任何人出海，一部分人在街头巷尾巡逻放哨，维护秩序。

看到这次罢工的规模更大，船主们赶紧召开帮头会议商量对

---

[1]　中共湛江市东海经济开发试验区硇洲镇委员会党史编写组编著《硇洲岛革命斗争史》，1998年内部编印，第11页。

策。虽然他们看到了上次罢工的结果，但仍心存侥幸，认为有相当一部分渔民不是硇洲本岛人，只要拖延时间等到汛期来临，急于挣钱的渔民就会自动结束罢工，即使不结束，只要粮食供应不上，渔民就会动摇，只要有一部分人动摇，就会影响全部人。因而，船主们决定采取拖延战术，同时派人到部分渔民中用金钱收买人心，让他们尽快出海。彭中英、陈信材等人一方面秘密召开骨干会议，分析斗争形势，不断进行宣传鼓动；另一方面及时向罢工渔民发放粮食，做好后勤保障，还加强了海面巡逻，严禁私自出海。硇洲岛渔民很齐心，很少有被收买的，一时间船主和工会陷入了僵持局面。但是，一个月之后，船主们最先产生动摇，因为汛期越来越近，如果错过时间，当年的收成和利润就大打折扣。为了避免更大的损失，船主们最后同意工会提出的要求，按要求增加所有渔民的工资。第二次渔民罢工在中共党员的领导下又取得了胜利，斗争的影响是很大的，渔民不仅被广泛动员起来，还被现实的斗争所教育，起到了口头宣传所达不到的效果，认识到只有坚持斗争，才能维护自己的权益；当时许多人并不知晓中共党员在罢工中所起的领导作用，但是通过数次罢工斗争的经验和教训，他们也认识到了工会的组织和领导是罢工取得胜利的关键保证。

"海晏会"在罢工斗争结束以后并没有就此停止活动，在彭中英、陈信材的领导下，"海晏会"把会员筹集来的资金办合作社，也欢迎船主入社，共同抵制渔头栏和资本家的剥削；在南宋末年留下的翔龙书院旧址上新修校舍，创办了渔民学校（又称"海晏小学"）。恰逢秋天到来，他们还筹备演戏，利用庆祝"双十节"之机加强革命宣传，张贴革命标语、散发传单，使得"海晏会"的斗争由经济斗争逐步迈向了政治斗争。

三、革命斗争被镇压

硇洲岛两次成功的罢工斗争引起了法国殖民当局和国民党的注意，尤其是在"海晏会"的会员张贴了许多革命标语之后，他们意识到硇洲岛有共产党员的活动。1930年冬，国民党吴川县当局派遣人称"陈黑鬼"的特务潜入硇洲岛，与当地法国公局密谋逮捕彭中英、陈信材等共产党员。正当驻硇洲岛的法国军警准备采取缉捕行动时，幸得"海晏会"负责人之一的妃乌的侄子在法国硇洲公局当差，他得知消息后及时通知了彭中英等人。见情况危急，而且硇洲岛太小，没有回旋的余地，彭中英、陈信材等10多位共产党员立刻乘卖咸鱼汁的木船，赶在法国硇洲公局行动前离开了硇洲岛，辗转前往香港。

1931年2月春节期间，遂溪农军正在东海岛山后村和群众一起除旧迎新，忽然接到情报称国民党高雷"清党"委员黄河沣到了西营，由于黄河沣积极"剿灭"共产党员，是农军的死对头，黄凌氏、黄广荣等人商量后，认为从东海岛往西营去很方便，应趁着这个机会刺杀黄河沣，如能在春节期间刺杀成功无疑是极为鼓舞人心的，因而作出派黄广荣和两名农军战士潜入西营伺机刺杀黄河沣的决定。不幸的是，黄广荣刚到西营就碰上了熟人，此人早已知道黄广荣在政府通缉之列却假装毫不知情，把黄广荣等人引到一家旅馆，借机溜出向法国殖民当局告密，疏忽大意的黄广荣等人就这样被法国军警逮捕，不久，法国人把黄广荣等人交给国民党当局押往吴川梅菉杀害。痛失最后一个儿子的黄凌氏强忍悲痛，带领农军仍活动于东海岛，但是法国殖民者却加紧了搜查和追捕农军的步伐。1931年9月的一天夜里，大批法国军警在获知农军的确切地点后扑向山后村，潜入唐氏宗祠周边，把农军哨兵杀掉后，将黄凌氏等农军居住的唐氏宗祠包围起来，架起机枪朝着祠堂的门窗猛烈射击。一场战斗打响了，黄凌氏和农军立即奋起反击，在门窗处与法国军警对抗射击，但农军被困在并不宽敞的祠堂内，所能采取的反抗方法不多，开始出现伤亡；又由于祠堂的门窗都被法军的机枪封锁，农军想要突围出去几乎不可能，黄凌氏几次组织突围均未成功，只好坚守在祠堂里与对方对峙。天亮时，农军的子弹耗尽，法国军警乘机撞开大门，黄凌氏及全体农军战士被捕，黄凌氏被国民党当局引渡到遂溪杀害。

大革命失败以后，法租界内的东海岛和硇洲岛分别出现过多次中共党员领导的革命活动，有遂溪农军转战东硇的武装斗争，有彭中英、陈信材等人领导的硇洲岛渔民罢工，农民武装斗争和渔民罢工斗争互相呼应，首次在东海岛地区形成了较大的革命声势，这在一定程度上冲击了法国殖民者在租界实行殖民统治的根基，也对国民党在南路的统治构成了威胁。东硇两岛在土地革命时期的斗争虽然最后失败了，但唤醒了偏僻海岛人民的民族意识和革命意识，让群众认识到从斗争中改变自身悲苦命运的途径，因此，硇洲岛渔民曾于1935年、1936年、抗日战争时期及解放战争时期多次举行罢工。共产党的革命思想、组织能力和领导能力在群众中获得认可，形成了海岛人民对于共产党最初的认识，这个认识也构成了后来历次斗争中两岛群众都积极支持共产党的历史渊源。

第三章

抗日战争时期

第一节 传播抗日思想，开展救亡运动

一、进步青年外出寻找党组织

中共南路地区党组织自从1928年12月南路特委机关在广州湾被破坏之后，各县、市党组织也相继遭到破坏和解体，至1929年，中共在广东南路内陆有组织的活动已基本停止。其后，党在东海、硇洲两岛组织开展的革命活动，以及割据斜阳岛的革命武装斗争，也先后遭到残酷镇压，革命活动惨遭失败。此时，与党组织失去联系的一批共产党人，始终没有放弃共产主义信念，潜伏下来，继续坚持斗争；而一些由外地转移来的共产党员，以各种社会职业作掩护，在青年学生中秘密传播马列主义和革命思想。在他们的影响带动下，一批要求进步的青年学生对中国共产党产生了强烈的向往，从而开始想方设法寻找共产党。

在共产党的直接领导和指挥下的"一二·九"运动引发了全国性的抗日救亡新高潮，更加激发了东海进步青年外出寻找党组织的热情，他们认识到"要解救民族和人民的灾难，必须依靠中国共产党领导中国人民起来革命，我们要革命，就要找共产党"[①]。同时，他们也认识到共产党是工人阶级的先进政党，

①　黄其江：《黄其江在海康党史座谈会上的发言》（1982年6月3日），转引自中共海康县委党史办公室编《海康党史资料》第一辑，1985年内部编印，第182页。

是在工人中做工作的，只有到工人中去，才能找到共产党。1936年初，黄其江、黄明德等人了解到香港有人到惠阳开钨矿，要招收一批工人，如果到那里工作，应该能找到共产党。经过商量后，大家决定分批去香港应聘做钨矿工人。第一批由黄其江、唐才猷、邓麟彰等人先去，然后再组织大批人去。接着，商量筹款问题。这些青年中家里条件较

黄其江

好的只有黄彪、唐才猷两人，其他人都很穷。为了筹集经费，唐才猷决定回家"偷"金器。后来他回家后，因此事被他父亲监禁长达半年之久。

艰难筹集到款项后，黄其江、唐才猷等人相约在东海岛集中，正在教书的黄明德、王玉颜、谢其乐和陈其辉等人得知消息后也加入找党的行列中。约在1936年5月，第一批人员启程前往香港，到港后找到收钨矿的人，却得知钨矿不开采了。而他们因为经费缺乏，只租了一间很小的房子暂时住下来。但奔波了一个多月，依然没有找到共产党。正在一筹莫展的时候，恰好看到李宗仁、白崇禧在香港报纸刊登广告，打出"反蒋抗日"的旗号，在广西举办抗日青年军官训练团，公开招生。经商量后认为，李、白反蒋抗日一定是和共产党合作，一定会邀请共产党当政治教官，进入训练团应该可以找到共产党；而他们可以托关系进入这个军官训练团。于是，他们立即决定回东海岛筹集旅费再前往广西。同年六七月间，他们先后回到东海岛，与黄明德等人秘密商量去广西寻找共产党事宜，这些在东海岛各小学任教的进步青年都拿出自己的微薄薪水来支持旅费，共筹措了100多元。但当他们中的先行人员到达玉林时，却传来了李、白投降蒋介石的消息，致使他们的"找党"计划再度落空，大家的心情都非常沉

黄明德

重。他们有的放弃职业，有的背叛家庭，为的是寻找共产党，却屡次落空，究竟到哪里才能找到共产党？①

恰在此时，上海《读书生活》杂志发表了一篇关于革命青年如何投身革命的文章。该文针对"一二·九"运动后大批进步学生离开学校、思想彷徨的情况，提倡革命青年应到群众中去做实际工作，团结教育更多的青年起来革命。如果离开学校，脱离群众，脱离实际，革命就很难开展。号召他们要回到学校中去，在学生中做工作，不要脱离群众。黄其江、唐才猷、邓麟彰、黄明德等人看后受到很大启发，于是决定都回到原来的岗位上去继续革命。

1936年下半年，黄其江也到东海小学担任老师，与黄明德等一起组织读书会活动。这时，在广州江村师范读书的沈汉英认识了也在该校读书的遂溪青年共产党员陈进礼等人，陈进礼了解情况后告诉沈汉英，说要找共产党就到江村师范来读书，言下之意在江村师范就有共产党。1937年2月，黄其江和陈其辉到了江村师范读书。到达当天，陈进礼就找他们谈话和布置工作任务。紧接着，他们参加了陈进礼、王国强等组织的秘密读书会。不久他们便在广州入了党。

二、觉民学校——东海革命的摇篮

觉民学校是东海岛的最高学府，其前身是1745年开办的东海书院，培养了一些秀才、举人，如举人陈乔森被誉为"雷州才

① 黄其江：《我在东海岛的革命活动》，载中共湛江市东海岛经济开发试验区委员会、湛江市老区建设委员会办公室编著《东海革命斗争史料》第二辑，1996年内部编印，第1页。

觉民小学原址

子"，曾任职清朝翰林院，也任过雷州书院院长，曾赋诗"海上
生涯岛上家，半求粟谷半鱼虾，春风荏苒归帆晚，旧地重来不见
花"，感叹东海岛的贫穷落后。在当时腐朽没落的清政府及其后
的法国殖民统治期间，东海岛的教育没有什么发展。

1929年，雷州爱国青年李春熙受聘
执教，他思想进步，具有反帝反封建的革
命意识，大力推行新文化教育，废除八股
文，坚决抵制法国的奴化教育，把"东海
书院"改名为"东海小学"。同时推动关
心家乡青少年成长的东海社会名流成立学
校董事会，校董会主席由进步人士唐士英
担任，其中进步派校董占了大多数，这使
得学校的发展出现了新气象。

郑星燕

1935年夏，共青团员郑星燕受聘担任东海小学校长，对学生
进行革命启蒙教育；其后两年，就像长跑接力赛一样，又相继聘

请进步青年郑仲英、郑光南、黄其江担任校长，不断地对学生加强抗日救亡教育，爱国主义思想深深扎根在学生的脑海里。"觉民小学从1935年郑星燕校长等来任教之后，青年学生初步受到了革命的启蒙教育。学校不断扩大，本地和外地进步青年不断奔向这里任教。这所新型的学校为革命培养了一批又一批革命骨干，成为东海岛革命的摇篮。"①

1937年下半年，法国殖民主义者觉察到东海岛革命思想日益活跃，就想加强控制，强化殖民教育，通过校董李焕南（保守派）安插林德才为校长，执教法文，推行奴化教育。当时很多学生具有朴素的爱国主义思想，认为学法文就是"吃法鬼屎"，不愿当法国奴才，因而就有10多名同学不到学校报到。校董中的进步派支持学生的罢课斗争，同意高小班学生转学外读，后来只剩下初小班，学校人数寥寥无几，无法上课，逼得林德才自行退职，灰溜溜地离开了。

1938年，邓麟彰推荐开明人士黄超然任校长，校董会顺利通过。黄超然一直任职到1946年，是任职时间最长的校长，对学校的发展呕心沥血，对学生关心备至，对东海教育事业做出了不可磨灭的贡献。

1937年七七事变爆发后，全国抗日救亡运动的高潮一浪高过一浪。为唤醒岛内民众及在校师生共赴国难，在邓麟彰、黄明德、沈汉英、沈斌等人的倡议下，校董会同意取典故"斯道觉斯民"之意，将东海小学改名为"觉民小学"。黄超然上任后题写了校名，并在二道校门题写"斯道觉民"四个大字为校训，进一

---

① 黄轩：《东海书院易名后的回忆》，载湛江市革命老区建设委员会办公室、中共湛江市郊区委员会党史研究室、东海革命斗争史料编辑组编著《东海革命斗争史料》第一辑，1992年内部编印，第23页。

步发扬"觉民"一词的社会教育意义。

东海党组织非常重视觉民小学的发展，除推荐黄超然出任校长外，还积极安排中共党员和进步人士担任教师。1935—1945年，据不完全统计，共聘请校长、教师49人，绝大部分人是沈斌安排的。在教师队伍中有22名中共党员和一批进步人士，是他们哺育着东海岛淳朴、勇敢的青少年茁壮成长。

黄超然

1938年黄超然接任校长时，东海党组织安排了熟悉东海情况、教学经验丰富的王玉颜担任教导主任，从旁大力协助。当时校舍简陋，只有旧庙宇一间权充教室，只能办复式小学，当时又缺乏经费，学校扩展是一个难题。黄超然与王玉颜等进步老师经过多次商讨、集中大家智慧的办学方案得到了校董会的大力支持，进而召集东海三社绅商富户开会商量研究，"议决田粮附加税，招批那河渡头，设立命名纪念堂捐，教室捐，牌位捐……"①使学校经费不断增加，扩建、新建了教室、礼堂、大批宿舍，购置了不少教学用具，使教师安心教学、学生安心读书，到1939年发展成一间初具规模的完全小学。

1940年秋，中共党员王师贤撤退到东海岛后，被安排到觉民小学接任王玉颜（因暴露撤离）教导主任职务，对学校的发展起到了很大作用。1941年夏，觉民小学第四届毕业生中有部分同学考上外地中学，但学费贵、负担重，继续求学有困难。为了解决

---

① 林国进：《忆觉民学校校长黄超然》，载湛江市革命老区建设委员会办公室、中共湛江市郊区委员会党史研究室、东海革命斗争史料编辑组编著《东海革命斗争史料》第一辑，1992年内部编印，第86页。

岛内小学毕业生（尤其是贫困学生）的升学读书问题，根据觉民小学的条件，王师贤提议先办初中速成班，后办中学，得到了黄超然和校董会的支持，呈报广州湾主管部门备案。1942年春，学校试办初中速成班，下半年正式办起觉民中学，觉民小学被改为觉中附小，觉民学校成为东海岛的最高学府，学生由原来几十人增加到三四百人；也带动东海岛80%的农村私塾改办小学，使东海岛的教育事业上了一个新台阶。

觉民学校革命气氛活跃。1938年，李晓农、林宏发、陆锦西、陆锦纶等学生组建觉民小学"青抗小组"，在学校及农村开展抗日救亡活动；1939年，学校师生在王玉颜的带领下，带头抵制日货，日货在东海没有市场；1940年，王师贤等把延安抗日军政大学的校歌改写为觉民学校校歌："东海岛上集中着一群中华民族优秀子孙，人类的解放，救国的责任全靠我们自己来承担。同学们，努力学习、团结紧张、严肃活泼是我们的校风。同志们，积极工作、艰苦奋斗、英勇牺牲是我们的传统。像广州湾上怒海奔涛，把日寇赶出国土之东，建立新中国，前进！前进！我们是抗日的先锋！"当遂溪青年抗战同志会（简称"青抗会"）被国民党顽固派勒令解散后，革命形势暂时处于低潮的情况下，党员教师在学生中组织成立了"群乐读书会"，通过指导学生学习革命理论，来解答学生心中的不解和疑惑，进一步提高理论水平。

由于东海岛相对安全的政治情况和地理环境，革命处于低潮时，党组织转移大批高素质的党员干部上岛，并安置到学校教书，以公开职业保护起来。当时有王师贤、宋超贤、杜兰等20多位学识渊博、思想进步的党员先后到觉民学校任教，他们教书育人、言传身教，既传授文化科学知识，又辅导学生读革命书籍，唱革命歌曲，使学生得到全面、健康的发展。1939年上半年第二届高小毕业生中有15人报考遂溪师范和遂溪中学，其中有10位同学分别考入前十名，李晓农、沈焱名列前茅。在抗日战争期间，觉民学校毕业生共有410多名，其中有350名参加革命，占总数的85%。他们不为名、不为利，不怕苦、不怕死，英勇善战，他们之中，在战场捐躯和被敌人抓捕杀害的就有27位烈士。觉民学校不愧东海"革命摇篮"的光荣称号。[1]

三、青抗会东海分会的成立及影响

（一）青抗会东海分会的成立

1938年初，中共广东省委根据形势的变化和广东的实际，在确定党的工作策略时提出：党的群众工作以合法方式进行；不以争取地方党的政治号召为主而以争取党的顺利工作条件为主，党不成立单独的群众团体，以积极参加当局领导的团体及所号召的运动为主，在这些团体中掌握实际的领导权。[2]中共高雷各县党组织重建后，广大党员卓有成效地贯彻执行中共广东省委的指示，领导和推动抗日救亡运动逐渐走向高潮。

1938年夏，在遂溪县民众抗日自卫团统率委员会任干事的周斌、周延炳、宋希濂等进步青年，利用国民党遂溪县抗敌后援会和统率委员会的名义，组织了有30多人的抗日救亡宣传工作队到各乡村巡回宣传。7月，共产党员黄其江、陈其辉返抵遂溪县后，将抗日救亡宣传工作队扩大到80人左右，并扩大下乡宣传活动的范围。紧接着，他们联合遂溪中学、雷州师范、广州湾和东海岛等地的进步师生及社会知识青年，倡议成立遂溪青年抗敌同

---

[1] 觉民校友业绩录编委会编《觉民校友业绩录》，人民日报出版社，2006，第5页。

[2] 中共湛江市委党史研究室著《中国共产党湛江历史》第一卷（1921—1949），中共党史出版社，2011，第179页。

志会，进一步开展抗日宣传活动。他们发出《为发起组织遂溪青年抗敌同志会致全县青年公开信》，呼吁各界人士团结起来开展抗日救亡运动；同时利用《南路日报》进行宣传，并通过国民党遂溪县政府批准，取得合法地位。

8月，正在筹备中的遂溪青抗会派陈元清到觉民小学发展会员，当时学校参加青抗会的有李晓农、林宏发、陆锦纶、杨增、陆锦西、林增文、沈燊、沈德、沈醒民、沈志英等10多人。[①]1938年8月25日上午10时，遂溪青抗会成立大会在遂溪县城第一小学礼堂正式举行。参加这次大会的有遂溪县、东海岛的各界青年代表180多人和国民党遂溪县党政军官员及学校团体代表10多人。遂溪青抗会在成立宣言中公开提出建立遂溪青年抗日救国统一战线，拥护国共合作，拥护统一战线，并号召全县各界青年团结起来，共同致力于抗日救亡运动，保家卫国，打倒日本帝国主义。[②]经过努力争取和卓有成效的统战工作，中共遂溪党组织在青抗会筹备期间就把青抗会的领导权牢牢控制在手中，并利用这一合法平台积极宣传抗日爱国思想，进一步扩大青抗会的影响。

陆锦纶与林宏发作为觉民小学青抗会代表去参加成立大会。当时，陆锦纶没有钱，向沈志英借了一块银元作费用。陆锦纶回忆："我与林年纪都是十二三岁，从赤坎走路去遂溪约20千米，要走完这段路程是很艰难的，当时，邓麟彰同志带我们一起去参加会议，他一路讲故事给我们听，说说笑笑，也就忘记了疲劳和

---

① 陆锦纶：《峥嵘岁月》，载湛江市革命老区建设委员会办公室、中共湛江市郊区委员会党史研究室、东海革命斗争史料编辑组编著《东海革命斗争史料》第一辑，1992年内部编印，第34页。

② 中共遂溪县委党史研究室编《中国共产党遂溪地方史》第一卷，中共党史出版社，2004，第112页。

辛苦了。"①回校后，备受鼓舞的党民小学的青抗会会员们开始进行有组织的活动，在校内外积极开展抗日救亡活动。

遂溪青抗会成立后，沈斌回到东海岛负责筹备成立青抗会东海分会，到农村去大力开办农民夜校。同时积极动员进步青年陈元清、唐益华、黄克明、黄道修等人去遂溪参加活动。东海岛青年文化素质较高，在参加遂溪青抗会的活动中普遍得到了很好的锻炼，思想进步很快，不少人被发展为中共党员。

1939年1月2日，遂溪青抗会临时全体会员大会在遂溪县城第一小学礼堂举行，到会会员200多人。大会的宗旨是：为应付家乡目前的紧张局势，检讨青抗会过去四个月来的工作和确定青抗会今后的工作方针，使全体会员今后在保卫祖国、保卫家乡的重大任务之下统一步伐，更积极、更有效地工作。大会指出：正值日军为配合其打通粤汉线路的企图，而准备大规模进攻广西、进攻南路，我们家乡的情形空前紧急的时候；无疑的，我们全县同胞都负起了保卫家乡的重大任务。大会通过了13项提案，其中第13项是寒假举行会员大露营案。②

1939年2月，中共遂溪中心支部和青抗会组织300多名青抗会员，到平石乡附

晚年的陈其辉

---

①　陆锦纶：《峥嵘岁月》，载湛江市革命老区建设委员会办公室、中共湛江市郊区委员会党史研究室、东海革命斗争史料编辑组编著《东海革命斗争史料》第一辑，1992年内部编印，第34页。

②　中共遂溪县委党史研究室编《中国共产党遂溪地方史》第一卷，中共党史出版社，2004，第118页。

近的门头岭举行大露营。除青抗会组织青抗工作队员和部分农民青抗会员参加露营活动外，王国强还带领遂溪第七小学的部分进步师生参加，黄明德、唐多慧、沈汉英还回东海岛动员沈斌、王玉颜、谢其乐等带领觉民小学、新民小学的部分师生和一批青年农民参加。①东海岛参加这次活动的青年，下社有黄明德、沈植三、沈斌、王烈、沈潜、谢其乐、王玉颜、王玉引、陈元清、沈自豪、沈时泽等，中社有唐多慧、庄梅寿、唐协森、黄葵、黄元仪、黄轩、黄胜、黄来生、唐益华、郑开钧、黄克明等。②

　　黄轩回忆："1939年2月21日（旧历正月初三）我们从东参乘船直往赤坎，一路上大家的热情很高，在船上大家齐唱抗日革命歌曲。船到了鸭嘟港，我们马上登岸排着整齐的队伍，雄赳赳地在街上往前走，大家神采奕奕，革命歌声嘹亮，街道上不少居民围观并热烈鼓掌。"③21日下午到达遂溪县城，队伍在遂溪县城运动场集合后，自备炊具、行李、帐篷等物品，到门头岭安营扎寨。这次活动的主要内容有：一是分组学习讨论时事、抗战形势，讨论在日军进攻雷州半岛和占领广州湾之前，青抗会应如何搜集各地民枪，如何发动群众捐款购枪，动员民众拿起武器，做好武装斗争的各项准备工作。二是编写大露营壁报。三是举行篝火晚会。此外，还进行了军事操练、实弹射击、攻守训练、游

---

　　①　中共遂溪县委党史研究室编《中国共产党遂溪地方史》第一卷，中共党史出版社，2004，第135页。

　　②　黄轩：《东海革命活动的回忆》，载湛江市革命老区建设委员会办公室、中共湛江市郊区委员会党史研究室、东海革命斗争史料编辑组编著《东海革命斗争史料》第一辑，1992年内部编印，第24页。

　　③　黄轩：《东海革命活动的回忆》，载湛江市革命老区建设委员会办公室、中共湛江市郊区委员会党史研究室、东海革命斗争史料编辑组编著《东海革命斗争史料》第一辑，1992年内部编印，第25页。

击战演习等。①经过历时三天的露营活动，一批青抗会员和进步师生学习了基础军事知识，提高了武装抗日的思想觉悟，加强了组织纪律性。陆锦纶回忆：参加露营活动，"我第一次学会了打枪。我们参加坪石露营返校后，抗日热情空前高涨，家住东山圩的同学林宏发、杨增、陆锦西和我，都打大刀，缠绑腿，随时准备上前线打日本鬼子"②。在这次露营中，国民党遂溪县党部书记长司徒义趁机宣扬"一个主义、一个领袖、一个政党、一个政府"和"共产主义不适合中国国情"等反共言论，鼓动青抗会员加入国民党。中共遂溪中心支部书记黄其江和遂溪青抗会总干事陈其辉等对司徒义进行有理、有节的斗争，从而使国民党顽固派的阴谋不能得逞。

遂溪青抗会成立时有会员200多人，后发展到1万多人。该会以农村为活动重点，组织工作队下乡办民众夜校；建立农村青抗分会；建立民众抗日武装，组织军事训练。中共广东省委书记张文彬曾对该会的活动给予高度评价。1940年夏，在国民党当局的压制下被迫停止活动。

（二）农民夜校在各村庄涌现

1938年10月，广州沦陷，在广州江村师范和雷州师范读书的遂溪籍共产党员相继回乡，加强了党在青抗会中的干部力量。11月初，黄其江、陈其辉、支仁山、邓麟彰、唐才猷、何森、招离、殷杰、殷英、沈汉英、陈兆荣等党员骨干在赤坎高州会馆开会，讨论了广州沦陷后雷州半岛的形势变化和青抗会今后的工

---

① 中共遂溪县委党史研究室编《中国共产党遂溪地方史》第一卷，中共党史出版社，2004，第136页。

② 陆锦纶：《峥嵘岁月》，载湛江市革命老区建设委员会办公室、中共湛江市郊区委员会党史研究室、东海革命斗争史料编辑组编著《东海革命斗争史料》第一辑，1992年内部编印，第35页。

作。黄其江在会上传达了9月中共广东省委青委扩大会议关于青年工作尽快从城市转向农村，为开展敌后抗日游击战争做好准备的部署。大家进行讨论后，决定以青抗会的名义组织7个战时乡村工作队，分赴各乡开展抗日救亡工作。11月下旬，以上党员骨干在赤坎高州会馆召开第二次会议。会议着重讨论研究了两个问题：一是在指导思想方面。根据前段工作队下乡采取流动宣传的方法，不能组织群众、建立群众基础的存在问题，强调青抗会下乡宣传的目的是组织群众，准备在敌后开展抗日游击战争，建立抗日根据地，因而必须深入农村，固定在各个村里工作，教育群众、组织群众、发动群众。二是在工作方法方面。会上黄其江、陈其辉介绍了广州江村师范和广雅中学师生于1937年初到农村办夜校的经验教训，推广了广雅中学采取与农民群众打成一片的做法，白天同农民一起劳动，晚上上完课后同农民一起睡觉，同农民谈心、交朋友，同农民群众打成一片和建立深厚感情。[1]这次会议作出了5项决定："（1）立即改变流动宣传的形式，采取定点办民众夜校的办法，切实与农民群众打成一片，深入开展农村青抗运动；（2）在乡村工作实践中注意培养骨干，物色建党对象，吸收农民中的先进分子入党，建立农村党组织；（3）召开遂溪青抗会临时全体会员大会，总结前段的工作和布置今后的任务，进一步掀起乡村群众、组织群众、武装群众的高潮；（4）大量发展青年农民会员，实行知识分子与农民群众相结合，并加紧武装群众，为开展敌后游击战争、建立抗日游击根据地做好准备；（5）会后各个党员立即分头行动，着手联系定点办夜校的有关工作。11月底，青抗会组织的第一批下乡办夜校的30多

---

① 中共遂溪县委党史研究室编《中国共产党遂溪地方史》第一卷，中共党史出版社，2004，第116页。

人下到遂溪农村。①"其中东海籍青年有沈汉英到东区支屋、黄明德、黄轩到西区山家，沈潜到东区四九，唐多慧到中区泮塘，他们的工作非常出色，他们的经验对东海岛农民夜校的蓬勃开展起到了有力地推动作用。

农民夜校是在轰轰烈烈的抗日救亡运动中办起来的。它是青抗会在广大农村宣传发动群众抗日的重要阵地。农民夜校所肩负的任务是："（1）帮助农民群众学习文化知识，为提高广大农民的思想政治觉悟打好基础；（2）坚持正确的政治立场和政治方向，对农民进行抗日宣传和爱国主义教育，尽量把政治形势和共产党的方针、政策教育与文化知识教育结合起来。"

1939—1941年，东海到处办农民夜校，调文、调市、东坡、什二昌、东参、西山、大熟、龙舍、山内、三盆、西坑、什石、北山等村庄都办过夜校。②东海的农民夜校有个特点，主要是以各村庄的小学为依托办起来的。

例如，在西山村，沈斌以南园小学为中心办起了农民夜校，分青年班和妇女班，让男女青年免费入学，采用毛泽东的《论持久战》《论新阶段》等著作为课本；白天的少年班则另编通俗课本，内容主要介绍八路军、新四军英勇抗日的事迹，陕甘宁边区的情况，华北、华中敌后抗日根据地的情况，苏联社会主义的情况，等等。不久，周边的下山、后坡、塘尾、大熟、迈林坡、南池等村也办起了分校，参加学习的共有400多人。农民夜校一方面教群众学习文化，另一方面宣传抗日、宣传共产党的主张，使

---

① 中共遂溪县委党史研究室编《中国共产党遂溪地方史》第一卷，中共党史出版社，2004，第117页。

② 陆锦纶：《峥嵘岁月》，载湛江市革命老区建设委员会办公室、中共湛江市郊区委员会党史研究室、东海革命斗争史料编辑组编著《东海革命斗争史料》第一辑，1992年内部编印，第35页。

南园小学旧址

群众的政治觉悟和文化水平不断提高。在家中或田头，人人谈论抗日救亡的大事，许多文盲达到高小或初小文化水平。夜间，到处灯火闪耀，村村传来读书声，群众兴高采烈，唱着歌谣"门楼高高关架挂，西山是个哋西山，夜间灯火通村照，想活繁华得繁华"。农民夜校得到了广大群众的支持。没有课室，在夜校老师的带动下，大家动手割草、打泥砖、砍竹木，把课室盖起来了；没有课桌、板凳，农民沈法登献出几十块木板，大家动手制作课桌、板凳。为了解决夜校买课本、印资料和晚上上课照明等费用问题，又发动群众合资办起了消费合作社。消费合作社办起来后，既解决了夜校的费用问题，又为群众的生产、生活提供了方便，同时又减少了商人的剥削，很受群众欢迎，因而消费合作社被誉为"同心社"，群众编写了一首雷歌，歌颂合作社"团结一致心无两，合心办个大字号，名称叫作合作社，资金用来办学堂"。

南园小学是西山一带的革命活动中心，党组织先后派遣沈斌、曾德才、许铭庄、周少珍、邹建绩、黄其通等党员来担任校长，负责学校的领导工作；参与夜校工作及担任老师的是青抗会东海分会派出的青抗工作队队员，有沈伟才、沈时读、沈时文、沈阳、沈树悟、沈时教、沈自豪、沈时方、沈德孝、沈开昌、沈益德、沈自励、沈兆炎、沈时泽、沈粤民等。[①]

① 《西山革命斗争简史》，载湛江市革命老区建设委员会办公室、中共湛江市郊区委员会党史研究室、东海革命斗争史料编辑组编著《东海革命斗争史料》第二辑，1996年内部编印，第47页。

第二节 中共党组织的成立及抗日武装斗争的开展

一、东海岛第一个党支部成立及发展

（一）进步青年踊跃加入党组织

抗日战争全面爆发时，中国共产党在全国范围内的力量还很弱小，这种状况很难适应急剧变化的形势和抗日斗争的需要。为此，中共中央多次发出指示，要求各地加快发展党的组织。1937年8月洛川会议作出了《关于目前形势与党的任务》等决议，指出"共产党员及其所领导的民众和武装力量，应该最积极的站在斗争的最前线，应该把自己成为全国抗战的核心，应该用极大力量发展抗日的群众运动"[1]。会议提出为加强党对各地抗日运动的领导，应尽快恢复、健全被破坏的党的各级组织。1938年3月15日，中共中央又作出《关于大量发展党员的决议》，指出"大量的、十百倍的发展党员，成为党目前迫切与严重的任务"[2]。

根据中共中央的决议和指示精神，中共南方工作委员会及中共广东省委，为重建高雷地区的各级党组织，通过各种途径，派党员到高雷开展抗日救亡运动，并在运动中发展党员和建立党组织。1938年6月，黄其江、陈其辉入党后参加了党员学习班，

---

[1]　中央档案馆编《中共中央文件选集（一九三六——一九三八）》第十一册，中共中央党校出版社，1991，第324页。

[2]　同上。

随后利用暑假返回遂溪县开展工作，有两项任务：一是发展党组织；二是组织青年团体，开展青年运动。[①]随着黄其江、陈其辉带着任务返遂后，东海进步青年找党的心愿终于达成了。

东海岛原属遂溪县，从1898年起沦为法国殖民地。在革命战争年代，东海岛党组织一直是由遂溪县工委、遂溪中心县委、遂溪县委和雷州中心县委、雷州地委领导。

1938年7月，黄其江、陈其辉两人奉命回遂溪县重建党的组织和开展抗日救亡运动，发展党组织，组织下乡工作队。根据温焯华的指示"建党工作千万不要脱离救亡运动，要在救亡运动中考察、培养建党对象"，黄其江、陈其辉在下乡工作过程中重视做好培养建党对象工作，于8月间首批发展了唐才猷、邓麟彰、支仁山等7人加入中国共产党。同月25日，黄其江、陈其辉发起成立了遂溪青年抗敌同志会，为在广大农村开展抗日救亡运动以及党组织在农村的建立和发展奠定了基础。9月初，黄其江、陈其辉回校后，介绍沈汉英、陈兆荣等8人参加中国共产党。邓麟彰和沈汉英成为抗日战争以来第一批东海籍党员，他们非常重视和关心家乡的建党工作。从此，东海岛人民有了主心骨，革命活动蓬勃开展。

1939年2月，沈汉英回东海岛，先后吸收黄明德、沈斌、黄学海三人为党员。黄明德、黄学海入党后，参加遂溪青抗会的下乡工作队，1939年下半年，黄明德任遂溪山家村党支部负责人时，吸收黄轩、黄克明和沈醒民入党。1944年，沈醒民介绍沈文清入

沈汉英

① 中共遂溪县委党史研究室编《中国共产党遂溪地方史》第一卷，中共党史出版社，2004，第104页。

邓麟彰

党。1945年，黄轩发展黄成海、黄安保、黄珍、黄春兰等为党员。

1939年3月沈斌入党后，同年5月发展谢国美、王玉颜、沈荣珠、沈植三等人为党员。5月成立了东海第一个党支部——东海党支部。随后，在西山村又吸收沈自豪入党。沈自豪入党后，在西山村发展沈益聪、沈土星、沈佛才、沈时文、沈时教、沈时读等6人入党，1939年6月①成立西山村党支部，由沈时读任支部书记。不久支部书记由沈土星接任。该支部又陆续发展沈时泽、沈兆炎、沈自利、沈兆梅、沈克等人入党。至东海岛解放前夕，西山村党支部前后发展党员43人，是南路党组织重新建立后的第一批农村党支部之一，也是南路、粤桂边地区农村党员人数最多的党支部。

谢国美、王玉颜两人入党后，于1939年12月在龙舍、山内等村发展的第一批党员有符连光、符连金、王仕生、陈光爵、陈元寿等5人，成立了党小组，组长为符连光。1940年5月，成立龙湾党支部，符连光任支部书记。随后分批吸收王玉汤、何其木、王如竹、李德等人入党，党员不断增多。随后，谢国美、王玉颜两人又发展邓玉勤、邓玉梓等人入党，成立了邓屋党小组。王玉颜后又发展黄义民入党，1940年，谢国美在新民小学吸收陈英入党后，成立了党小组，陈英介绍王融、沈粤民入党。1942年，沈粤民介绍沈树琦入党。1943—1945年，陈英又介绍陈雄才、陈培林、林加均入党。

---

① 西山村党支部的成立出现了1939年5月和1939年6月两个时间，由于东海第一个党支部成立的时间是1939年5月，故这里采用1939年6月的说法。

1939年3月，邓麟彰在遂溪下乡工作队中吸收沈潜入党，同月，又介绍唐多慧入党。当时，邓麟彰是遂溪县工委委员，分管组织工作，他很重视觉民小学的建党工作。当时觉民小学有10名同学于1939年小学毕业后，考进遂溪中学，暑假期间，邓麟彰在泮塘村亲自给他们办建党学习班。学习结束后，唐多慧介绍了李晓农入党，其余同学到遂溪中学后也陆续入了党。

1940年，李晓农介绍林宏发、林增文两人入党；接着，林增文介绍陆锦西入党。1942年，林宏发介绍杨金波入党。1943年4月，林宏发介绍陆锦纶入党。1943年下半年，林宏发介绍杨增入党。1944年，林宏发与陆锦纶在觉民学校先后发展了庄东来、黄宜、尤芝敏及杨甫昌等人入党。1945年上半年，又吸收沈德和王玉山为党员。觉民学校这批学生入党后都是单线联系的，学校没有成立党支部。

1938年，唐益华到麒麟山村办夜校，1939年由卜国柱、殷英介绍入党。后唐益华介绍唐友三、唐协碧入党。1940年，唐益华、唐友三两人在调那村介绍唐克敏、唐协能、唐均、唐力生、唐怀文入党。1940年7月，遂溪的陈劭力撤退到东海岛，安排在调那村海文小学任教，下半年介绍唐林、唐吴瑞、唐启明等人入党，并成立调那村党支部。

1937年11月，陈克参加了广州湾回国华侨救护团，1938年加入中共党组织。1939年7月，陈克回到家乡东海西坑村开展革命工作。1940年，他积极筹办西坑中心小学和夜校，把青年村民组织起来，学习文化知识，宣讲革命道理，扩大党的影响。在此基础上，1941年，成立了以陈克为书记，凌光前、吴福田为委员的西坑村党支部，先后吸收了陈宏仁、陈明霜、陈其逯、陈德恩、陈辉、陈明志、陈其培、王泗利8人入党。

1939年，王保华由唐才猷介绍入党后，同年2月，与马如杰介绍陈元清入党。1944年10月，陈元清介绍唐平、王悦炎两人入党。王悦炎于1945年介绍许锦理、许建义等人入党。

在遂溪青抗会下乡工作队的东海籍青年黄元仪、黄葵、庄梅寿、郑开均、王烈（王平）、唐协森在1939年都先后加入了中共党组织。庄梅寿于1943年初介绍唐学清入党。黄葵1945年在十二昌村发展了该村青年黄明、黄球两人入党。两人入党后，又在本村发展了一批党员。

在外地工作或参军的东海籍青年沈志英、唐英、陈元兴、符奇、黄胜、王魁、陈元均、黄书田、黄惠民等人都在抗日战争时期加入了中国共产党。

抗日战争时期，加入中国共产党的东海籍青年约有120人，分布在岛内30多个村庄，这些人大多数是知识青年，部分到外地工作或去参军，他们在东海的革命活动中起着骨干带头作用，关心和支持家乡的革命发展。这批党员对东海岛的革命发挥了十分重要的作用。[①]

（二）东海党支部成立及其发展

1939年5月，沈斌领导成立了东海党支部，他任党支部书记。这是东海岛第一个党支部，党员5人。

从1939年冬至1942年冬，国民党顽固派在全国范围内先后掀起两次反共高潮，尤其是1941年1月制造了震惊中外的"皖南事变"，形势更为严峻，国民党统治区处在一片血雨腥风之中。中共遂溪县委把在政治上已经暴露，或被国民党当局怀疑了的共产党员尽量安排撤退到外地，当时唐多慧撤到廉江，邓麟彰撤到茂名，黄明德撤到化县，等等。这些人员撤离遂溪是一种积极的撤

---

① 陆锦纶：《抗日战争时期东海党组织的发展简况》，载中共湛江市东海岛经济开发试验区委员会、湛江市老区建设委员会办公室编著《东海革命斗争史料》第二辑，1996年内部编印，第23–26页。

退，一方面避免了敌人的破坏，保存了革命
力量；另一方面加强了外县、外地中共组织
的干部力量，开辟了新地区的工作。而没有
暴露的共产党员留在原地区继续坚持斗争，
改变活动方式，巩固和发展党的组织。

沈　斌

这时还属于法国租借地的东海岛，岛
内相对平静。沈斌利用这一有利形势，大力
推动开办农民夜校，与此同时，大力发展中
共党员。到1940年，全岛党员增至40多人，
有三个农村党支部：一是西山村党支部，沈时读任书记，沈时读
调外地工作后，沈土星任书记；二是调那村党支部，书记是唐益
华、唐友三，后唐协能接任；三是龙湾（龙舍、山内等村）党支
部，书记是陈光爵，陈光爵调入部队工作后，符连光任书记。

为更好开展东海党组织的工作，遂溪县委决定成立东海中心
党支部，起初是沈斌任书记。后来上级担心沈斌、谢其乐、王玉
颜有暴露的危险，安排他们三人暂时撤离东海。1940年6月，沈
潜接任党支部书记；两个月后，沈自豪任书记，沈醒民为副书记
兼组织委员，唐友三任宣传委员，陈光爵为委员。

东海党组织曾有一段短时间受南路特委宣传部部长潘文波直
接领导。1940年下半年之后，属遂溪县东区区委领导。黄明德任
区委书记时，寒假期间，曾在东海岛新民小学办过党员培训班。
1941年2月，沈斌调任遂溪县东区区委书记后，东海的联系工作
由他负责，一直到东海岛解放。

沈自豪负责东海的工作一年多后，被调去遂溪县，沈醒民、
唐友三、陈光爵也先后被调离东海。1942年秋，南路特委根据上
级的指示，吸取粤北省委被破坏的教训，通知各地撤销党委制，
实行特派员制，采取单线联系、分片负责的领导方式。根据上级

的指示，东海党组织也采取相应措施。

谢国美任东海特派员，归中共广州湾特派员沈斌单线领导。在特派员领导下，分片负责：林宏发负责东山片，包括东山圩、觉民学校、东坡、十二昌、什石、西坑、调市等。沈粤民负责西山、三盆片，管辖西山党支部沈土星与邓屋党小组邓玉勤等人。符连光负责龙舍、山内片，联系龙湾党支部。唐协能负责调那片，联系调那党支部。

1944年2月，谢国美接受沈斌的紧急指示，被调往外地执行任务。这时，东海的工作由林宏发接管。

1944年7月，陆锦纶被调回东海工作。沈斌指示，林宏发在东山圩专抓经济工作，负有特殊任务，为掩蔽身份，他不管东海全面工作，全面工作由陆锦纶负责。当时东海恢复中心支部组织，陆锦纶任书记，委员有沈粤民、符连光。分片领导的形式不变，林宏发只联系觉民学校的党员，东山片农村的工作移交陆锦纶接管。为做好掩蔽工作，陆锦纶在东山圩开办"合和庄"和"胜利酒店"作为联络点。黄葵、王悦炎、唐力生等人于1944—1945年在东海养病期间，协助东海党组织做了不少工作，特别是在发展党员方面，起了很大的作用。

抗日战争胜利后，沈斌根据遂溪党组织"掩蔽精干，长期埋伏，积蓄力量，等待时机"的十六字方针，于1946年2—6月，通知林宏发、陆锦纶、陆锦西、杨增先后撤到越南的海防，不久他们又转入越南内陆共产党领导的部队工作。陆锦纶撤离东海后，其全面工作交给黄葵负责。[1]

---

① 陆锦纶：《抗日战争时期东海党组织的发展简况》，载中共湛江市东海岛经济开发试验区委员会、湛江市老区建设委员会办公室编著《东海革命斗争史料》第二辑，1996年内部编印，第26–28页。

二、国民党顽固派掀起反共高潮

在广州、武汉失陷后，抗日战争转入战略相持阶段。日本侵略者调整了其侵华的战略和策略，对国民党政府由以军事进攻为主、政治诱降为辅的方针，转变为以政治诱降为主、以军事打击为辅的方针，企图诱使国民党政府妥协投降。在这种情况下，国民党统治集团发生分裂，汪精卫亲日集团公开投敌，亲英、美的蒋介石集团则继续留在抗战阵营中，但是，他们也表现出很大动摇性。由于害怕共产党领导的人民武装力量不断发展壮大，他们的反共倾向越来越明显，逐渐走向消极抗日、积极反共的道路。1939年1月，国民党五届五中全会决定将政策的重点从对外抗日转向对内反共，制定了"溶共""防共"和"限共"的方针。11月，国民党五届六中全会进一步确定"军事限共为主，政治限共为辅"的政策。同时国民党军队先后制造了"平江惨案""确山惨案""皖南事变"等恐怖事件，在全国范围内掀起了一波又一波的反共逆流。

国民党顽固派掀起的反共高潮很快波及高雷地区。高雷各级党组织依靠人民群众，团结进步力量，开展反击国民党反动派的斗争。1940年春，谢国美亲自出面找黄明（当时在觉民小学读六年级）谈话，布置任务，组织觉民小学几百名革命师生进行了为期21天的罢课斗争，迫使校董会辞退反对和破坏学生抗日爱国行动的反动教师邓立福，同时又聘请革命教师到校任教。从此，中共党组织在觉民小学的活动更为活跃。

在遂溪县，国民党顽固派首先把矛头指向青抗会，对青抗会的活动加以限制，并大造反共舆论，扬言要解散青抗会，企图将轰轰烈烈的抗日救亡运动打压下去。面对不断恶化的局势，中共遂溪县委决定对顽固派予以回击。1940年4月4日晚上，中共遂溪县委以遂溪青抗会的名义在国民党遂溪县政府所在地黄略村举行反汪大会。共7000多人参会，东海岛觉民小学、新民小学和东海岛的青抗会员代表和部分农民群众参加了大会。反汪大会声势浩大，给反动派以巨大的震慑。

黄略反汪大会显示了抗日民众的威力，对教育、激励群众抗日起了积极作用，但同时也使一直处于秘密状态的中共组织有所暴露，引起了国民党遂溪县当局对中共及其领导的青抗会的极度顾忌。1940年5月，国民党遂溪当局勒令解散遂溪青抗会，并通缉一批共产党员和青抗会骨干分子。

面对投降派散布的"抗日必亡论"和国民党顽固派的倒行逆施，广大爱国民众义愤填膺。东海党支部根据中共遂溪县委的部署，于1940年10月利用国民党的"双十节"，以遂溪青抗会的名义在东山圩举行了声势浩大的抗日反汪大会。各村党支部和"青抗小组"积极响应，纷纷组织动员起来，游行队伍从岛上的不同地方出发，最终汇集到东山圩。这次抗日反汪大会，有西山、调那、龙舍、山内、东参等10多个村庄的群众和觉民、新民、南园、英才等小学的数千名师生参加，会上大家齐声高呼"打倒日本帝国主义！""打倒汪精卫！""坚持抗战，反对投降！坚持团结，反对分裂！坚持进步，反对倒退！"等口号，齐唱抗日歌曲，群情激奋，声势惊天动地，影响深远。

三、外地干部疏散东海岛

国民党顽固派于1939年冬至1940年春，在全国范围掀起第一次反共高潮。在此危急时刻，中共中央和南方局及时发出《关于在国民党统治区保存党员的决定》《关于巩固党的决定》《关于组织问题的紧急通知》等一系列指示，指导全党应对反共高潮的袭击，更好地保护党员干部，保存革命力量。1940年4月，中共中央指示中共广东省委："必须认识时局的严重性，纠正对广东环境特殊的乐观估计，迅速采取办法以保存党的力量，缩小各级领导机关至短小精悍的程度"；"对一切已暴露或可能被破坏之干部和党员以及左倾文化人，均需决心调开或隐蔽，宁肯牺牲或缩小一部分工作，但必须首先保护干部"①。中共中央南方局书记周恩来也向广东省委书记张文彬指示："领导机关要隐蔽起来，干部要职业化，隐蔽在群众中。"②5月，毛泽东更加明确地提出党在国民党统治区的方针是"隐蔽精干，长期埋伏，积蓄力量，以待时机"③，要求在组织形式、斗争方式上进行转变。

　　1940年初，中共广东省委决定建立中共南路特委，统一领导高雷和钦廉地区的党组织。1940年2月，中共南路特委书记周楠在高州召开各县领导干部会议，传达中央及广东省委的指示，并根据南路的实际情况，提出了"隐蔽、巩固"的四字方针，要求党组织一方面发动群众和利用统战关系，同国民党进行有理、有利、有节的斗争；另一方面将组织隐蔽起来，进行巩固，以应付突然事变。4月以后，随着中共中央和南方局针对时局逆转所作指示的下达，中共南路特委明确要求各地党组织在政治上宣传"三坚持三反对"的主张，在组织上贯彻"隐蔽精干，长期埋伏，积蓄力量，以待时机"的十六字方针，把两者结合起来，实现工作方式从公开到隐蔽的转变。

周　楠

① 南方局党史资料征集小组编《南方局党史资料》（二），重庆出版社，1990，第17–18页。

② 同上书，第18页。

③ 毛泽东：《毛泽东选集第二卷》（合订本），人民出版社，1971，第714页。

在遂溪县，自黄略反汪大会后，一批党员和青抗会骨干被国民党地方当局通缉，形势急剧恶化。中共遂溪县委根据指示，采取政治上坚持斗争，组织上实行撤退掩蔽，以保存和发展力量的方针。一方面，把在政治上已经暴露，或被国民党当局怀疑了的共产党员尽量安排撤退；另一方面，把青抗会、妇抗会等抗日团体的组织形式，转变为学校中的读书会和农村中的合作社、帮工队、扶贫会、姐妹会等，继续开展抗日活动。党组织要求党员取消一切容易引起党组织暴露的政治口号和停止政治活动，以社会化、群众化的形式出现，并按照周恩来提出的"三勤"（勤学、勤业、勤交友）要求，在社会化的职业掩护下多交朋友，多做群众工作，切实转变活动方式，避免暴露。[①]这一工作方针的实施，不但巩固了党的组织，而且有不少党员通过亲戚朋友的关系隐蔽到新区去，在新区中教育群众，发展党员，为党的活动拓展了新的阵地。当时各地区有100多名干部先后撤退到东海岛。

1943年以前，东海岛属法国租借地，1943—1945年8月，属日本沦陷区。这两个时期，法国、日本都没有军事实力统治东海岛，岛外虽然形势紧张，岛内却显得"平静"。共产党在东海岛团结着绝大多数知识青年和进步人士，革命力量占主导地位，这是做好疏散隐蔽工作的先决条件。

1940—1943年，从外地撤退到东海岛的革命骨干有六七十人。当时东海中心党支部对撤退到东海岛的干部安排遵循以下原则：对文化较高的干部，就安排到学校教书，以公开的职业保护起来。例如，钟正书、郑光民、陈进生等人在西坑小学，李坚等

---

① 中共遂溪县委党史研究室编《中国共产党遂溪地方史》第一卷，中共党史出版社，2004，第159页。

人在东坡小学，何德在调市小学，梁立在迈旺小学，陈开濂等人在东参小学，殷英在脚踏小学，陈劭力、支秋玲等人在调那小学，陈国英等人在调军小学，钟江在三盆小学，钟如谋在调山小学，张鸿谋、陈干英在十二昌小学，庞玉琼在官僚小学，黎文棣、郭芳、康丽笙、陶龙等人在新民小学，王师贤、李玉珍、宋超贤、王俊初、杜兰、陈家康、何少英、黄朝英等人在觉民学校。将这几十人安排在16所学校（30多个村庄），不仅确保了他们的安全，保存了革命的力量；而且，他们在东海农村中宣传抗日，对当地群众进行革命教育，为东海的革命事业打下了良好的群众基础。对不宜公开身份的革命干部就分开安置到农户家里，一般是安置在共产党员和积极分子家里。例如，陆锦纶的家里就安排了邹文西、林超、李辉三人，邹文西以经商为掩护，林超、李辉两人则到觉民学校读书。

对疏散到东海岛的革命干部，东海各党支部都尽其所能保护他们的人身安全。如在西坑村，西坑村党支部贯彻党的统战政策，重视团结一切可以团结的力量，积极争取西坑村的头人陈宏年。在陈克和吴福田的耐心教育和影响下，陈宏年对外的公开身份是头人，实际上是地下共产党的耳目，为革命做了很多好事。他每当发现到法国殖民当局及国民党方面有新情况时，就立刻通知共产党方面的有关人员及时转移或隐蔽，保证了他们的安全。1942年，有一次东海特务头子王炯准备来西坑小学捉拿郑光民，幸好陈宏年事先获悉，他马上报信让郑光民掩藏起来。1943年10月，正在西坑小学任教的陈进生，被反动督学黄保林发觉了他的真实身份，准备对他下毒手，在这危急关头，得到陈宏年的及时报信后立刻转移，避免了惨剧的发生。

日本侵占雷州半岛后，遂溪县党组织首先在卜巢山建立武装中队，全县各地也相继成立了抗日联防区、联防队、自卫队、常备队等。这一时期，遂溪需要大批干部，于是，在东海岛隐蔽的干部、党员，又陆续撤离了东海岛，奔赴遂溪各地担负新的革命任务。[①]

四、游击小组迅速发展

（一）学生积极加入游击小组

1943年2月间，日本派遣混合第二十三旅团进犯雷州半岛和广州湾。2月21日，日军占领广州湾和东海岛。"民国三十二年二月二十一日，日军占据广州湾，同时，东海亦告沦陷；日军二十余名进驻东海，分驻东山营及东山炮台，约有数月，自行退回西营；东海斯时，俨似无政府状态，奸伪趁机活动，各村均遭勒劫，人人有颓危之势"。[②]

在广州湾登陆的日军[③]

雷州半岛沦陷后，国民党的白色恐怖统治变为日本帝国主义的殖民恐怖统治。中共遂溪县党组织在中共南路特委的领导下，迅速担负起领导全县人民抗战的责任，一方面向全县

---

① 陆锦纶：《革命的堡垒——东海岛》，载中共湛江市东海岛经济开发试验区委员会、湛江市老区建设委员会办公室编著《东海革命斗争史料》第二辑，1996年内部编印，第34-35页。

② 郭寿华：《湛江市志》，大亚洲出版社，1972，第12页。

③ 李满青：《广州湾印记之广州湾由来》，载《湛江晚报》，2012年4月21日第8版。

人民揭露日本帝国主义的侵略阴谋，揭露国民党放弃抗战责任和压制人民起来抗日的反动政策；另一方面在党内进行战争动员，强调坚守岗位，坚持敌后斗争，同人民群众一起并肩战斗，加紧筹集枪支弹药和扩大抗日游击小组，领导人民群众开展抗日游击战争。

根据部署，1943年东海岛党组织的中心任务由原来贯彻"隐蔽精干，长期埋伏，积蓄力量，等待时机"的十六字方针转为开展武装斗争，大力发展游击小组。到了1944年，东海岛的游击小组就有100多个，这些游击小组以村为单位，并视村里参加的人数决定成立一个或若干个小组。游击小组的主要任务是：（1）补充兵源；（2）锄奸和监视敌人；（3）宣传组织群众；（4）搞交通情报。共产党主力部队要补充兵源就动员游击小组成员参军。在革命战争时期，东海游击小组成员参军的人数多达几百人。东海岛参军的学生也有近百人，这些学生到了部队以后，都成了部队的骨干，有不少人成了部队的文化教员。①

陆锦纶于1944年六七月间，调回东海岛负责全面工作，着手开展全面发展游击小组的任务。当时，陆锦纶的公开身份是在东山圩经营"合和庄"百货商店，后来又改办胜利酒店，以商店为立足点，白天在圩上活动，夜晚下农村活动，发展游击小组。游击小组从两方面发展：一方面在学校发展，另一方面在农村发展。学校方面发展的重点是在觉民学校，新民小学也发展了个别成员。

当时在学校发展游击小组的指导思想是把游击小组作为入党的过渡组织，因而要求较严格，履行入组手续要填表，要有介绍人，要宣誓，按月交入组费，定期过组织生活。吸收学生参加

---

① 陆锦纶：《峥嵘岁月》，载湛江市革命老区建设委员会办公室、中共湛江市郊区委员会党史研究室、东海革命斗争史料编辑组编著《东海革命斗争史料》第一辑，1992年内部编印，第36页。

游击小组，都是由共产党员亲自培养教育，经过考验后才个别举行入组宣誓仪式。当时，在觉民学校的学生党员有杨增、陈英、王魁、许锦理、庄东来、黄明、黄球、尤芝敏、王融、沈兆炎等人，他们都曾经分头发展过游击小组成员，人数有近百人。这批游击小组成员，后来都陆续成长为中共党员，在革命队伍中起着骨干作用。[①]

（二）农村游击小组星罗棋布

当时，东海群众在党组织的宣传发动下，积极响应"有钱出钱、有力出力、有枪出枪、有人出人"的口号，纷纷参加游击小组和筹集武器装备。东海岛有游击小组的村庄有30多个，人数达上千人。有的村庄人数少的就成立小组，有的村庄人数多的就成立徒手中队，这些中队大多是由陆锦纶去宣布成立的。"龙舍、北园、山内等村成立了一个徒手中队，有队长、指导员，下面设班、排编制，该队人数有一百多人。西山，大熟、南池等村成立一个中队，有队长、指导员，也有班、排编制，人数也有一百多人。调那村成立一个中队，人数也有成百人。什二昌、东参等村成立徒手中队，人数有一百多人。什石村成立一个徒手中队，有几十人。调市村成立徒手队，下面不设班排，人数有26人。东坡村成立徒手中队，也有数十人。龙池、西坑、调逻（谢边）、东及、陈边、脚踏、调旧、北逻、盐灶坡、文参、文丹、北山下村、官僚上下村、三盆、北海、田交仔、迈旺、调伦、文亚，海坡、邓屋都有游击小组活动，人数有的多，有的少，多的有十多人，少的有几个人。这些村庄，不成立徒手队，只成立游击小

---

① 陆锦纶：《峥嵘岁月》，载湛江市革命老区建设委员会办公室、中共湛江市郊区委员会党史研究室、东海革命斗争史料编辑组编著《东海革命斗争史料》第一辑，1992年内部编印，第35–36页。

组。"①在农村方面发展游击小组，不一定填表，一般是举行集体入组宣誓仪式。

游击小组在地方执行的主要任务是：打反动分子，杀特务。东海岛曾有游击小组镇压过几个反动分子。游击小组在各个村庄都能起核心作用。特别是在党开展统战工作的过程中，游击小组成员不但团结了上层族老，而且掌握了武器，东海岛有武器的村庄，多为游击小组成员所掌握。例如，当时的东参村先设抗日游击小组，后被改为抗日武装中队，黄成海任中队长。队员除全体党员和部分船工外，还吸收黄兴春、黄兴明、黄怀熏、黄元发、黄周、黄元朝、黄叔光、黄永章、黄永文等40多位进步青年。此外，村里还成立了锄奸队（黄安保任队长）、妇委会（黄珍任会长）、农会（黄怀熏任会长）、儿童团（黄昌福任团长）等群众组织。武装中队成立后，即动员队员中较有经济能力的家长黄安国（黄轩之父）、黄绍钦（黄成海之父）、黄元香（黄怀胜之父）、黄兴智（黄昌福之父）、黄安义等人捐助解决购买枪支弹药的资金。以防盗为名，向广州湾法国当局申请购买了法造步枪6支，手枪1支，子弹一批。加上原有的3支单响，共有9支枪。武装中队有了武器后就成立巡逻队，日夜轮流到海边站岗放哨，严防日军及敌特分子的进犯。这期间到海康、遂溪等地参加抗日游击队或老一团的有黄轩、黄怀胜、黄来生、黄永文4人。

1944年春，中共南路特委书记周楠由遂溪启程，赴重庆向中共中央南方局汇报和请示工作。董必武、王若飞、林伯渠等人听了汇报后，指示南路特委今后要进一步加强党建工作、群众工作和统战工作，尤其要开展独立自主的武装斗争。7月，周楠回到了广州湾，开会传达中共中央南方局的指示，并决定以遂

---

① 同上书，第36页。

溪老马村为中心举行武装起义，建立共产党领导的独立自主的武装队伍。①经过一个多月紧张的筹备工作，1944年8月9日，遂溪老马村武装起义大会胜利召开，宣布正式成立遂溪人民抗日联防大队。随后联防大队先后粉碎了当地国民党顽固派和日伪军的三次"围剿"，开创了雷州半岛敌后武装斗争的新局面。紧接着，中共南路特委于1945年1月上中旬又发动和领导了廉（江）化（县）吴（川）梅（菉）边抗日武装起义，并与国民党爱国将领张炎率领的起义部队协同作战。

东海党组织也迅速采取行动。1945年3月下旬，沈斌派陆锦纶和沈德回东海岛马上成立地下游击队，要求沈德协助陆锦纶来完成任务。因为是地下活动必须绝对保密，所以要求在群众基础好的村庄先成立，沈斌指示首先在调那村、西山村、龙舍山内村成立三个中队，其他村庄根据条件可成立分队。

陆锦纶回到东海岛后，主持召开了会议，作出决定：沈自励负责组织西山中队；陆锦纶负责龙舍山内中队及东山镇各村的组织工作；沈粤民负责三明、丹僚、文亚三个分队的组织工作。经过紧张有序的准备活动后，在原来游击小组的基础上，1945年4月中下旬，三个游击中队、三个游击分队在东海岛相继成立。

西山游击中队有40多人，队长是沈德、指导员是沈自励，有长短枪10多支。龙舍山内游击中队也有40多人，队长是王玉汤、副队长是王如同、指导员是符连光，有长短枪10多支。调文游击中队有28人，队长是唐协能，枪18支。三明游击分队队长沈文清，有20多人，有长短枪10多支。丹僚游击分队有30多人，队

---

① 中共遂溪县委党史研究室编《中国共产党遂溪地方史》第一卷，中共党史出版社，2004，第185-186页。

长是林家均、副队长是林盛，有长短枪22支。文亚游击分队有25人，队长是谢日美，有长短枪20余支。①

后来，在这些地下游击队的基础上成立了东海地下武工队，队长是唐力生，政委是陆锦纶，有队员30几人，他们均为中、下社各村庄的游击队骨干成员。1947年，东海革命暴动时，将原来各村庄地下游击队掌握的七八十支长短枪，全部拿出来供东海地下武工队组成的东海连使用，为东海革命暴动做出了贡献。

五、建立东海秘密联络网

（一）建立交通情报网

1940年5月，国民党遂溪当局勒令解散遂溪青抗会，并通缉一批共产党员和青抗会骨干分子。对于迅速恶化的形势，中共遂溪县委随即采取应变措施，一方面把身份暴露的干部调往外县或东海岛，如将邓麟彰撤到茂名，将黄明德撤到化县等；另一方面，立即改变青抗会的组织形式，将学校里的青抗会转为组织"读书会"，觉民学校当时就组织了"群乐读书会"，在广大农村中的青抗会则以"帮工会""护贫会""娶妻会"等形式进行隐蔽活动，如西山村党支部组织的农会，后改名为"耕种会""中秋会"，都是为了避开敌人的怀疑，以更好地组织发动群众。

1941年1月，中共遂溪县党组织对各级领导机构作了相应调整。这时中共遂溪县委书记是支仁山，组织委员是唐多慧，宣传委员是陈恩，县委青年干事是庄梅寿，妇女干事是邓俭。各区的区委书记调整为：沈斌任东区区委书记，沈汉英任中区区委书

---

① 沈德：《回忆东海地下游击队》，载中共湛江市东海岛经济开发试验区委员会、湛江市老区建设委员会办公室编著《东海革命斗争史料》第二辑，1996年内部编印，第68-69页。

记，陈熙古任西区区委书记。纪家、乐民、沈塘片的党组织分别由李晓农、唐勤、洪荣等人负责。①

1941年5月，中共南路特委对南路地区党组织进行了调整。沈斌调任遂溪东区区委书记及广州湾特派员，兼管东海的工作。东海岛的各个交通情报站就在沈斌的指示下，从1941年开始，逐步建立起来。在此之前，东海岛革命人士与岛外的联系经常是通过东参村进行。东参村位于东海岛北面，是个四面环海的孤岛，西北面与现湛江港隔海相望，相距约6海里。法国殖民统治时期修有一条东山圩至溪尾草渡口的公路，溪尾草渡口位于东参村对岸。此处通公路后，东参村就成为硇洲岛和东海岛的上社、中社往返西营、赤坎的必经之地。抗战初期，赤坎黄记盐店的南路特委联络站恢复了活动，该站负责人黄义民在东参村培智学校建立了分站，站长是黄那周，交通员有黄怀泽（黄元常之子）、黄轩、黄怀胜、黄元梅、黄元顺等。分站的主要任务是搜集情报和负责秘密信件的传递。1938年8月，遂溪青抗会成立的信息从赤坎南路特委联络站传来，该分站派黄轩和黄怀胜到各村通知进步青年，使东海岛包括他们俩在内的20多名青年能按时赶到遂溪赴会。

东海中心支部根据沈斌的指示，在西山村南园小学建立交通站，由教师邹建绩负责。不久，因被反动势力发觉，交通站被转移到沈益聪家中，由沈益聪负责，交通员先后是沈益聪、沈土星、沈时文、沈兆梅、沈坚、沈益隆等。西山村情报站是东海岛的总站，直接与赤坎"永发行"联系。雷州中心县委是直接与西山情报站联系的，有时也会因情况变化通过邓屋、龙湾两个情

---

① 中共遂溪县委党史研究室编《中国共产党遂溪地方史》第一卷，中共党史出版社，2004，第160页。

报站，再转到西山总站。西山总站有两艘小木船，交通一直安全可靠。

1942年10月，建立了调文村、东参村两个情报站以方便与广州湾工委的联系。东参村渡船负责东海岛往返西营、赤坎的交通线，当时有20多艘渡船，基本上为党组织所掌握，传递信件、转运物资和接送过往人员，做到随叫随到，未发生过任何事故。有一次，奉命派三艘船将本村自产的食盐送往游击区，到达赤坎鸭㙟港时，得知日军在多个海域设卡查船。为了不让食盐落入敌手，就忍痛将三船盐倾倒到海里。当时调文站由唐平负责，交通员有唐那觉、唐协能等；东参站由黄成海负责，交通员有黄锦莲（女）、黄珍（女）、黄玉、黄怀庆、黄永乐等。①

交通联络站——东参村黄氏宗祠旧址

东海交通情报站从建立直到1945年9月，主要有以下任务：传递上级党组织与东海党组织之间的来往信件；护送来东海工作

---

① 黄成海：《东海岛革命斗争二三事》，载湛江市革命老区建设委员会办公室、中共湛江市郊区委员会党史研究室、东海革命斗争史料编辑组编著《东海革命斗争史料》第一辑，1992年内部编印，第44页。

或过往的革命同志；隐蔽上级党组织撤退到东海的革命同志和伤病人员；转运各种物资。

1944年7月，广东区党委委托中共南路特委转运一部电台给海南岛琼崖特委。琼崖特委在一次战斗中，电台被日军炸毁，与党中央中断联系很长时间，党中央曾在广播中呼叫琼崖特委，但由于没有电台，无法沟通联系。当时西山交通站接到任务，派沈时文、沈土星驾驶一艘小船到赤坎，从"裕利行"把电台运回西山村，藏在沈益聪家里。过几天后，再由沈时文、沈文清挑运到三盆村，把电台藏在运番薯去硇洲岛的运输船舱底，运到硇洲岛淡水镇，安全地交给海南派来的同志接运回海南岛。

1944年冬到1945年春，中共南路特委按中共中央南方局的指示精神，决定在南路地区全面举行抗日武装起义，东海岛党组织发动觉民学校、岛内其他小学和东海各村庄革命青年共100多人参加抗日武装起义。这100多名学生和青年，先分批秘密到西山交通站集中，再由交通站送到各地的起义部队。

东海岛的交通情报站，在东海岛党组织的正确领导和广大革命群众的积极支持和保护下，自成立以来出色地完成了几百次的交通联络任务，从未出现过失密现象，也没有发生过任何事故。

群众踊跃捐献，青年奔赴前线

一、发动捐献，支援前线

东海岛1898年被法国强行"租借"后，一直处于法国殖民统治之下，对外交通不便，经济发展缓慢，岛上百姓生活艰苦。但东海民众富有民族气节，憎恨法国殖民统治，不因偏安一隅而不闻岛外事。在抗日战争时期，东海岛不但有大批优秀儿女走上革命征途，而且在经济和物资上也对革命事业做出了大力的支持。

1939年底，中共遂溪中心县委以遂溪青抗会的名义，发出捐献钱物支援前方将士抗战的倡议后，东海岛党组织积极响应，其中龙舍联村党支部进行积极发动工作。王玉颜、王玉武兄弟动员同胞兄弟王玉汤、王玉孟等先后把自己小祖祠盐业的公共积累1000多银元捐献出来。陈光爵、符连金、王仕生也纷纷捐献。在党员的带头和发动下，龙湾地区的各界群众共捐献2000多银元，给前线战士购买寒衣，对第九战区"征募四百万件棉背心"的倡议给予了有力的支持。

1940年7月，遂溪县党组织安排陈邵力撤退到调那村海文小学任教，并担任调那村党支部副书记。利用东海岛相对安全的环境，党组织想方设法给革命事业筹集经费，陈邵力、唐益华、唐友三等人组建农会，发展会员30多人，然后以"生产会"的名义进行活动，承包耕种祠堂庙宇的10多亩土地，又承包村中的海滩进行捕鱼。同时，"生产会"又发动群众，以投股份的形式开办消费合作社，在群众的大力支持下，几天之内就集资400多银元。①

1942年，东参村的黄珍（女）在哥哥黄轩的影响下积极投身革命，与黄锦莲（女）一起发动本村的10多名青年妇女组织了姐妹会，开垦了约20亩荒地种植番薯、甘蔗等农作物，种了两年时间，每年收成约20～30元。同时发动村民捐款，村民的热情很高，尽管生活不容易，都纷纷慷慨解囊，你一元、我两元地捐出银元。姐妹会的青年妇女把自己的嫁妆金戒指、布料都捐出来，后拿到东山圩托陆锦纶母亲转卖，卖得约30元。所筹集到的款项都上交给革命队伍作经费使用。

1943年2月，日寇占领雷州半岛，四处烧杀抢掠，伪军和平队猖獗横行。为了打击日伪汉奸的气焰，3月，中共遂溪县委决定在遂南的卜巢山建立一支由中共直接领导的武装队伍。共产党员郑开钧（东山圩人）参加了在卜巢村召开的首次建军会议，接到了筹粮、筹款、筹集武器的艰巨任务。他日夜奔走于卜巢、坡头桥等10多个村庄活动。为了筹款建军，郑开钧回家与父亲商量，托名经商，挖起两缸银元，托许锦理、庄东来以稻谷盖密，把4000银元运交中共地下党，使卜巢山抗日中队顺利组建。②后来，郑开钧虽惨遭敌人杀害，但他舍家为革命的奉献精神永远铭记在人民心中。

二、开店筹资，建立交通联络站

从1940年初到1942年底，全国处在国民党顽固派的反共恐怖

---

　　① 唐首华、唐力生等回忆，唐茂真记录整理：《抗日战争时期，调那村党支部活动情况》，载中共湛江市东海岛经济开发试验区委员会、湛江市老区建设委员会办公室编著《东海革命斗争史料》第二辑，1996年内部编印，第57页。

　　② 觉民校友业绩录编委会编《觉民校友业绩录》，人民日报出版社，2006，第80页。

之中。为避免更大的损失和保护革命同志，中共遂溪县党组织遵照上级指示，在国统区贯彻落实"隐蔽精干，长期埋伏，积蓄力量，以待时机"的工作方针。

在沈斌的指示下，这一时期东海岛内的交通情报站已经逐步建立了起来。而在赤坎、西营等局势相对复杂的地方，交通站必须非常隐蔽，才能掩人耳目，而人来人往、开门迎八方客人的店铺就能起到这种作用，同时还能帮助筹集部分革命活动经费。

1942年9月，沈斌在赤坎开办一家经营日杂生意的店铺"永发行"，以经商掩护革命活动。在筹集开店资金时，不少群众踊跃解囊，调那村的唐英、唐力生、唐平等人捐出了大部分资金，此外西山村的沈土星、沈其荣、沈树悟及其他群众也捐了部分资金。同时，西山村党支部亦发动群众筹集资金，在后坡村开办了一间榨油厂，为赤坎"永发行"提供货源（花生油、花生饼），既方便沟通联络，又发展生产，赚取利润，为上级党组织提供活动经费。这些货物、资金全由交通站转送。沈斌以老板的身份作掩护，开展革命活动，这也是沈斌被称为"老板"的缘由。"永发行"先后接待过中共南路特委温焯华、陈恩等领导人，中共南路特委的一些重要会议也在这里召开。"永发行"后来改名为"广汇行"。1948年10月9日深夜，"广汇行"突然被敌人搜查，沈佛才、沈自齐、林才连、林玉精、李全坚等革命同志被逮捕，最后被敌人杀害。[①]

"永发行"办起后不久，东海岛党组织又发动龙舍联村的革命群众捐资在赤坎办起了"裕利行""裕丰行"。1944年7月，中共南路特委运送一部电台到琼崖特委，就是从"裕利行"把电台运回西山村，再辗转到硇洲岛后安全运回海南岛的。

---

① 王钦进：《民主革命时期东海岛人民支持革命斗争概况》，载湛江市政协学习和文史资料委员会编《湛江文史》第26辑，2007年内部编印，第141页。

　　1942年，庄梅寿与父亲庄文耀商量，变卖了田地，并借了600银元，与唐林、黄胜在赤坎开办"和昌庄"盐铺，以卖盐为掩护，作为一个联络站。这个联络站不仅曾先后掩护支仁山、陈恩、唐多慧等地下党的领导同志，还把店铺经营部分所得提供给革命队伍作经费。

　　1942年6月，谢国美决定在水流沟圩开办一间酒庄，既酿酒又卖酒，以经商为掩护，设立地下交通联络站。由陈光爵任站长，陈元寿、符琪为交通联络员。为了解决开办酒庄的经费问题，陈光爵毅然把自己家里仅有的两亩土地卖掉，将所得的银元全部投入酒庄所用，经营酒庄所得的利润大部分上交上级党组织作活动经费。当时上级党组织的领导人邓麟彰、沈汉英、黄明德、沈斌等回到东海岛，经常到这里指导工作。

　　1944年，陆锦纶回东海岛领导工作，以公开身份在东山圩经营"合和庄"百货商店。开店的资金主要是由林宏发支持，沈卓谋、唐全渥也出了不少资金，后来又改办胜利酒店，以商店为立足点开展革命活动。这家店铺曾多次被敌人搜查，但因找不出破绽而被迫作罢，店铺的经营所得大多交给党组织作活动经费。

　　从东海岛革命活动的开展情况就可以看出，共产党员为了发展党的事业和完成党的任务，不顾自己的安危投身革命，并且把亲朋好友都发动起来支持革命，为革命捐家财、抛头颅也在所不惜。正是有着这样一批又一批为了国家、民族的命运和前途奋不顾身的共产党人，才会迎来革命的胜利、新中国的成立。

三、进步青年参加南路特别守备区学生队

　　七七事变后，国民党十九路军爱国将领张炎受命回广东担任广东民众抗日自卫团第十一区统率委员会主任。1938年2月，张炎在梅菉成立第十一区统率委员会，他变卖家产，四处筹集资

金，作为抗日经费；与高州共产党合作开展抗日，提出"抗战利益高于一切"和"保家卫国，有钱出钱，有力出力"等口号，在南路掀起抗日救亡运动的高潮。

1939年春，国民党遂溪县党部书记长司徒义和县长符麟瑞企图阴谋解散遂溪青抗会。为此，中共遂溪县党组织派殷杰等人前往高州，向张炎请愿，请他支持遂溪青抗会。张炎热情接见了殷杰等人，称赞遂溪青抗会工作成效显著，表示一定支持和保护青抗会。随后，张炎在许多场合称赞遂溪青抗会，令遂溪的国民党反动当局对解散遂溪青抗会有所顾虑。

1939年5月，张炎出任第四战区南路特别守备区副司令，决定成立第四战区南路特别守备区学生队。中共高雷工委及南路地区各级党组织对张炎的爱国行动大力支持，选派一批共产党员并动员大批爱国青年报名参加学生队，从中培养党的军事干部，为开展抗日武装斗争作准备。7月，中共遂溪县工委从遂溪青抗会员中选派60多人，到高州参加了张炎组织的学生队。这60多人中，有中共党员40多人。在学生队学习期间，共产党员在学生队中建立党支部和党小组，庄梅寿当时任党小组组长。东海岛党组织也动员了一批进步青年去参加学生队，当时有符连金、陈光爵、陈元寿、王仕宏等人。党组织在学生队中实行单线联系，并发展了一批党员。学生队主要是培训军事骨干，初期以政治训练为主，后期以军事训练为主。这批党员和青抗会骨干通过参加学生队训练，掌握了一定的军事知识，为后来开展抗日武装斗争作了准备。[①]

1939年冬，国民党顽固派进一步制造反共事端，张炎继续坚持团结抗日的主张，支持进步力量，支持遂溪青抗会。1939年

---

① 中共遂溪县委党史研究室编《中国共产党遂溪地方史》第一卷，中共党史出版社，2004，第136–137页。

张炎

11月，张炎亲自率领南路特别守备区学生队前来遂溪进行军事训练，借此表示支持遂溪青抗会。遂溪青抗会组织了遂溪、广州湾、东海岛等地1000多名青年在赤坎寸金桥广场集会，热烈欢迎张炎及其率领的学生队。大会先由大会主席陈其辉致欢迎词后，接着张炎发表了激动人心的演说。他表示：要坚持团结、反对分裂，要坚持抗战、反对投降，要坚持进步、反对倒退；如果日军敢于入侵南路，他誓与南路父老乡亲共同抗敌，誓与国土共存亡。张炎的演说，赢得了全场雷鸣般的掌声。

1939年冬至1940年春，国民党蒋介石破坏抗日民族统一战线，不仅密令其部队向八路军、新四军及游击队进行袭击，还在宣传舆论上大肆诬蔑共产党八路军游而不击，并提出所谓的"延安无伤兵"的例证。1940年1月15日，八路军总部发表通电予以驳斥。3月，中共遂溪县委根据中共南路特委的统一部署，布置各地党支部把八路军总部有关抗议国民党蒋介石诬蔑八路军"游而不击"的传单，散发到遂溪、广州湾、黄略村、东山圩、水流沟圩等地，揭露国民党顽固派的反动面目，教育全体党员警惕反共逆流，并采取各种形式开展反逆流斗争。4月，学生队的周崇和、文允武两人因散发传单而被捕。国民党南路行署主任罗翼群主张严办，张炎表示宁可丢掉乌纱帽，也不愿杀害革命青年，毅然将周崇和、文允武两人释放。

国民党广东省政府认为张炎"赤化"，准备派兵"围剿"，张炎被迫辞职。张炎离开南路后，顽固反动势力回潮，学生队被迫解散，革命青年不得不分散撤退回原籍各县的农村继续坚持革命斗争。

四、烽火中成长的东海青年

在抗日战争时期，遂溪县的革命形势总体发展比较好。1941年春，中共南方工作委员会副书记张文彬到南路检查工作，对中共遂溪县党组织的建设工作给予了肯定，他指出：广东如果有10个县像遂溪县党组织有这样好的农村基础，整个广东的局面就大不相同了。东海岛比遂溪县的情况更好。东海岛位于广州湾之东南，人口约7万人，面积200多平方千米，地形平坦狭长。该岛虽离市区较近，但四面环海、交通不便，中共党组织在岛上长期采取秘密形式开展活动，已控制了许多学校及大部分农村，而敌人在岛上的兵力薄弱，总共才100多人。在抗日战争时期，东海岛没有遭受过国民党军队的"扫荡"和破坏，从外地撤退来的干部又多，很快掀起了抗日救亡的高潮。

历来，东海岛属遂溪县管辖，关系密切。中共遂溪县党组织领导革命斗争，都把东海岛当做遂溪县的一部分。早在抗战以前，就有许多进步青年互相往来，介绍、邮寄进步书刊，成立读书会学习革命理论，积极宣传抗日救亡，并筹集经费去寻找中共党组织。抗日战争全面爆发后，随着中共党员、遂溪籍青年黄其江、陈其辉按照上级指示，回到遂溪县成立得到遂溪县国民党当局承认的遂溪青抗会后，中共遂溪县党组织就充分利用这一合法平台放手发展自己的力量，派遣下乡工作队进行抗日救亡宣传，大力开办农民夜校，发动农民组织起来保家卫国。在这一过程中，参加下乡工作队的广大青年得到了锻炼，密切了与群众的联系，也成长为能经受考验的中共党员。这一时期东海岛有大批青年到遂溪县去参加遂溪青抗会组织的下乡工作队，成长得很快，后来大部分人成为中共遂溪县党组织的主要领导骨干，对遂溪县及南路的革命工作起到了应有的作用。雷州半岛沦陷后，在东海中共党组织的发动带领下，广大革命青年除积极参加本村庄的抗日游击小组，开展防奸锄特、搜集敌伪情报和进行军事训练外，还先后有100多人参加了南路人民抗日解放军，在烽火硝烟中浴血奋战、饱经考验，成长为英勇的革命战士。

自九一八事变特别是"一二·九"运动以来，在全国性抗日救亡风潮的影响下，尤其是在进步老师的带动和介绍下，东海岛知识青年几乎全部参加了革命，他们的思想觉悟较高。主要表现为：思想上，强烈反对日本帝国主义侵略中国，关心国家的存亡和前途命运，不怕死、不怕苦；政治上，革命斗争性强，革命理论水平较高，敢于揭露反动势力的罪恶阴谋；组织上，坚决服从命令，团结一致，不搞分裂。革命队伍内部也很纯洁，没有人因环境险恶、敌人的严刑拷打而贪生怕死，背叛革命。东海岛的革命青年踊跃投身革命队伍，有100多人为革命事业献出了宝贵的生命，有许多可歌可泣的动人事迹。

对于东海岛青年在参加革命后表现出来的较高思想觉悟，沈斌在回忆录里归纳了主要有三方面的原因："第一，东海属于法统区，归广州湾管辖，广大青年对帝国主义有民族仇恨，这种民族仇恨很容易接受马列主义。东海既受法帝国主义的统治，又受日本帝国主义的侵略，东海岛的民族仇恨上升为主要矛盾。第二，东海青年绝大多数人都比较穷，大多数知识分子常受失业的威胁，容易接受革命思想，参加革命队伍，是他们的出路。他们因为穷，同学、同志之间没有利害冲突，他们把个人或家庭利益与国家的前途命运结合起来，普遍认识到没有国便没有家，一心为抗日救国才参加到革命队伍中来，他们没有什么思想顾虑，当遭遇生命危险的时候，也无所畏惧。第三，在法国的殖民统治下，没有什么官职可捞，没有向上爬的条件和邪念，不像遂溪国民党那样，有什么'高派''铁派'，由于青年中没有什么派别，所以同志之间、朋友之间的思想比较开明，胸怀广阔，彼此之间和睦相处，助人为乐。"①

五、琼崖沦陷后硇洲的特殊作用

1938年12月，琼崖红军游击队被改编为广东民众抗日自卫团第十四区独立队（不久被扩编为独立总队）。中共琼崖特委为了适应抗日战争的需要，通过香港八路军办事处的安排，从独立队中派遣多人到南洋宣传抗日，动员爱国青年回国参加抗战。此举得到广大海外同胞的热烈响应，1939年夏天，240名华侨、港澳同胞组成琼崖华侨回乡抗日服务团，准备渡海返琼参加抗日斗争。

1939年2月，日军侵占海口市，接着进行全岛大规模的"讨伐"，致使当时有5万多人逃离家乡，到法属租界广州湾（西营）、硇洲岛等地避难。由于硇洲岛距离海南岛的海上距离较短，所以当时很多难民摇着小木船逃离家乡后的第一站是落脚在硇洲岛，之后有条件离开的再分散到广州湾、西营等地。难民缺吃少穿，流落街头，惨不堪言，为赈济难胞，援助抗日，香港琼崖华侨总会救济委员会在广州湾设置救济办事处，积极办理广州湾、西营、硇洲岛、赤坎等地的赈济活动。

与此同时，为加大救济力度，香港八路军办事处在硇洲岛设立香港琼崖华侨救济会硇洲分处，创办难童学校，由知名人士高

① 沈斌：《民主革命阶段各个时期东海的革命方针与斗争策略》，载中共湛江市东海岛经济开发试验区委员会、湛江市老区建设委员会办公室编著《东海革命斗争史料》第二辑，1996年内部编印，第9-11页。

嫡生任分处主任和难童学校董事长，向海南岛难民宣传中国共产党的抗日民族统一战线政策和毛泽东的持久战思想，并对琼崖难民青年加强教育，把他们组织起来，准备返回海南岛参加抗战。后因日本海军的封锁，琼崖与海外、香港地区的交通断绝，仅有琼山、文昌沿海一带渔村的帆船在夜间来往于海南岛与广州湾、硇洲岛之间。①在这种恶劣的形势下，香港八路军办事处主任廖承志派遣曾鲁再次来到硇洲岛，在淡水镇鱼亭街30号二楼曾介臣的家里设立了交通联络前哨站，负责运送香港琼崖同胞回乡抗日服务团和有关物资回琼崖。不久，香港八路军办事处又先后派郭曼果、李启新以香港琼崖华侨联合总会救济委员会的名义来硇洲岛与曾鲁联系，指示由曾鲁接任救济会分处主任、难童学校董事长等职务（高嫡生因账目不清被撤职）。为了更好地开展秘密工作，曾鲁用红布分别写了"琼崖同乡会""琼崖华侨救济会"两个条幅公开组织名称，挂在大厅上作掩护。

交通联络前哨站成立后，沟通了香港—广州湾—琼崖—南洋这条线。大批来往人员和电台、武器等物资，源源不断地经过广州湾、硇洲交通站接运回海南。

海南岛沦陷后，中共琼崖特委与中共中央失去联系。中共琼崖特委决定在海南临高县昌拱港设立转运站，同时以独立总队的名义在广州湾和香港建立办事处，在海峡对岸的徐闻县建立联络站，开辟一条与中共南路特委、香港八路军办事处、粤北八路军办事处相联系的秘密交通线。1939年4月，中共琼崖特委在广州湾西营贝丁街成立广东民众抗日自卫团第十四区独立总队办事处（简称琼崖办事处）。同年8月，琼崖办事处通过廖承志介绍，

---

①　中共湛江市委党史研究室编《中国共产党湛江历史》第一卷（1921—1949），中共党史出版社，2011，第200页。

与中共高雷工委建立联络关系。高雷工委决定将广州湾菉塘村交通站提供给琼崖办事处使用，并安排广州湾支部的林其材协助其工作。从此，菉塘交通站由南路党组织和中共琼崖特委共同使用，加上原菉塘交通站所联系的一批联络点，与琼崖办事处所建立的联络点联结起来，形成了一个严密的地下交通网。[①]来往海南的人员、物资到达广州湾后，大部分转入菉塘，由菉塘交通站转送到硇洲、徐闻等地，然后运往海南。

1939年3月，香港八路军办事处主任廖承志按照中共中央指示，购买了一台15千瓦手摇发电的无线电收发报机，决定运送给琼崖特委，以通过建立电台沟通与党中央的联系。8月，这部电台和一批"货物"运抵菉塘交通站，由交通员符儒光用一木船转运至硇洲岛，曾鲁千方百计找到木船，在夜里由交通员陈大贵乘木船绕过日本人封锁的琼州海峡，安全抵达琼山县演丰海边交通站，然后由短枪班护送，顺利到达琼崖独立总队部。10月，中共广东省委派陈健（粤北八路军办事处人员）带领中央派来的电台报务员广以弟、机要员李少青经广州湾前往琼崖。他们肩负着向中共琼崖特委传达广东省委关于加强部队政治工作、建党和建立山区根据地的指示和帮助中共琼崖特委建立起电台通讯的任务，他们到达琼崖办事处后，经硇洲联络站坐上曾鲁联系的木船潜渡琼州海峡，安全抵达琼崖独立总队部。1939年4—6月，在中共广州湾支部的协助下，琼崖华侨回乡抗日服务团240人经广州湾菉塘交通站转送到硇洲岛，然后分批成功渡过琼州海峡到达文昌，一批从琼崖逃难到广州湾的青年也参加服务团返回家乡。1940年夏，香港八路军办事处再次为中共琼崖特委购买一台火力发电电

---

① 中共湛江市委党史研究室编《中国共产党湛江历史》第一卷（1921—1949），中共党史出版社，2011，第201页。

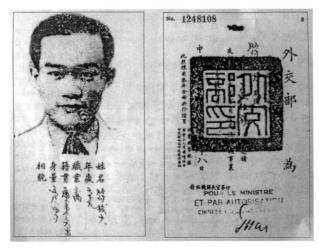

交通员符儒光的护照

台，并运抵广州湾西营。广州湾党组织通过"裕昌行"联络点，将电台转至菉塘交通站，继而经硇洲岛转运到海南琼山抗日根据地。1944年7月，中共南路特委运送一部电台给中共琼崖特委，是由西山交通站的交通员，从"裕利行"把电台运回西山村，再挑运到三盆村，再藏在运番薯的船里运到硇洲岛，交给海南派来的同志接运回海南岛。

从1938年受命组织成立交通联络前哨站至1945年抗日战争结束，曾鲁在这段艰险岁月中，除领导交通站工作人员出色完成了如上所述的护送人员、转运电台和大批军用物资外，还安全接送了大批党的领导干部，例如，梁秉枢出任琼崖苏维埃工农红军独立第一师师长时，就是取道硇洲渡琼到任的；中共琼崖特委代表李明（林李明）、琼崖纵队副司令员庄田、香港抗日服务团团长符思之以及著名烈士符克、李振亚等人，都是取道硇洲由交通站转送到海南的。①

---

① 中共湛江市东海经济开发试验区硇洲镇委员会党史编写组编《硇洲岛革命斗争史》，1998年内部编印，第2—4页。

4

第四章

解放战争时期

第一节 东海暴动及建立人民政权

抗日战争胜利后，国民党政府收回了广州湾，因广州湾租借地的主要地域在历史上曾隶属椹川县，设置过椹川巡检司，而"椹""湛"二字相通，广州湾便被更名为湛江市，意为"湛蓝之水"，原广州湾区域内的东海岛和硇洲岛也随之成为湛江市的一部分。

一、隐蔽待机和秘密斗争

抗战结束后，民生各业百废待兴，人民期待真正的和平。国民党政府迅速在南路地区接收、改编了日伪政权，建立或恢复自己的政权，设立广东南路行署、警备司令部，在县乡则建立了大队、中队及保队，大量的伪军、汉奸武装及兵痞、土匪进入了军警队伍。在国民党湛江市政府筹备期间，1945年9月成立的湛江市警察局，下设7个分局，其中第四分局是郭秉道任局长的东山分局，第五分局是蔡兆龄任局长的硇洲分局；全市又设3个保警大队，每队120人的编制，其中第三大队就驻在东海岛、硇洲岛，队长为马亮英。[1]10月，国民党在湛江设9个区管辖，其中有东海区和硇洲区并成立区公所（第二年5月，将东海区分为东山区和东简区），东海区区长先后由郑锡祥、赵震东等人担任。[2]1946

---

① 郭寿华：《湛江市志》，大亚洲出版社，1972，第142页。

② 同上书，第131页。

年初，在东海岛成立了东海自卫大队，也称联防大队，大队长赵震东，共200余人。1948年7月，又成立了湛江市民众常备自卫队，主要任务是配合国军"剿共匪"，下辖4个大队及特务队，其中第四大队驻在东山、东简、硇洲岛。①此时，东海岛人口约有8万人，硇洲岛约有1.5万人，因在地理位置上离湛江市区较近，水上交通也较为方便，从以上国民党政权划分和武装队伍在东海岛和硇洲岛的常驻情况来看，国民党视东海岛地区为要地，在此处布设的统治力量是比较强大的。大革命时期就已经加入共产党但后来转而加入国民党的苏天春，此时也想借抗战胜利之机"接收"东海岛的政权，他和庄润德冒充受国民党派遣，私带湛江市商团兵，收缴东海民团枪支，组建"东海先遣军"，但遭到真正的国民党先遣队二支队司令陈学谈的通缉，逃亡香港。②相比之下，共产党在东海岛地区的力量较为薄弱。

　　面对抗战后的形势，中共中央指示广东地区应该"分散活动，坚持斗争，部队北撤"，1946年2月，中共广东区委向广东各地党组织发出隐蔽和转移的指示，中共南路特委根据广东区委的指示，决定大部队要避开与雷州国民党军队的正面冲突，撤出雷州半岛，其余武装和人员则原地分散或隐蔽活动。从1945年9月底开始，南路人民抗日解放军主力便主动从遂溪出发撤往十万大山地区，其余撤往廉江、化州、吴川等地，分散活动，离开了雷州半岛。1946年5月，经与国民党广东当局谈判，达成广东中共武装人员北撤山东的具体协议，随后，中共南路特委立即安排

---

① 湛江市麻章区地方志办公室编《湛江市麻章区志》，广东人民出版社，2013，第557页。

② 王钦进：《解放战争时期东海岛革命斗争概况》，载中国人民政治协商会议湛江市委员会学习和文史资料委员会编《湛江文史》第25辑，2006年内部编印，第74页。

已经暴露的干部人员北撤山东或撤往香港、越南等地。①另一些不能撤退的已暴露人员则采取交换工作地和居住地的方式隐蔽下来。在抗日战争时期，东海、硇洲两岛因归法国殖民当局管辖，政治环境较为宽松，成为外地暴露干部撤退的隐蔽点，到了解放战争初期，外地干部仍有撤退到东海岛地区的。东海岛地区的干部在本地暴露以后也被转移到别处去，主要是撤往海康、徐闻、遂溪一带并因地制宜从事各种行业来掩护身份。撤到外地搞武装斗争的有沈尚慈、沈自励、黄明等；从事经商的有陈克、黄葵、沈树福、沈时诚、沈福胜、沈茂俊、欧秋生、黄义民、程秀亭、林才连等；以教师身份作为掩护的有王玉颜、王保充等；也有些党员和进步人士打入当地国民党的保甲组织里，如杨普昌、谢元旺、沈土生、沈时文、苏文贵、彭冠文、王保华、王玉尧、陈景菊、叶其福、窦文山、朱兴教、王如荣等②，他们都在各自的新岗位上继续开展秘密活动，尤其是在白皮红心"两面政权"里的共产党人，他们的工作为东海岛地区的统战工作打下了重要的基础。

由于共产党组织再次被迫转入了地下斗争，队伍内部不可避免地出现了一些波动，加上广东远离中共中央和革命中心，不少人做好了"比抗战还要艰苦漫长的"长期斗争准备。时任中共雷州副特派员的沈斌回忆说："那时，我们估计国民党发动十至十五年内战，也就是要有再过十多年黑暗生活的思想准备。"③

---

① 中共湛江市委党史研究室编《中共南路党史大事记》，广东人民出版社，1996，第183页。

② 中国人民政治协商会议湛江市委员会学习和文史资料委员会编《湛江文史》第25辑，2006年内部编印，第73页。

③ 中共湛江市东海岛经济开发试验区委员会、湛江市老区建设委员会办公室编著《东海革命斗争史料》（第二辑），1996年内部编印，第19页。

时任遂溪东区武工队队长的陈志群（后被派到东海岛工作）接到了护送黄其江、邓麟彰、马如杰等同志北撤山东解放区的任务，他回忆道，当护送任务完成即将和黄其江等同志告别时，黄其江曾叮嘱他："回去之后，关于北撤的事，千万不要告诉其他同志，以免影响军心和革命斗志。"黄其江强调说："我们不久还要回来的。"陈志群等人听了以后"心情很沉重"，但是"从革命大局出发，从革命利益出发，我们也毫无私念，对革命的到来仍是充满信心"。^①常驻硇洲岛从事革命工作的曾鲁也奉命撤出硇洲岛前往东南亚，负责组织华侨回国参加新民主主义革命，临走前指示曾卓明（曾介臣之子）："为了革命工作的需要，我调离广州湾出国另有任务，你不要灰心，要继续革命，要与党组织取得联系，胜利的曙光即将到来……"^②前途到底如何，如何度过困难时期，这是摆在中共南路党组织面前的一个重大问题。但随着各种秘密斗争工作的开展，很快便打破了这种沉闷的局面。

为了扭转南路革命低潮时期的形势，稳定人心，上级党组织决定在东海岛建立一个秘密出版处，地点选在了富有群众基础的西山村。1946年8月，由外地派回东海岛开展工作的沈斌发起组织了一个秘密油印室和工作队，开始印刷出版物和宣传资料，成员有陈志群、李坚、吴群等人，他们的工作一直持续了4～5个月，油印室就设在西山村中共党员沈益聪的家里。

这个油印室的任务主要业务有两项：一是翻印政治学习资料，二是自编出版小刊物。由于南路地区远离革命中心，中共南路的主力部队又撤往十万大山等地，信息闭塞导致留在南路坚持

---

① 据陈志群手稿《回忆片段》。

② 中共硇洲镇委员会党史编写组：《硇洲岛革命斗争史》，1998年内部编印，第25页。

斗争的人员不能及时了解全国的革命形势，也不能及时把握解决问题的准确思路，为了树立对革命前途的信心，这个油印室可谓是应运而生。油印室虽然责任重大，但工作条件却相当艰苦。设备只是两块刻字钢板、蜡纸、印油和白报纸，由于保密的需要，一般只能在一盏昏黄的煤油灯下挑灯夜战。工作室的三人分工明确，陈志群和吴群负责刻写钢板，李坚负责油印和装订。在油印室工作人员的努力下，一批珍贵的学习资料如《中国社会各阶级的分析》《湖南农民运动考察报告》《中国的红色政权为什么能够存在》《星星之火可以燎原》《论持久战》《中国革命和中国共产党》等被翻印，这些著作对中国革命的前途、命运和原则、方法作了精辟的论述，对中国的时局作了深刻分析，南路的中共党员们"如获至宝、爱不释手、精心阅读"①。

抗战结束后，国民党政权倾力对南路共产党力量进行"清剿"，无暇顾及当地海匪势力，海匪趁机作恶，甚至打着共产党的旗号为非作歹，影响恶劣。1945年冬，已经被调到外地工作的沈斌回到东海岛工作，与王玉颜商量后，认为只有清除这些土匪才能提供良好环境以保障隐蔽斗争的开展，才能保护百姓利益，才能保障党组织在海上税站的工作，于是决定改编这些土匪队伍并借此扭转党组织在东海岛的不利局面。

活跃在东海岛的土匪有三股，分别以赵善子（花名灶公）、王雨农（花名惨须）、金太仁和王保子为首，手下的土匪大多是熟悉当地海上情况的穷苦人，他们常年以在海上打劫商船、在陆上打家劫舍为营生，老百姓和商人都深受其害。沈斌决定采取两种手段同时进行对海匪的改造，一是教育争取大多数，二是惩办顽固匪首，为贯彻统一战线思想，化阻力为助力，以第一种手段为主。

---

① 据陈志群手稿《回忆片段》。

　　中共党组织先是委派了龙湾村的王如菊、王如竹深入匪巢，去做教育争取的工作，尝试对海匪队伍进行改编，把他们编进党组织控制下的缉私队和海哨连，参与海上收税工作。这个方法本来颇为不错，给了海匪明确的出路，但因无法获得匪首的信任而不奏效，加上这些土匪未经思想改造，散漫惯了，仍是劣性不改，打着共产党的旗号更是有恃无恐，严重破坏党的声誉，因而，这次改造未能成功。党组织第二次再派人去做工作时改变了方法，利用熟人关系去开展工作。1939年入党的符连光是龙湾地区龙舍联村党支部书记，他与赵善子有亲戚关系，于是，党组织便派他去完成这个任务。1947年秋①，符连光带着三位武工队员来到匪首驻地牛牯湾（现西湾村），见到了赵善子和王雨农。赵善子因亲戚关系也愿意和符连光谈判，当得知符连光是"老板"沈斌所派后，对投诚改编的事情表现得不那么抗拒了。符连光趁势为他分析形势，强调共产党讲诚信，告诉他跟着共产党走不会错。赵善子把全体人员集合起来开大会，符连光向他们宣布共产党的政策：如果诚心诚意跟着共产党的，继续留队；愿意回乡生产的，遣送回乡；坚持作恶者，绝不姑息。

　　在选择面前土匪队伍出现了分化，符连光等人利用这种分化局面对土匪队伍进行了分类瓦解，争取团结大多数，把表现较好的头子金太仁争取了过来，起到了很好的带动作用，除少数愿意回乡的外，其余大多数人都报名留下接受共产党的改编。于是，一支由40余人组成，携带枪40多支、子弹400多发的新队伍，赶

---

　　①　关于改造三股土匪的时间，回忆和记录非常混乱，有的说是在1947年11月中共东海特别区委大会成立上提出的，《东海岛龙湾革命斗争史》材料里就有4月和9月两说；中共湛江市委党史研究室所编《中共在广州湾活动史料》里注明是10月；符连光本人的回忆文章里写的是1947年4月，但那时东海暴动还未发生；采访符连光后人也未能得知准确时间，故这里采用1947年秋的提法。

往遂溪县南区笔架村的中共交通站接受改编，后被编入粤桂边区人民解放军十二团第四连，金太仁任连长①，这支往日祸害乡里的海匪队伍变成了革命队伍。但是赵善子和王雨农这两个土匪选择了重操旧业继续抢劫勒索，根据党组织的决定，沈斌派出武工队在西山村对二人进行了处决。经过教育改编和严惩匪首之后，东海、硇洲两岛的土匪已经不成气候而后绝迹，土匪的历史宣告结束。成功改造土匪不仅使得共产党赢得了民心，也变被动为主动扩大了队伍，是东海岛党组织在统一战线工作中的一次成功行动。

1945年冬，东海岛中共地下党负责人林宏发委派王玉山到硇洲岛从事地下革命活动，开辟一个新的革命据点。时值1945年12月6日，国民党湛江市市政筹备处颁令取缔私塾、学舍，一律要改办为国民学校②，硇洲岛谭北乡一带也要废私塾兴办新式学校，硇洲岛的进步人士窦文山任该校校董。窦文山邀请王玉山带上教师到谭北去给渴求文化的村民、学生们带去新教育和新思想。1946年春，王玉山与其同学王菜重（女，又名王仲）来到校址设在丽水村的谭北小学任教，进步青年余乃文也在此任教。

在谭北小学，王玉山他们既教给学生文化知识，也向他们灌输革命思想，重点抓夜校学生和三、四年级学生的教育。他们在学生中教唱革命歌曲，如《解放区的天》《南泥湾》《黄河大合唱》等，让他们在歌声中了解中国北方地区的革命从而增加对革命的了解；又按照抗日战争时期东海岛发展游击小组的做法，在觉悟高、进步快的学生中发展游击小组成员，然后不断扩大游

---

① 湛江市东海岛民安镇龙湾地区革命斗争史编写领导小组编印《东海岛龙湾革命斗争史》，2002年内部编印，第58页。

② 湛江教育志编写组编《湛江教育志》（1898—1987），广东教育出版社，1991，第18页。

击小组。这一时期，参加游击小组的学生有窦志海、窦法高、窦妃喧、窦妃尚、窦光助、窦志逊、窦恒清、窦廷明等。一段时间过后，王玉山他们的活动范围扩大，在谭井乡和烟楼村又发展了近20名成员秘密加入游击小组[①]，这些活动都得到了校董窦文山的支持。在硇洲岛开展革命工作的还有黄德光，他和余乃文、窦文山一起开设了武馆，以此为名组织革命力量，先后在谭北湖、谭井、烟楼及淡水街等地开展活动，硇洲岛自古以来就有尚武之风，参加武馆训练和夜班学习的人员达500多人[②]，这些人后来都成为革命的后备力量。

王玉山还通过拜访说服村里的族长父老，在各村组织巡逻队以自卫，防盗、防特、防空袭，他们得到了各村在物力、财力上的支持。各村纷纷捐助银元购置了一批长矛、大刀等武器。谭井村原武术馆保存的长矛、大刀、鱼叉也献给村队使用。[③]更重要的是，各村头人都支持进步人士进入国民党的保甲组织里，例如，窦文山、谭良智、窦锡爵就是那时进入了国民党内部做了保长，成为共产党组织的内线，这样一来，这一带的乡村就慢慢地被中共党组织控制了。1946年下半年王玉山因为身份遭国民党特务怀疑，便和王菜重转回东海岛工作，由余乃文接替王玉山的工作。

---

① 湛江市革命老区建设委员会办公室、中共湛江市郊区委员会党史研究室、东海革命斗争史料编辑组编著《东海革命斗争史料》（第一辑），1992年内部编印，第50–51页。

② 中共硇洲镇委员会党史编写组：《硇洲岛革命斗争史》，1998年内部编印，第24页。

③ 湛江市革命老区建设委员会办公室、中共湛江市郊区委员会党史研究室、东海革命斗争史料编辑组编著《东海革命斗争史料》（第一辑），1992年内部编印，第51页。

二、觉民中学的学生运动

1946年1月，国民党湛江市政府宣布成立，下设第四科即社教科来管理学校，9月，决定为一批学校更改校名，其中，市立中学改名为市立第一中学，位于市郊的东海岛觉民中学改名为市立第二中学。[①]自从东海书院被改为东海小学，后来又发展成为觉民小学、觉民中学以来，历经进步开明人士的治理，尤其是黄超然校长治校以来，已经培养出许多革命青年和进步学生，声名鹊起。国民党湛江市政府对此有所顾忌并采取了行动，为觉民中学改名以后，又更换了觉民中学校长，希冀借此改变校风。1947年1月，国民党湛江市政府将市二中校长黄超然调任市政府第四科任教育股长，任命伍侠民担任市二中（为便于叙述，下文仍称觉民中学）校长[②]。而在此前的1946年秋，候任第一任湛江市市长郭寿华的侄子郭锦涛已被派到东海岛，出任东海区区长。从郭锦涛和伍侠民先后到任东海岛来看，国民党政府很看重东海岛地区，为了防止东海、硇洲两岛的"赤化"，作出以上人员调整。

伍侠民到任觉民中学后，携同带来的教导主任司徒才等人，一改黄超然在任时的校风校纪，实行了一系列引起哗然风波的做法。第一，学生学杂费一律不准交货币，只收稻谷，并且对交上来的稻谷要用风车风净，另加收鼠耗谷两升。第二，克扣和拖欠部分教师薪金。第三，成立"三青团"组织监视思想"异动"学生。第四，实行军训"端正"思想，查收学生的"赤化"书籍。以上新规不仅触犯了学生和家长的利益，更改变了觉民中学一直以来的办学传统和学风。按照国民党湛江市政府1946年1月的规

---

① 湛江教育志编写组编《湛江教育志》（1898—1987），广东教育出版社，1991，第20页。

② 同上书，第21页。

定，"湛江市私立中小学学杂费改为收学米"①，是为了规避当时法币严重贬值、物价扶摇直上的风险，但并没有规定市立公办的学校也可以收学米。据载，1947年2月25日，"连日物价上涨，市民苦不堪言。是日上等大米早上每担145万元，到下午收市涨至220万元"②。伍侠民在觉民中学改变规定私收稻谷，其实还是为了从中谋取私利，因为他将稻谷囤积起来后一转手就可以通过营商去牟利。

伍侠民的行径引起了觉民中学学生尤其是进步学生的严重不满，他们决定采取罢课行动来抗议。当时的觉民中学早已经有了一批学生共产党员，如王忠、许建义、林家堃、陈和等人，他们几个人编成一个秘密党小组，归属东山党支部领导，经过他们的组织和发动，觉民中学发起了罢课运动。

罢课运动分为两个阶段：第一阶段是秘密宣传、串联本校学生罢课并提出学生的要求；第二阶段是扩大罢课范围争取更大支持并获得成功。第一阶段是在开学初期，党小组以抗日战争期间建立起来的游击小组和进步学生为核心，在学生中暗中宣传鼓动，揭露伍侠民等人的贪污、专制行为；向社会制造舆论，揭露学校当局的丑行，争取学生家长的支持，尤其是争取到了联防队队长王巨凛的支持，王巨凛承诺不干预学运；发动募捐，筹集学运所需资金。经过一段时间的准备，时机已经成熟，王忠等人带领学生向校方提出了"打倒伍侠民，结束腐败教育，要民主，要自由"的口号和要求，令伍侠民和湛江市政府心惊。2月的一个周一早晨，伍侠民面对学生进行训话，再提"揭发异端、严防

---

① 湛江教育志编写组编《湛江教育志》（1898—1987），广东教育出版社，1991，第18页。

② 湛江市麻章区地方志办公室编《湛江市麻章区志》，广东人民出版社，2013，第18页。

赤化"的言论，会后，王忠向同学们正式提出了斗争和罢课的号召，并提出了以下斗争要求：第一，撤换现任校长等人；第二，发还克扣学生的学杂费，不得挪用学校经费营商肥私；第三，学生享有民主和自由的权利，废除监视学生、禁锢学生的校规；第四，必须按进度施教，教学不得敷衍塞责。[①]觉民中学的罢课运动就此开始。由于罢课运动得到多数学生的拥护，学校的教学活动不得不停止，学生们封了教室、扯下青天白日旗、到处写上标语，一时之间使得伍侠民等人不敢露面，躲了起来。

当罢课运动进入第二阶段，罢课运动的影响进一步扩大，学生们坚持罢课与复课谈判同时进行。但罢课时间一长，罢课的活动经费变得难以为继，学生中也出现了动摇。王忠等召集党小组成员经常在觉民小学旁的文隆书店（中共东海地下党的联络点之一）秘密开会商讨对策。他们决定扩大学生运动的范围和影响以争取更大的支持，于是，起草了《告南路同学书》，由王巨凛的儿子王树胜陪同着到市里印刷了几百份，秘密邮寄到几所学校去，扩大对觉民中学学生运动的宣传；同时，他们加紧募捐，发动家境优厚的同学捐献，还向社会工商界募捐。学运骨干许建义担任募捐后勤组长，他日夜外出奔走活动，联系经济条件较好的学生、群众、商家，动员他们捐款支持学运，短短时间内筹得银元100多元及毫银、纸币一批[②]，很快解决了学运宣传所需经费的问题。这么一来，学运的影响就走出了觉民中学，走出了东海岛，变得全湛江皆知。为了平息事件，觉民中学校方和政府派出

① 湛江市革命老区建设委员会办公室、中共湛江市郊区委员会党史研究室、东海革命斗争史料编组编著《东海革命斗争史料》（第一辑），1992年内部编印，第52–53页。

② 觉民校友业绩录编委会编《觉民校友业绩录》，人民日报出版社，2006，第94页。

了三批人马与学生进行复课谈判，分别是教导主任司徒才、东海区长郭锦涛、市政府督学黄汉柳，但因无法答应学生的要求而一一失败。学生中的中共党员警惕性很高，他们预计此事之后国民党湛江市政府一定会派兵来镇压，于是提早做好了准备。果然，3月的一个晚上，国民党派了两个排的兵力趁夜赶往东海岛直扑觉民中学和文隆书店，但提前侦获消息的党小组及参加罢课的学生已全部撤走，结果国民党连一个学生都没抓到，觉民中学的学生运动就此结束。伍侠民自感无趣，于1947年5月22日辞去校长之职①，后由市政府督学黄汉柳接任，没多久也被学生们轰走了②。

　　觉民中学的学生撤走之后，先后进入遂溪南区游击区，后来他们组成东海学生连，被编入了粤桂边区人民解放军。觉民中学、遂溪城月中学等学校的学生运动重重打击了国民党政府在南路地区的统治信心和统治秩序。1948年，国民党湛江市政府规定中学生必须"五人联保"，只有互相保证不参加共产党组织的各项活动才能入学读书。③

---

　　①　湛江教育志编写组编《湛江教育志》（1898—1987），广东教育出版社，1991，第22页。

　　②　1947年5月31日，中共党组织在东海岛发动了武装暴动，东海岛迎来革命高潮，国民党在东海岛的统治被严重动摇，也无法再把觉民中学办下去，于是，从1947年6月至1949年7月，觉民中学处于停办状态。直到1949年8月，沈斌邀请黄超然再次出任校长恢复办校，黄超然欣然应允，投入了复校准备中，从这年的9月1日起，学校恢复了办学，仍以觉民中学为名。这所被称为"革命摇篮"的学校得以延续至今。

　　③　湛江教育志编写组编《湛江教育志》（1898—1987），广东教育出版社，1991，第24页。

三、东海暴动

1946年5月，广东区党委发出《致各地紧急指示》（又称"五月指示"），指出"不应对蒋介石及国民党反动派存有幻想，要坚持分散的自卫斗争，主动打击反动派，粉碎其一切阴谋，保存力量，以争取时局好转，实现协议"[1]。据此，南路各地武装队伍陆续恢复活动，但是在10月间，又传来广东区党委的"九月指示"："南路地区集结部队过早，容易暴露党的力量而可能招致国民党集中兵力重点进攻"，"广东党组织远离主力，很孤立，搞武装斗争困难极大，因此武装人员要尽可能复员，每县只保留50人至70人，部队内不发展党员……部队与地方党组织要切断联系，不允许主动出击"。[2]根据新的形势，广东区党委把各地党组织由党委制改为特派员制，党员之间实行单线联系，此时先后担任中共南路特派员的是温焯华、吴有恒。从东海岛走出的一些杰出革命者被委以特派员重任，分布在南路各地，如1946年5月沈汉英任中共雷州特派员，领导遂溪、海康、徐闻和东海岛的工作；6月，唐多慧任廉江特派员，后转任化吴特派员；7月，黄明德接任廉江特派员并兼管广西博白、玉林、陆川的工作；1947年2月，沈斌任雷州第二特派员，分管海康、徐闻的工作。[3]特派员制最大限度地保护了党组织；尤为难得的是，南路地区的党组织和武装队伍在执行这些指示的时候，能够因地制宜、因时制宜，不盲目遵循指示。因此，各地干部在隐蔽的同时也在坚持着各种形式的斗争，如恢复并扩大队伍、反"三征"

---

① 中共湛江市委党史研究室：《中国共产党湛江历史》第一卷（1921—1949），中共党史出版社，2011，第283页。

② 同上书，第287页。

③ 同上书，第281页。

（国民党的征粮、征税、征丁），也有与国民党军队的小规模作战。1946年11月，广东区党委审时度势，作出了"恢复武装斗争"的决定，并制定"实行小搞，准备大搞，从无到有，从小到大，稳步前进"的战略方针[①]，1947年1月又制定了"大搞"的方针。中共中央及广东省委关于恢复武装斗争的指示给南路地区带来鼓舞，中共南路特派员吴有恒召集中共雷州特派员沈汉英、化吴特派员唐多慧等人，开会传达贯彻这个指示。会议在中共党组织的地下交通点赤坎协源米铺举行，决定趁国民党广东保安第九、第十总队调防高雷脚跟尚未站稳之机，放手发动群众，大力发展武装，开展游击战争，建立游击区。赤坎会议之后，廉江、遂溪等地迅速行动起来，收缴、征集枪支，筹建主力部队。

1947年3月，遂溪军事小组成员李晓农、郑世英根据赤坎会议镇压积极反共的国民党军政要员的决定，在一次率领精干队伍实施的伏击行动中击毙了遂溪县县长戴朝恩。这个大事件推动了南路武装斗争高潮的到来，一些青年师生和青年农民踊跃参军，奔赴游击区，壮大了人民武装。3月17日，粤桂边区人民解放军的新编第一团在遂溪中区成立，共500多人；24日，新编第三团在廉江东南部的横山后塘仔村成立，共500多人；28日，新编第四团在廉江大塘村成立，共700余人，三大团也在此处会合。三大团中，东海岛籍的主要领导人占据一半名额，他们是新一团政委李晓农、新三团政委黄明德、新四团政委唐多慧。4月下旬，新编第二团在遂溪成立。人民武装成立后，在各地寻找

李晓农

---

① 中共湛江市委党史研究室：《中国共产党湛江历史》第一卷（1921—1949），中共党史出版社，2011，第289页。

机会，边活动边扩大队伍。为了加强对武装斗争的领导，广东区党委决定撤销中共南路特派员，建立中共粤桂边地方委员会（简称中共粤桂边地委）。1947年4月，中共粤桂边地委成立，温焯华任书记，吴有恒任副书记，温焯华、吴有恒、欧初、黄其江任地委委员。

中共在粤桂边区由"黑暗期"到"小搞"再到"大搞"的战略方针的变化也影响着偏僻的东海、硇洲两岛。抗日战争时期的东海岛地区归属法国殖民者统治，不宜搞公开的斗争，只能在像觉民学校这样的地方做些抗日宣传工作、建立秘密游击小组，也有一大批进步青年离开东海岛到外地去参加革命。东海岛的共产党组织虽然在1939年成立了，也有一些像西山村这样群众基础比较好的村庄，东坡村、文参村、西山村等村的保甲政权已经是"红皮白心"的两面政权，实际上为共产党所掌握。但是，东海、硇洲两岛还不是成熟的游击根据地，在1947年6月之前，中共党组织力量和武装力量在东海岛地区的影响力还不够大，而国民党无论是在政治上、军事上还是文化上都相当重视东海岛地区，在这里也部署了较强的统治力量。为了在国民党统治力量强大的东海岛打开新的局面，仅靠隐蔽秘密斗争还不足够。1947年4月，沈斌派林宏发、陆锦纶、黄成海、沈时星等人回到家乡东海岛活动，任务是组建脱产的武装抗争队伍，以迎接即将到来的武装斗争高潮。他们与东海岛党组织领导人黄葵、王玉颜等商量研究队伍的组建细节，结合沈斌的指示，组建了两支队伍，每队100人。把东海岛中社掌握枪支的地下党员和游击小组组建成第一抗争中队，黄成海任队长，林宏发任指导员；把下社掌握枪支的地下党员和游击小组组建成第二抗争中队，沈时星任队长，沈兆炎任指导员。第一抗争中队下设三个小分队，拥有步枪110

支，第二抗争中队也有长短枪70多支。[①]

　　1947年5月初，中共粤桂边地委副书记吴有恒率领粤桂边区人民解放军新一团、新二团向遂溪南区挺进，计划开辟海（康）徐（闻）游击区，但中途受到国民党阻击。吴有恒决定改变计划，改由小股部队组成海徐游击大队挺进海康、徐闻，从两团中各抽调一个连，由遂溪县委中心副书记沈斌带领攻打东海岛，并发出指示说明攻打东海岛的目的：一是大造声势，扩大共产党的影响；二是威胁湛江，迫使化吴等地的国民党军队回防湛江，减轻化吴游击区的压力；三是打乱国民党军队对老游击区的"扫荡"计划。这场攻打东海岛的战斗，史称"东海暴动"，中共党组织之所以选择了东海岛作为暴动地点，是有具体原因的：第一，东海岛就在湛江市郊区，国民党在岛上只有联防队和盐警队200多人的武装力量，一旦东海岛出事，布防在湛江地区的国民党军队势必要管，但由于海陆相隔，要从市区增援东海岛也需一定的时间，共产党的暴动部队如要撤离可利用这个时间差；第二，如果在湛江眼皮底下的东海岛暴动成功，不仅能减轻化吴游击区遭受国民党军队"扫荡"的压力，而且能够把东海岛开辟成新的游击区，这必定会极大地震动湛江国民党当局；第三，东海岛的乡村和学校基本为共产党所掌握，上层人士同情和靠近共产党，又由于陆锦纶、林宏发、黄成海等人已经组建了抗争队伍，前期工作已经有所准备，部队上岛后地方上的接应也不是问题。

　　一切准备妥当。1947年5月30日，沈斌率领粤桂边区人民解放军新一团第一连（连长为唐林）和新二团第三连（连长为黄鼎

---

　　① 湛江市革命老区建设委员会办公室、中共湛江市郊区委员会党史研究室、东海革命斗争史料编组编著《东海革命斗争史料》（第一辑），1992年内部编印，第45页。

如）共约200人，傍晚6时在遂溪南区集中，晚8时抵达与东海岛民安地区一海之隔的遂溪通明港，晚10时乘船渡海，晚12时登上东海岛民安地区的海岸，后转到西山村，与等候在此的陆锦纶、林宏发、沈粤民、黄成海、唐平等人会合，简单商议后，决定兵分两路发起暴动。唐林负责攻打东山圩的东山区府、联防队和盐警总队，黄鼎如负责攻打水流沟圩（即民安地区）的盐警队和保安队，黄成海和沈时星率东海抗争队伍从旁配合，另外，对负责发动群众配合的、负责发动学生宣传和支援部队的人员，都一一作了安排。

整个东海暴动包括三场战斗，分别发生在水流沟圩、东山圩和西坑村，战斗在1947年5月31日凌晨打响。

（1）进击水流沟圩。黄鼎如率部趁着夜深到达水流沟圩，先奔保安队去，保安队兵力只有10余人，又有共产党组织派去当兵的陈志通（东海岛北逻村人）做内应。陈志通悄悄把队里的枪支撞针全部拆掉，又在战斗打响后抱住指挥作战的保安队长，结果保安队全部缴械投降，一枪不发，黄鼎如部便拿下了保安队。紧接着，沈时星率领的抗征队围住了盐警队所驻的两层楼房，该楼房为瓦顶房，沈时星便派几个人爬上屋顶，他们揭开屋顶的瓦片，往里面抛手榴弹；另一批人则早用轻机枪封锁了大门，上下夹攻之下，盐警队被打个措手不及却无法逃跑，只好硬着头皮应战，最终全部投降。黄鼎如率部于5月31日早晨8时赶往东山圩，增援唐林。

（2）围攻东山圩。唐林率部也趁黑夜抵达了东山圩，又兵分三路，分别攻打国民党盐警队、区府和联防队，主攻盐警队。盐警队设在东山圩街上的平房里，周围并无防御工事，但也无法巧取，因此，唐林部采取了围攻之法，里面被围困的盐警队奋力还击，双方在此激战数小时，战斗进行到5月31日中午12时，盐

东海暴动形势图

警队撑不下去便投降了。赶来增援的黄鼎如部和唐林部一起全力围攻余下的区府和联防队。由于唐林、黄鼎如所部武器装备有限，不具备强攻的条件，而国民党军的营房是法国殖民统治时期留下的，较为坚固，营房周围都是平地，唐林部一时也找不到适合突击和强攻的制高点，只好也采取围攻之策。围攻东山圩的战斗持续到31日晚10时，忽然接到报告称湛江市区100多人的国民党援兵已经从调文村上岸，考虑到势必还有更多的国民党援兵赶来，于是，唐林等人率部从东山圩撤退，向西撤到了调军村、西坑村一带。

（3）激战西坑村。6月1日上午9时，前一天夜里赶来增援的国民党第一批100余人的援兵从东山圩赶到了临近调军村的西坑村，解放军则从西坑村开出，两军展开激战。就在此时，四面八方涌来了大量当地农民，他们手持锄头、镰刀协助解放军作战，形成"人山人海"之势。①经过三个小时激战之后，国民党军队

---

①　湛江市革命老区建设委员会办公室、中共湛江市郊区委员会党史研究室、东海革命斗争史料编组编著《东海革命斗争史料》（第一辑），1992年内部编印，第14页。

收兵撤回东山圩。此役双方皆有死伤，解放军中的黄妃壮不幸牺牲。当日下午6时，国民党大批增援部队赶到，双方力量强弱对比明显，为避免正面交锋引起不必要的伤亡，解放军决定连夜撤走。是晚，东海暴动便以解放军的主动撤退而告结束。

东海暴动是国共两党正规军之间在东海岛的第一次战斗，共产党在这次东海暴动中，充分发动东海岛当地群众积极参战，又注意运用战略战术，因此战果颇丰：

（1）缴获相当数量的武器一批，壮大了战斗队伍。据统计，两天两夜的战斗，击毙国民党军30多人，俘虏20多人[1]；共缴获轻机枪2挺，步枪100多支，从各种渠道收集的民间枪支200多支。[2]在暴动的两天时间里，不断地有青年农民和学生要求参军入伍，这些入伍的当地群众被编成100余人的东海连，由林仔任连长，林宏发任指导员，这支队伍后来编入了粤桂边区人民解放军十二团。[3]

（2）震慑了国民党在湛江的统治，减轻了化吴游击区的压力。东海岛就在湛江国民党的眼皮底下，发生这样较大规模的激战，吸引了湛江地区国民党军400余人赶来增援，回防湛江，自然就使得布防在化吴地区的国民党军人数减少，从而减轻了化吴老游击区经常被"扫荡"的压力，打乱了国民党军队的部署。

（3）加强了和人民群众的联系，当地群众在战斗中得到锻炼。在西山村、龙湾村等村庄，群众被广泛地动员起来，送饭送

---

① 湛江市革命老区建设委员会办公室、中共湛江市郊区委员会党史研究室、东海革命斗争史料编组编著《东海革命斗争史料》（第一辑），1992年内部编印，第45页。

② 同上书，第15页。

③ 中共湛江市委党史研究室编《中国共产党湛江历史》第一卷（1921—1949），中共党史出版社，2011，第302页。

菜，保障后勤，提供部队撤退的船只。在西坑村的战斗中，群众拿着简单的"冷兵器"——锄头镰刀、大刀木棍就上了战场，去打武器精良的国民党正规军，这需要极大的勇气。在击退国民党军之后，群众高呼"共产党胜利了，国民党垮台了，天下属于我们了"①。这种军民鱼水共命运之情使军民双方都受到了鼓舞，得到了锻炼。在得知部队要连夜撤走之后，当地有大批群众赶来要跟着撤走，甚至已经先行上了船，导致部队船只不够；在经动员教育后，群众又都让出了船，让部队撤走。为了保障部队安全撤离，当地群众作出了牺牲，因为，留下来就意味着日后会遭到国民党军队的报复和"扫荡"。

东海暴动之后，东海岛的革命斗争就由隐蔽状态转入了公开状态。由于东海暴动极大震动了湛江国民党的统治，东海岛开始被称为"匪区"，吸引原本部署在遂、廉、化、吴地区的国民党兵力转出，增援湛江和东海岛。仅1947年6月，东海岛就受到国民党部队连续三四次的"围剿"，损失很大。不少共产党员和进步人士在这个时期被杀害，如文丹村尤世仕，官僚村林有明、林益盛，北山村王长有，毛坑村林荣周、开明绅士沈德辉等。当得知沈斌是西山村人，而西山村是共产党活动的中心后，西山村就成为国民党军队"扫荡"的重点村庄。1947年6月4日，国民党东海自卫大队向西山村开来，共产党西山村支部组织力量转移了粮食、耕牛等，带领群众转移到安全处，但是国民党仍然对空空的西山村进行了三天的"扫荡"。未及撤走的两名群众被杀，群众饲养的鸡鸭猪等被抢劫一空，村里饮用的水井、群众家里的饭锅

---

① 湛江市革命老区建设委员会办公室、中共湛江市郊区委员会党史研究室、东海革命斗争史料编组编著《东海革命斗争史料》（第一辑），1992年内部编印，第15页。

和水缸全被扔了污物，部分房子被烧毁。[①]龙舍联村因为击毙反共保长王玉引、建立税站、组织农会等也成了国民党的眼中钉、肉中刺，被列为"扫荡""围剿"的重点。从1947年下半年开始，国民党不断派兵进村实行"扫荡"，烧山内村的房屋，把龙舍村、北园村的牛、猪、三鸟杀光，还把粮食和其他物资抢劫一空。1948年放火烧了全村，使全村500多人离乡背井。[②]尽管受尽苦难，但在历年的斗争中，东海岛从没有一个群众出卖党组织，党的组织也通过成立政权、分耕废债反"三征"等回馈农民，在东海岛建立了巩固的革命根据地。

四、成立东海人民解放政府

经过一段时间的武装斗争之后，南路革命形势已经好转，遂溪、廉江、化吴、海康等地的部分农村已被共产党掌握，形成了初具规模的游击根据地，当地的群众被广泛动员起来，各级人民解放政府也相继成立了。东海岛在抗日战争时期，只有几个村建立了中共党支部，还没建立更高一级的共产党的领导机构，也没有人民政权和根据地，因此，中共遂溪中心县委为了加强对东海岛的领导，开辟东海岛为新的游击根据地，并计划在东海暴动之后立刻推翻国民党在东海岛的政权，成立中共东海特别区委员会（简称东海特别区委）和人民解放政府，领导人的人选已经确定，人民解放政府的布告也已经印刷好。但是，东海暴动中的中共武装部队并没有顺利拿下国民党东山区政府和联防队，因此，当时中共在东海的领导仍实行特派员制，特派员是陆锦纶，成立

---

① 中共湛江市东海岛经济开发试验区委员会、湛江市老区建设委员会办公室编著《东海革命斗争史料》（第二辑），1996年内部编印，第52页。

② 湛江市东海岛民安镇龙湾地区革命斗争史编写领导小组编印《东海岛龙湾革命斗争史》，2002年内部编印，第60页。

东海特别区委的计划延迟到了1947年11月。

1947年11月，东海特别区委成立，委员会成员为陈志群、王玉颜、陆锦纶、沈兆炎，书记为陈志群。根据沈斌的指示，东海特别区委主抓以下五项工作：发动群众参军、领导群众抗税抗粮抗抽壮丁、开展减租减息运动、成立农会、发展武装队伍设立税站。根据东海特别区委成员的分工，民安片由王玉颜、陈志群、沈兆炎负责，其中王玉颜主要抓民运和农会工作，陈志群主要抓武装工作，沈兆炎负责党务；东山片和东简片的力量还比较薄弱，将其并在一起由陆锦纶负责领导，其中，东简片的具体工作由许锦理、许锦琼来负责，后又派许义昌、许绍昌到硇洲岛去工作，把硇洲岛开辟为新区。1948年8月，为加强对东海岛和硇洲岛的领导，当时负责领导东海岛地区的中共高雷地委调整了东海岛地区的党组织机构，将东海特别区委员会改为东硇特别区委员会，此时陈志群和陆锦纶因工作需要已经被调离东海岛，由唐克敏出任东硇特别区委书记。

由于东海暴动把农民群众发动了起来，教育了农民，国民党政府的统治受到动摇，尤其是在农村地区，其乡村政权已被瓦解，多数农村处于无政府状态，国民党在东海岛乡村的统治逐渐被瓦解之时，中共领导的人民政权在逐步建立。在人民解放政府未成立前，中共党组织首先在农村发动农民成立农会，农民通过农会组织起来，自己管理自己，积极性很高。1947年5月，东海岛党组织为了加强对农会的领导，成立了东海总农会，由王玉颜出任总会长，统一领导全岛农会的工作。农会在"一切权力归农会"的要求下，主要任务是领导群众抓生产、维持社会秩序、处理民事纠纷，还要动员群众参军、为游击队筹粮、搞民兵工作，它的权力是很大的，"什么都要管，什么都可以管"，起到的几乎就是农村政权的作用，因而，"农村有了农会，社会就太平，没有农会，社会秩序就大乱"①。很快，东海岛的许多村庄都有了农会组织，有些村庄的妇女会和儿童团也相继成立，其中，民安地区的情况是比较突出的。从1947年7月至是年底，半年时间内，民安地区的农会达到20多个，较大的自然村都有了农会，各村选出的农会会长都是在该村群众中比较有威信的骨干分子。西山村的共产党支部书记沈土星被选为第一任农会会长，他带领群众开展减租退押运动，把村里的祠堂公田安排给无地农民耕种；在村里成立帮工队，为家里缺少劳动力的农民提供劳动帮助；妇女会、儿童团也成立起来，王梅珠、唐芳分别担任妇女会正、副主任，沈时学任儿童团团长。1947年冬，在农会的基础上，东海区人民解放政府宣布成立，王玉颜任区长，陆春雨任副区长。

东海岛地区还为粤桂边的革命斗争承担了大量的税收工作。1947年5月，粤桂边地委计划在东海岛开设武装税站来征收商品流通税。黄其江、沈斌、陈开濂、陈志群等粤桂边地委和东海岛的领导人经过考察后，认为东海岛的牛牯湾是设立税站的理想地点。牛牯湾是东海岛西南方向的一个小岛屿，面积约0.5平方千米，四面环海，最南边伸进海里的那一小块陆地叫沙头鼻；牛牯湾岛东面与岛内的龙舍村隔海相望，西临大陆上的太平镇，北向湖光镇，向北可通香港、澳门、广州、阳江、电白，往南可达海康、徐闻、海南岛、遂溪、广西等地，该岛海边船只长年川流不息，是南北海路的天然关口，如果在这里建税站，可以保证税站能获得足够多的收入。6月，党组织商议后决定把税站的地点选定在牛牯湾，在村民邓昌仁家召开会议，宣布建立牛牯湾武装税站。7月，牛牯湾村的中共党员黄其通被任命为税站站长，负责

---

① 据陈志群手稿《回忆片段》。

税站的筹备和运作。黄其通发动村里青年参加了税站的征税和保卫工作，从中发展了中共党员并成立了党支部；为了保卫税站的安全，还成立了税务警卫连，王如竹任连长。牛牯湾税站前后有四任站长，分别是黄其通、陈生宏、陈振文及何文，税站和警卫连的人员加起来共36人。牛牯湾税站拥有天然的优势，这里地势好、易守难攻，靠近遂溪南区，经过的货船每天少则二三十艘，多则四五十艘，每天的收入能达到几百至1000多元银元，税站存在的三年多时间里，共收大银30万元[①]，是粤桂边区较大的税站。税站的收入除"留下小部分作为税站的生活必要开支之外，其余的全部上缴给二支司令部（即粤桂边区人民解放军第二支队）军需处。军需处派韩华保和唐坚两军长期驻在东海西山村，接收税款以及其他方面收入应上缴的款项和物资"[②]。有时，税站也会收到船主用以抵税款的货物，如布匹。每逢收到布匹，税站不会直接把布匹押送军需处，而是送到西山村进行加工缝制，为部队缝制被服。妇女会主任王梅珠带领西山村及各村进步妇女组成缝纫队，一般都是由各村妇女把布匹和任务领回家，自行缝制后再送回西山村，由驻在西山村的军需部门集中送到部队。

除了牛牯湾税站，后来的粤桂边区党委设于硇洲岛黄屋村黄氏祠堂的北港税站也是较大的税站，北港税站于1948年下半年创办，由何持（何天颂）、谢荣信先后任站长，余永信管理票证和税款，有唐觉、许妹、梁基来、吴九葵、黄妃四（负责撑小渡船）等工作人员，税站为每个工作人员配备一支手枪，1～2颗手榴弹，另有武工队保护他们收税。他们白天收税，晚上分散到附

---

① 王钦进：《解放战争时期东海岛革命斗争概况》，载《湛江文史资料》第25辑，2006，第84页。
② 据陈志群手稿《回忆片段》。

近港头村、梁屋村的宫庙等处过夜。税站与武工队和当地党组织相互配合，征收了大量的税款，自建站至东海岛解放前夕共14个月总计收税1.4万元。黄屋村早在土地革命时期便有了革命活动，群众的基础较好，因此，税站除收税外，还发动民兵组织，清除匪患，处决了海盗头目陈宏发，群众更加拥护这支队伍。此外，1948年2月起建立的龙头税站（包括文参村和溪尾草渡口）是个交通站兼圩日税站，每月只按圩期收9个圩日的税，每个圩日收税15元，持续到东海岛解放前夕共收税3300元。1948年4月建起的青蓝税站（龙腾、坑里、石板、南寮、庵里等村），每月收200元，到东海岛解放前共收4000元。东简设立龙水岭税站，后被改为东硇流动税站，主要收香港、澳门往来湛江的商船的税，共收7000元。[①]

① 王钦进：《解放战争时期东海岛革命斗争概况》，载《湛江文史资料》第25辑，2006，第84页。

革命基地西山村——粤桂边区"小延安"

东海暴动以后，原国民党东山区区长王巨相离岛出走，拒不回来，赵震东被任命为新的东山区区长，东简区的区长是叶乃田。随着东海岛地区党组织的壮大和人民解放政府工作的开展，1948年初，赵震东迫于形势与沈斌等人谈判后，双方口头上达成了不相互进攻的约定。国民党东山区府成为一个实质上的两面政权，东海岛上国共两党都相对减少了主动的军事行动，比起遂廉化吴游击区，东海岛的整体革命环境较为安全，其中最为突出的是西山村。

一、中共粤桂边区党委和临时军委在西山村成立

西山村就位于下社（今民安地区）的西部沿海，也是整个东海岛的西部沿海，素有"日出东海落西山"的说法。村子西边的海湾，是湛江市区、遂溪、吴川等地通往雷州半岛南部和海南岛最短的航道，也是主要的航道；往西隔海相望的，就是遂溪沿海的陆地，因此，西山村去往各方的交通都很便利。当时从东海岛外经海路进入西山村，要经过几道屏障：最外边的是宽约1千米的沼泽滩涂，如果遇上退潮，人在上面行走会很困难，船只也会搁浅而无法靠岸；如果在涨潮期间驾船越过滩涂，那就会遇上第二道屏障——密密麻麻的红树林，不熟悉当地情况的人往往无法驾船穿越红树林到达村子岸边；如果驾船穿过了红树林并且靠了

西山村现存的古芒果林

岸，上岸以后就会遇上第三道屏障——高大茂密的芒果林，林子里生长着数十棵芒果树，树龄在500年左右，枝繁叶茂，守护着西山村。海水经年累月冲刷着海岛的外围海岸，形成了深入村庄的海沟。在西山村的东边，仅有一条两边长满了簕古丛的小路与外部相连，通往东海岛的水流沟圩、东山圩等地，因此，西山村被描述为："周边港湾交错，海滩上的红树林绿荫掩映，小船在其中划行，十分隐蔽，进入村中的唯一小道两旁荆棘丛生，易守难攻。"[①]

　　1939年6月，沈斌回到西山村发展共产党员，成立了中共西山党支部，该村党支部是中共广东南路党组织于1928年被破坏后重新发展的第一批农村支部。在中共党组织的领导下，西山村在抗日战争时期曾先后成立游击小组、游击中队，组织农会，开办过农民夜校；建立西山交通站，后被改组为东海（西山）交通

---

　　① 陈凯杰、陈冠文、陈文平、姚少育：《西山村，南路地区的"小延安"》，《湛江晚报》2011年6月24日，第4版。现在西山村海边已经没有红树林，芒果树也仅剩十余棵。

总站，由沈强任站长，交通员有沈怀仁、沈树宝、沈时诚、沈那俊、沈尚才、刘娜仁、林太佑等。这个公开的交通总站，除负责东海岛内和硇洲、海康、沈塘、蒝塘、赤坎"广汇行"等地的通信联络工作外，还负责接纳隐蔽大量在其他地方暴露的革命干部。到了解放战争初年，仍有大量外地干部持续到此隐蔽，经过建立东海交通总站、组织农民协会、反"三征"等之后，西山村当地群众到了充分的锻炼，革命基础相当牢靠。经历了抗日战争和解放战争之后，中共党组织力量不断发展壮大，至湛江解放时，全村共有43人先后加入党组织，先后输送了140多位子弟参加本地和外地的革命斗争，是广东南路、粤桂边地区农村党员人数较多的党支部之一。另外，西山村属于国民党东山区府的管辖范围，由于与共产党有约定，区长赵震东确实减少了对这一地区的"骚扰"。

与此同时，国民党广东当局的粤桂南"联剿指挥部"将"清剿"的重点转移到化县、吴川来，迫使当地的中共各级领导机关从化、吴、遂、廉等地往外迁移，寻找安全的落脚点。东海岛与大陆并无道路相通，来往靠船，交通并不方便，不过，正好位于高雷地区的中线点上，化吴地区和遂廉地区遭遇了革命的严重挫折后，一些领导机关便暂时转移到相对安全的东海岛来。例如，1947年10月，在国民党军队和当地地主武装的进攻下，吴川滨海区人民政府遭遇破坏，党员和干部被迫外撤，撤到了东海岛来。1948年4月，化县的李郁、叶超带着化南干部30多人到东海岛休整，这些撤到东海岛来的干部人员大多数被安排到了西山村。东海岛的西山村因其安全可靠也成为粤桂边区党委等机构选择的落脚点，随后，隶属于这些机构的报纸、电台和后勤机构也搬迁至此。这样一来，东海岛西山村就一度成为粤桂边区的革命指挥中心，其原因归结起来，既与东海岛，特别是西山村相对安全的革命环境有关，也与国民党在高雷地区的疯狂"清剿"及高雷地区的斗争挫折有关。

由于整个雷州半岛、吴川、化州、廉江、桂东南、钦州等地区的中共领导干部经常到西山村来请示工作或居住在西山村，而水流沟圩的国民党保安队近在咫尺，离东山区府也仅有7千米，千方百计保障领导机关的安全就成为西山村党支部的首要工作。为了确保常驻西山村领导机关的安全，党支部动员了所有能动员的力量：全体党员、农会干部、交通总站和游击队员，还有妇女、儿童全部参加到安全保障工作中来。他们在村边的海上随时备有船只，一遇危险可立即转移；又在村内设置三道岗哨，日夜巡逻放哨。

1948年3月，为了配合全国解放战争的进展，加强对粤桂边区革命斗争的领导，扭转高雷地区的被动局面，中共中央香港分局对所辖区域、党组织和军队的领导机构作了调整，决定撤销中共粤桂边地委，成立中共粤桂边区委员会（简称粤桂边区党委）和边区党委临时军事委员会；同时，把粤中区也划归粤桂边区统辖，设立中共广南（粤中）分委和军分委，分管粤中地区的党组织和人民武装。

5月初，中共香港城市工委书记梁广被任命为粤桂边区党委书记，奉命抵达高雷，要宣布中共香港分局关于成立粤桂边区党委等机构的决定。由于国民党仍在遂、廉、化、吴等游击区进行"清剿"，这些游击区并不安全，因此，必须找到一个合适的地点作为较为稳定的党委机关驻扎地。在此之前，从山东解放区回来的黄其江已经在东海岛西山村住了一段时间，中共粤桂边地委也曾经在这里召开扩大会议，鉴于西山村是一个安全可靠的根据地，于是，即将组成粤桂边区新领导机关的相关人员来到西山村住了下来。

经过短时间筹备后，在西山村的南园小学里，粤桂边区党委和临时军委正式宣布成立，梁广任书记兼临时军委主席，冯燊任委员兼广南分委（粤中分委）书记、广南军分委主席，黄其江任委员兼组织部部长。粤桂边区党委统辖粤桂边区39个县（市）和粤中地区的党组织（1948年6月，粤中分委直接向中共香港分局负责），直属中共香港分局领导，粤桂边区党委机关先后驻在东海岛、遂溪县、廉江县等地，西山村成为粤桂边区党委机关的第一个驻地，持续4个多月的时间。在此期间，梁广、温焯华、黄其江等人常驻西山村，指挥粤桂边区的革命斗争。

二、边区重要会议及重要决策

从1947年冬到1948年秋，西山村作为中共粤桂边地委和粤桂边区党委的转战地或驻地，举行过大大小小的会议，这些会议制定出了影响粤桂边区革命发展的各种会议决策，其中，影响重大的会议有两次：一是1947年底举行的中共粤桂边地委扩大会议，二是1948年6月举行的粤桂边区党委扩大会议（又称东海会议）。

（一）中共粤桂边地委扩大会议

1947年冬，正是国民党集中重点兵力"清剿"遂、廉、化、吴游击区期间，11月13日，中共中央香港分局针对粤桂边区的危局发来指示："为了粉碎敌人'围剿'，保存有生力量，必须打出去，东、西挺进，转向外线作战，以减少给养困难，分散敌人兵力，减轻老区压力。"[1]这个指示给粤桂边区明确了方针和任务：与其在游击区与强大的国民党军对抗，不如抽身撤退到外

---

① 中共湛江市委党史研究室编《中国共产党湛江历史》第一卷（1921—1949），中共党史出版社，2011，第310页。

温焯华

围，积蓄力量之后再谋发展，同时也能减轻老游击区的压力，因此，部队要进行大规模的战略转移。为了完成这个战略转移任务，中共粤桂边地委决定召开一次扩大会议来研究和部署。

同时，黄其江、支仁山、李郁、马如杰等原籍在粤桂边地区的领导人，曾在解放战争初年撤退到山东解放区和其他地区，这时陆续被调回了粤桂边区，以充实和加强这一地区的领导力量。1947年11月底至12月初，林美南受中共香港分局委派来粤桂边区指导工作，他和中共粤桂边地委书记温焯华一起主持召开了中共粤桂边地委扩大会议。参加此次会议的有欧初（时任中共粤桂边区地委委员、宣传部部长、粤桂边区人民解放军政治部主任，会后率东征支部挺进粤中）、黄其江（时任中共粤桂边地委委员、组织部部长）、左洪涛（时任粤桂边区人民解放军参谋长）、沈汉英（时任遂溪中心县委书记）、黄明德（时任廉江县委书记）、陈明江（会后任粤桂边区人民解放军第三支队政委，率西进部队挺进十万大山）、谢王岗（会后任粤桂边区人民解放军第三支队司令员，率西进部队挺进十万大山）、王国强（会后任茂电信工委书记）、支仁山（会后任粤桂边区人民解放军第二支队司令员）、李郁（时任化吴中心县委委员）、马如杰（时任遂北县委书记）等。这个会议先是在廉江举行，但因国民党军队在廉江的"扫荡"，被转移到了东海岛西山村继续举行。参会人员要穿越国民党军队的封锁线赶到东海岛，驻廉江的粤桂边人民解放军新三团部队派出了一些人员沿途护送，当时的新三团手枪队队长廖树来回忆，当时他陪同护送黄其江从水路赴东海岛，赶至渡口时却迟迟不见约定的船只，心急如焚，后来总算等来东海岛派出的接应船只，一行人进入东海岛时天已全黑，总算平安抵达西山村。

梁　广

这次会议传达了中共香港分局的指示，研究了高雷地区的斗争形势，经讨论后决定要加强对党和武装工作的领导，因此改组了党的领导机构：撤销遂溪中心县委、钦廉四属特派员和茂名中心县委，成立雷州工委、钦廉四属工委和茂电信工委；沈汉英、沈斌分别任雷州工委书记和副书记，陈明江任钦廉四属工委书记，王国强、林其材分别任茂电信工委书记和副书记。会议决定了部队实施"东西挺进"战略转移的具体办法：抽调高雷人民武装主力分别组成东征支队和西进部队，执行东征粤中地区和西进十万大山地区从而开辟新根据地的任务，其余部队留在原地坚持斗争。1948年2月开始，西进部队向十万大山进发，经过重重困难最终抵达并开辟了十万大山游击根据地；4月，东征支队向粤中进发，5月抵达，被整编为粤中人民解放军独立第一团，成为解放粤中地区的主力团队。

（二）粤桂边区党委扩大会议（又称东海会议）

根据中共香港分局关于粉碎宋子文"清剿"行动的指示，1948年5月，梁广来到粤桂边区后，与黄其江等人先后到遂溪、廉江展开调研活动，与撤退到遂溪的化、吴、梅干部座谈，调查这些地区在前一段时期的斗争中出现的问题和教训，据此梁广写下了《去年化吴武装斗争的初步总结》这一调研报告。为了落实中共香港分局的指示精神，总结化、吴等地斗争的经验教训，研究解决化、吴等地斗争困难的办法，部署下一步的工作，粤桂边区党委决定召开一次党委扩大会议，但一时无法找到安全、合适的地点来召开这个较高级别的会议。黄其江找到熟悉地方情况的雷州地委书记沈斌商量，沈斌当即就建议在西山村召开，他说："哪里养牛（比喻开会）都比不上后坡（指西山村），有群众基础，地理环境好，攻防退守，都十分有利。"①经过对西山村的了解后，粤桂边区党委决定了会议地点就选择在此。6月17日，刚刚宣布成立第二个月的粤桂边区党委在西山村芒果林里召开了粤桂边区党委扩大会议，参加会议的主要领导人有黄其江、温焯华和雷州工委成员，以及遂溪、廉江、化县、吴川、梅茂、海康、徐闻、茂名、博白等县的党团军主要领导干部，如支仁山、黄明德、王国强、方兰（时任高雷地委副书记）、李郁、陈开濂（时任遂北县委委员、遂北县人民政府县长）、陈兆荣（时任高雷地委委员）等20余人。梁广在会上传达了中共香港分局关于进一步开展武装斗争的指示，重点作了《去年化吴武装斗争的初步总结》这个报告，并与各地代表进行讨论。

《去年化吴武装斗争的初步总结》是一份及时总结1947年化、吴等地斗争经验和挫折的报告，报告肯定了内战爆发一年多来，化、吴、梅地区的党组织和人民武装艰苦奋斗所取得的成绩和意义；在重点分析斗争遭受挫折的原因时，梁广指出了化、吴干部关于斗争方针、斗争策略和军事思想上的问题，具体来说就是"执行政策过左，如在分余粮、分浮财过程中没有划清政策界限，侵犯了一些中农的利益，引起群众不满；肃反扩大化，在锄奸肃特和俘虏政策上出现过滥杀、错杀现象；不重视统一战线工作，打击了原来同情支持过革命的开明绅士和进步人士，树敌过多，严重脱离群众；在政权建设上，一些地区只重视建立'一

---

① 沈时诚：《峥嵘岁月忆西山》，载《夕阳红》，2008年内部编印，第153页。

面政权'（指人民解放政府），忽视建立白皮红心的'两面政权'；在作战指挥、组织纪律、内部团结等方面，也存在一些严重的缺点和错误"①。这些分析对化、吴地区非常具有针对性。黄其江在会上也谈了他在山东解放区的学习体会，早前他召集雷州地区干部座谈时就认为"我们南路过去远离党中央，对党中央的方针、政策和毛主席的军事思想都不了解，盲目性很大，做了错事也不知道，甚至把错误做法看作正确行动"②。因而他一再强调要学习和贯彻中央的政策。整个会议以反"左"防右为指导思想，使得干部们深刻认识了过"左"做法的危害，在思想上加深了对中央政策、策略的理解；会议还提出了整党整军、端正政策、加强纪律、增强团结并粉碎蒋宋集团进攻计划的任务。

东海会议结束后，按照会议的部署，各地党组织和部队普遍开展了整党整军运动，对各地党组织和部队进行思想上的教育和整顿。

三、粤桂边区"小延安"

粤桂边区革命的指挥中心逐渐转移到西山村不久之后，粤桂边区党委和军委所属的一些后勤机构如政工队、军需处也从外地迁至西山村，粤桂边区的机关电台、报社也随迁到了西山村。

考虑到电台的极端重要性，沈斌找到牛牯湾税站警卫连连长王如竹，把负责保卫电台的重要任务交代给他，让他不论什么情况下都务必保证电台的安全，要挑选可靠的警卫员并要做好保密工作。王如竹接到这一重任后，决定选址在靠海的林海村并把电台安置在村民陈玉亮家中，为防泄密后来曾搬到迈林坡村沈时伟

---

① 中共湛江市委党史研究室编《中国共产党湛江历史》第一卷（1921—1949），中共党史出版社，2011，第316页。

② 中共湛江市东海岛经济开发试验区委员会、湛江市老区建设委员会办公室编著《东海革命斗争史料》（第二辑），1996年内部编印，第3页。

家；又亲自挑选12名警卫员，专职昼夜保卫电台，配备有卡宾枪3支、冲锋枪2支和短枪7支；还在村里增选了一批政治可靠、斗争经验丰富及业务能力强的青年加入了保卫电台和电台工作的队伍，他们中巡逻放哨的有报务员、机务员、交通员。为确保电台的安全，警卫人员把岗哨放到离林海村2千米外的调琴村，经常在周边村庄巡逻，有时还到水流沟圩去打探情报。在艰苦困难的条件下，电台工作组认真负责地不间断工作，熬夜通宵是常有的事，遇到紧急情况时常常要连人带电台转移到海上的红树林里，在红树林的船上一待就是一天甚至更久，千方百计地确保电台能够安全而秘密地不间断运转，万无一失。

1948年初，粤桂边区人民解放军第二支队在西山村成立出版处，中共香港分局安排了一批文化人来到西山村，他们也参加了报纸的出版和宣传工作。2月间，以粤桂边区人民解放军政治部名义创办的报纸《大反攻》出版，版面为四开四版，大都是登载来自新华社电讯的军事新闻，电讯的来源依靠遂溪、海康的主力部队电台抄收，由专人带到西山村刻印出版，每期发行约2000份，通过秘密交通员向粤桂边区发行，前后共油印出版了11期，6月10停刊。[1]1948年7月14日，经粤桂边区领导机关批准，《大反攻》更名为《人民报》，负责人为曾尚纪。[2]此报初为不定期刊物，主要是转载新华社的电讯、全国要闻和报道本地革命斗争的情况[3]，这份报纸对于远离北方革命中心的粤桂边区来说，是一个了解中央政策的主要渠道，通过这样的渠道，减少了对政策

---

① 湛江日报社编《湛江日报社志》，（2008）湛印准字第047号，第47页。

② 中共湛江市委党史研究室编《中共在广州湾活动史料》，广东人民出版社，1994，第87页。

③ 中共湛江市委党史研究室编《中共南路党史大事记》，广东人民出版社，1996，第260页。

理解的偏差，也避免了斗争的盲目性；通过及时了解全国解放战争形势的进展，认识到粤桂边区的革命斗争与全国战场的关联性，极大地激励着粤桂边区党政军民的信心和斗志。《人民报》在西山村出版了2期，每期发行约4000份，后来由于国民党军队对东海岛的"扫荡"以及报社人手不足，于1948年8月暂停出版，报社随后转移到了廉江才复刊。

从1947年11月中共粤桂边地委扩大会议的召开，到1948年5月粤桂边区党委和临时军委的成立，东海岛西山村成为粤桂边区各级领导人员经常来往的地方；从1948年6月粤桂边区党委扩大会议的召开，到部署全边区的整顿整军运动，西山村正式成为粤桂边区的革命指挥中心，持续了四个多月，直到粤桂边区党委随着形势的发展迁出了东海岛。前后将近一年的时间里，在这里召开了各种大大小小的会议，制定了许多重要决策，具体地指挥着边区39个县的各项革命工作。新中国成立后，黄其江曾为西山村题词："高雷乾坤此地扭转，边区决策这里制定。"这句话中肯而高度评价了西山村作为粤桂边区党委等领导机关所在地及重大会议地址，对边区革命所做的重大贡献。

在粤桂边区党委驻在西山村的四个多月时间里，各地往来西山村的人员非常多，从其他地方撤退到这里来隐蔽的也不少，为了让这些人员安全地到来、安全地离开，西山村和其他村庄都安排本地干部或群众日夜轮岗巡逻放哨，海边备有船只，以备国民党军队突袭时能从海上撤退。凡有外地领导要来西山村开会或工作，交通站都会派人接送，当时的西山村沿海，每逢会议举行期间往来船只络绎不绝，一直没出过什么事情。对一些需要暂住下来的人员，西山村农会、妇女会等组织则会安排群众搞好接待，让暂住人员以亲戚、父子、夫妻、兄弟的名义住到群众家里，既安全又有生活保障。

　　这样较大规模的领导机关驻扎、边区电台运作、报刊出版宣传，还有军事训练、后勤生产、人员往来、食宿接待，在东海岛是从未有过的大事情。正是因为安全、可靠，群众基础好，粤桂边区党委等机关才能在这里驻扎下来，举行多次重要会议，制定出影响粤桂边区39个县革命形势的各种决策，部署进行整党整军运动，指挥部队的军事行动，西山村成了革命斗争的指挥枢纽。虽然西山村的这一作用持续不过四个多月的时间，但是由于其对粤桂边区革命事业曾经做出的显著贡献，以及良好的革命环境，都给在这里工作过的党员干部留下了深刻的印象，他们更由衷地将西山村比喻为粤桂边区的"小延安"。

武装斗争纵深发展及东海岛和平解放

1947年6月，东海暴动结束后，武装部队已经撤出了东海岛，岛内只有民兵组成的武工队，没有正式的武装部队。随着东海岛地区革命形势的发展，组建正式的武装部队成为迫切任务，中共东硇特别区委（简称"东硇特区委"）决定组建一支武装连队，并给这支连队起名"海鹰连"。

一、武装斗争的发展

1948年11月，成立海鹰连的筹备会议在文参村的陈兴祥家里召开，东硇特区委副书记林宏发主持会议并与大家一起作了详细研究和具体布置，决定要挑选思想过硬、身体素质好、战斗技术高的青年民兵加入队伍。11月下旬，海鹰连成立大会在西山村下辖的迈林坡与大熟村交界地举行。会上，东硇特区委任命梁超为连长兼指导员，林盛为副连长，许义昌为副指导员，全连成立之初共40多人，长短枪40多支①；下设3个排，不久以后队员迅速发展到130余人，拥有步枪160多支、轻机枪3挺、冲锋枪1支、驳壳枪7支、榴弹筒1支，有中共党员16名，随后东海岛武工队的十几人也被编入海鹰连。海鹰连成立之后，一直在西山后坡村进行正规的训练，训练内容包括了军事训练、思想政治教育、发动群众

①　中共湛江市委党史研究室编《中共在广州湾活动史料》，广东人民出版社，1994，第87页。

以及开辟新区的理论等。①

海鹰连成立不久，就在东海岛及附近海域活动，四处出击，投入了战斗。

1949年1月21日，海鹰连接到情报称，特呈村（位于今湛江市霞山区特呈岛上）的国民党保长办公室有几支步枪，而且这个保长在当地不得人心，便决定去特呈岛缴了保长的枪。由于特呈岛与东头山岛的北岸正好相对，相距不远，海鹰连决定智取。第二天夜晚，海鹰连先到了东头山岛，趁着夜色悄悄乘船潜入特呈岛，在当地地下党员的带领下潜入保长办公室，神不知鬼不觉地把枪支取到手，为海鹰连增加了步枪9支和子弹一批。

由于时局动荡，当时许多硇洲渔民手里都备有枪支弹药，东硇特别区委命令海鹰连到硇洲岛想办法借用或收缴渔民手里的武器。1949年5月17日，海鹰连30多人乘木船从龟头村出发来到硇洲的重要渔港北港村，在当地武工队长许绍昌和指导员许义昌的指引下，向渔民提出借枪的要求，渔民们当时表示要听"三姑婆"（当地渔民的大老板）的指示。考虑到这批枪支数量不少，如果落到国民党军队手里对共产党而言是极为不利的，海鹰连便通过当地渔民陈大养、林妃四和渔老板的儿子周成熏找到三姑婆。② 三姑婆一开始有顾虑，并不同意借枪，表示只有自己手里有枪才能防贼，如果交了枪被国民党知道会惹来麻烦，许绍昌等人耐心细致、软硬兼施地谈形势、讲道理、摆事实，三姑婆终于表示愿意借枪，海鹰连顺利地拿到了硇洲渔民手里的这批枪。此次硇洲岛借枪收获颇丰，共计有轻机枪2挺、驳壳枪5支、冲锋枪

① 中共湛江市东海岛经济开发试验区委员会、湛江市老区建设委员会办公室编著《东海革命斗争史料》（第二辑），1996年内部编印，第39—40页。

② 中共湛江市东海经济开发试验区硇洲镇委员会党史编写组编著《硇洲岛革命斗争史》，1998年内部编印，第27页。

1支、枪尾弹筒1支、双筒七九式步枪91支以及子弹1.1万发。海鹰连缴枪、借枪的成功，极大地壮大了队伍的装备，增强了打击对手的力量。这批枪支弹药被运回东海岛时是在丹雾村上岸的，当地民兵和群众都来帮忙搬枪，个个笑逐颜开。丹雾村的"东海嫁"民歌高手王兆利见此情景喜出望外，当时"歌"兴大发，随即创作了一首"东海嫁"《俫村也有枪杆子》[①]唱了起来：

> 缴回枪支心开花，
> 妇女儿童下海搬。
> 从此拿起枪杆子，
> 专打豺狼和毒蛇。

海鹰连从特呈岛缴了保长的枪后就驻在了东头山岛上。1949年1月24日，接到东参村交通站的情报称赵震东押送壮丁款去西营上缴，海鹰连决定截下这批壮丁款。海鹰连连长当即集合全连作布置，一排排长沈兆梅带领一排从东参村下海，副连长林盛带领二、三排从东头山岛下海，分乘两艘木船，从左右两边包抄追赶赵震东的船。因人多船重，始终赶不上赵震东的船，却被赵震东发现了，赵震东下令水手加速向西营开去。海鹰连只好下令开枪，因队员们并不熟练海上开枪的技巧，所以并未打中对方的人和船，不料对方只顾逃命并不还手，在被海鹰连穷追不舍的情况下，赵震东船上的人员不顾离岸还远并且海水还深至胸腹部，全部下水逃窜，逃到了石头村一带，连船也不要了。这次，海鹰连收缴了一艘木船及船上的钱款，包括有银元1280块、子弹2箱、自行车1辆及军用物资一批，可谓是大获丰收，缴获的钱物最后

---

① 王福：《东海岛革命老区丹雾村的红色东海嫁》。

全部上缴地下税站交给上级。赵震东的队伍一枪未发便弃船逃命，在海鹰连的威慑下如惊弓之鸟，经过这次成功袭击赵震东的押款船后，海鹰连声威大震。

1949年春节过后，海鹰连在东简区蔚律港一带村庄活动，白天在村庄里发动群众，晚上集中住宿在祠堂、庙宇等处，行踪隐蔽。2月的一个晚上，恰逢东硇特区委林宏发、唐平、陈生宏、许锦理、黄光连、林均等10多人在啁头村里开会，而海鹰连事前并不知道，刚好也在该村的叶氏宗祠里住宿。东硇特别区委聚集开会一事已经被国民党东简区府知道，区长叶乃田正领着20多个兵去包围会场，从祠堂旁边经过，被海鹰连放哨的哨兵发现，哨兵立即开枪射击，祠堂里的队员们立即投入作战。叶乃田等遭受突然袭击，立即慌张地往回跑，海鹰连队员紧追不舍并开枪射击，直到叶乃田他们最后逃回区府才作罢。此次行动无意中为东硇特区委解了围，但体现了海鹰连警惕性高、随时能战斗的军事素养。事后，陈生宏等人不止一次提起这件事，并说："如果不是海鹰连及时发现敌情，我们全体在会同志，死伤是难免的。"①

1948年12月，中共遂溪东南区委组建了武装队伍"飞马连"，常在新鹿区（今湖光镇）活动，组织上曾经决定将两连合并为湛江市大队。1949年4月26日，新鹿区武工队指导员李树生带领飞马连战士60多人，乘船来到东海岛的文参村，准备参加湛江武装独立大队的成立大会。但因特务告密，赵震东已经获知消息，带领了100多人在文参村一带设伏阻击飞马连。飞马连及时发现了状况并首先开枪射击，双方展开激战，国民党兵被打死2

---

① 中共湛江市东海岛经济开发试验区委员会、湛江市老区建设委员会办公室编著《东海革命斗争史料》（第二辑），1996年内部编印，第41页。

人。海鹰连闻声迅速跑步赶到作战地点，两连并肩作战，很快打退国民党军。[1]这次战斗之后，飞马连和海鹰连合并成立了湛江市大队，大队长黎江，政委唐克敏。不久，该队又因故被撤销，恢复了飞马连和海鹰连各自的编制，飞马连回到东南区一带活动。[2]

海鹰连从硇洲三姑婆处借枪回来时，驻在丹雾村，第二天，即1949年5月18日，接到丹雾村群众来报信，称赵震东率领联防队100多人在龙舍村一带抓壮丁，已经抓了上百人，又在官僚下村休息吃饭，海鹰连当即决定去伏击赵震东部。在赵震东部饭后经过官僚上村时，两军遭遇，赵震东率队退入后山村，海鹰连三个排迅速包围了后山村进行围攻。国民党区中队在慌乱之下被打散，在村子里的各个角落都有国民党兵在逃窜、躲藏。其中一部分躲进了村子的祠堂，双方在此展开交战，互有死伤，但区中队的散兵分布在村子各处，有些还抓了群众当人质，面对复杂的战情以及对方人数、装备的优势，又加上接到西营的国民党军已经派出一个营的援兵乘船赶来的情报，海鹰连决定趁夜悄悄撤退。赵震东不见再有动静，便派人外出打听，有群众告知"海鹰连走了"，但赵震东被打怕了，恐怕有假，不敢公开召集散兵，只好自己先撤退。海鹰连林盛等人后来在中华人民共和国成立后回忆时描述当时的情景为"（国民党东山区联防队）撤退时慌乱一团，当官的带了保卫员偷偷地溜了，士兵知道了，也急急忙忙跟着跑。伤员哭哭啼啼，一些武器也丢弃了，重机枪的脚太笨重，也投入水井中。简直是逃难，不敢走直径，生怕再次遭伏击，他

---

[1] 中共湛江市东海岛经济开发试验区委员会、湛江市老区建设委员会办公室编著《东海革命斗争史料》（第二辑），1996年内部编印，第42页。

[2] 中共湛江市委党史研究室编《中共在广州湾活动史料》，广东人民出版社，1994，第89页。

们绕道毛坑村，经三盆村西边坡地，从海边转了一个大圆圈，才回到东山"[①]。此时的国民党东山区府和东简区府，经过数次和海鹰连以及其他人民武装队伍的交手，受到重创后，惶惶不可终日。

1949年8月，海鹰连开赴徐闻整编，后被编入粤桂边纵队第二支队第四团，转战粤桂边区各地。

二、策动赵震东起义

1949年下半年以后，东海岛上国共两党的较量也进入最后阶段。国民党的势力主要集中在东山区和东简区的圩镇上，共产党组织基本上控制了广大农村地区。

为免战火再起殃及东海岛乡亲，同时贯彻中共中央华南分局关于尽早解放农村迎接解放大军到来的指示，粤桂边纵队司令员兼政委梁广，雷州地委书记、粤桂边纵队第二支队政委沈斌找到雷州青委书记王悦炎，让他回去做争取赵震东起义的工作。

王悦炎是东海岛北山村人，也是觉民中学的毕业生。1949年八九月间，王悦炎带领一批从东海岛出去的革命人士回到东海岛，开始做赵震东的思想工作。但是，王悦炎此前与赵震东并无交情，他通过东硇特区委书记唐克敏、委员唐平，找到黄超然和沈兆春两位东海岛士绅来做中间人去联系赵震东。黄超然是当地著名的进步文化人士、觉民中学校长，早在1941年时，沈斌就把他列为统战对象来培养，常到他家里给他讲革命形势、谈革命道理、分析革命前途。1943年，沈斌因工作变动离开东海岛以后，林宏发接替沈斌继续这个工作。国民党政府接收东海岛时曾认

---

① 中共湛江市东海岛经济开发试验区委员会、湛江市老区建设委员会办公室编著《东海革命斗争史料》（第二辑），1996年内部编印，第44页。

为觉民学校有"赤化"嫌疑，于1947年1月将黄超然调离觉民中学，1947年6月东海暴动后，觉民中学处于停办状态，直到1949年8月，沈斌邀请黄超然再度回到觉民中学任校长，因此可以说，中共党组织和黄超然的联系从未断过。黄超然虽没参加任何党派，但他一直同情革命并以各种方式支持革命，觉民学校正是在他任校长时期发展成为东海岛的"革命摇篮"，他也曾利用自己的声望掩护和营救过革命人士，在南路革命经费遇到困难时曾发动捐款，自己带头捐了银元400元，他的两个女儿也走上了革命的道路。

黄超然和沈兆春不负所托，立即给赵震东传书信、捎口信，对赵震东进行劝说工作并及时向中共党组织反映赵震东的思想动态。赵震东此时顾虑重重，虽然在1948年1月以后，沈斌和赵震东已经约定互不攻击对方，赵震东基本履行这个约定，但也不免与共产党的游击区和税站发生摩擦；他站在国民党的立场，长期以来与共产党处于敌对关系，仅他自己亲手处死的东海岛共产党员和革命人士就有5人[1]。一旦他放下枪，共产党是否会宽大处理，眼看国民党部队起义的起义，失败的失败，残兵败将纷纷取道雷州半岛逃往海南岛，近在咫尺的东简区也被共产党占领了，赵震东再去抵抗也没有任何意义，因此在两难中犹豫。赵震东的副手即国民党东山区副区长唐逸才也在做赵震东的思想工作。唐逸才原本是国民党军官，因不满时局辞官回到了东海岛，赵震东多次请他出任自己的副手，他都没答应，后来在唐克敏（与唐逸才同为调文村人，两人是亲戚关系）的劝说下，他答应进入东山区府，同时利用工作之便保护调文村免遭国民党军队的"骚扰"，成为共产党的内线。了解和掌握了赵震东的思想动态后，

---

[1]　这5人分别是尤世仕、林荣周、王长有、林益盛、林有明。

黄超然等人根据他的顾虑有针对性地做了思想工作，一个多月以后，赵震东最终被各方说服，答应和平起义。1949年10月初，黄超然在龙池村自己的家里设宴，请来双方见面谈判。王悦炎带着5个人、赵震东带着6个人同来赴宴。黄超然希望赵震东能"识时务"，王悦炎劝他看清前景，说明了共产党对待国民党起义部队的优待政策。双方商谈很顺利，赵震东表示完全同意王悦炎提出的起义程序。

1949年10月4日，赵震东和他的队伍依约将在觉民中学和平起义，觉民中学的共产党、共青团组织做好了充分的准备，在操场迎接起义队伍。当赵震东按起义程序带领200多人的队伍，经过东山圩来到觉民中学时，民众还以为又要打仗了，纷纷回避。赵震东和平起义之后，当天晚上便率部从牛牯湾乘船离开了东海岛，前往遂溪游击区，粤桂边纵队司令梁广书记接见了赵震东。事后，赵震东的队伍被编入了粤桂边纵队第二支队第五团第三营，赵震东任营长，唐逸才任副营长。[①]

在赵震东酝酿起义的过程中，东简区区长叶乃田闻风不敢亦不愿参加起义，于9月中旬带着人员和重要物资仓皇逃往西营再没有回来，这也意味着国民党在东简乡的政权到此结束。

三、东海岛、硇洲岛相继和平解放

与东海岛一海之隔的硇洲，也在酝酿着变局。党组织领导的武工队一直牵制着国民党硇洲区中队，使得国民党在硇洲的"三征"工作难以进行。当东简解放、赵震东起义、驻湛江的国民党第六十二军直属营起义等消息频频传来，国民党硇洲区府一次次

---

① 湛江市革命老区建设委员会办公室、中共湛江市郊区委员会党史研究室、东海革命斗争史料编组编著《东海革命斗争史料》（第一辑），1992年内部编印，第72—73页。

地受到震动。中共组织决定趁国民党第六十二军直属警卫营起义的机会趁热打铁，发动群众大造声势，逼迫其余国民党党政军组织起义投诚。

1949年10月16日，也就是国民党第六十二军直属警卫营起义的第二天，硇洲武工队的许荣昌、税站的谢荣信带领全部武装人员、地方工作人员以及群众共计数百人，来到国民党硇洲区府门口，团团围住区府。[①]当时硇洲中共党支部书记许义昌和武工队队长许绍昌、副队长许太其都在东海岛西山村参加上级召开的会议，闻讯后立刻赶回硇洲找到另一名武工队副队长许荣昌。[②]国民党硇洲区区长是李升平，副区长是陈国卿，拥有一支由联防队、警察队组成的区中队，有100多人，武器装备也比硇洲武工队要强，他们在区府内死守不出，也不回应武工队的要求。考虑到武工队如果强行攻入，不但较难取胜，还会殃及硇洲民众。许义昌等人经研究后决定找中间人联系区长李升平来谈判。硇洲副区长陈国卿是中共的统战对象，于是，许义昌找到陈国卿和硇洲商会会长朱宏深等人，通过他们请李升平到王兆隆家中具体谈判。共产党方面参加谈判的人员有许义昌、许绍昌、许荣昌、谢荣信，国民党方面参加谈判的人员有李升平、陈国卿。在谈判席上，许义昌向他们讲清当前形势和共产党的政策，尤其是重点讲中国人民解放军横渡长江、解放大军南下和国民党第六十二军直属部队起义的情况，解释共产党对起义、投诚者的宽大政策，究竟何去何从，由李升平自己选择。李升平虽想抵抗，但迫于硇洲远离西营，国民党救兵短时间内无法到达硇洲，只好答应投诚并

---

① 中共湛江市东海经济开发试验区硇洲镇委员会党史编写组编著《硇洲岛革命斗争史》，1998年内部编印，38页。

② 王钦进：《解放战争时期东海岛革命斗争概况》，载《湛江文史》第25辑，2006，第85页。

提出了几个条件：一是保证他们人身安全；二是保护他们的私人财产；三是派船护送他们返回西营；四是发给他们路费。许义昌等考虑到李升平提出的这些条件都符合共产党对投诚起义人员的政策，就都答应了，路费则由商会筹措解决。许义昌也对李升平提出了要求，将武器弹药全部集中，士兵全部离开，遣散其余政府人员。李升平表示同意，带人离开了硇洲，武工队则接收了一批武器，计有轻机枪1挺、手枪4支、步枪82支及子弹一大批。[①]

这样，国民党在硇洲岛的统治到此结束，硇洲岛和东海岛一样，不动一刀一枪，也迎来了和平解放，至此，整个东海岛地区都已经和平解放，比湛江市区的解放早了一个多月。11月，粤桂边纵队又分别解放了吴川、遂溪、海康等县，加上南三、太平等地先后解放，人民政权和军队已经形成了对湛江市的合围，为后来湛江市的解放和解放军大军南下提供了有利条件。

李升平被迫投诚后并未就此罢休，而是跑回湛江市谋求对策。国民党粤桂边区挺进纵队司令林英限令他三天内夺回硇洲，李升平便召集了200多名国民党兵乘"金星"号轮船，从西营直开来到硇洲，不料刚来到淡水海域，就被硇洲武工队发现，武工队立即组织火力将其击退。李升平又在海上扣了几艘渔民帆船，强行征用来掩护登陆，不料渔民早已心向共产党，不愿为国民党所驱使，想方设法在海上拖延时间，迟迟不肯靠岸。国民党军官威逼其中的两艘帆船靠岸，而船刚到岸边立刻就被硇洲武工队用机枪击沉，死伤大半人员。李升平见伤亡惨重，只好作罢，向岛上乱放了几发炮弹便赶紧撤离，武工队成功地守住了硇洲岛。

---

① 中共湛江市东海经济开发试验区硇洲镇委员会党史编写组编著《硇洲岛革命斗争史》，1998年内部编印，第39页。

四、阻截国民党溃军南逃

1949年9月，中共中央华南分局在赣州会议上作出指示：驻两广的国民党军队在溃逃时，有可能取道雷州半岛、钦廉四属沿海地区及中越边境，逃往海南岛或越南，要求粤桂边区党委和粤桂边纵队做好截击堵歼国民党军队的准备。国民党的败兵如果要从海上撤退到海南岛或者越南等地，硇洲岛是沿途休憩和补养的中转站。因为这个原因，硇洲岛的革命武装力量在解放战争的最后阶段，承担了阻截国民党南逃败兵的特殊重任。[①]

（一）缴获汤恩伯残部武器

1949年10月14日，解放军攻克国民党在华南的大本营广州市，宣布广州解放，这更加速了国民党残兵败将的南逃。一股国民党军队乘坐两艘木帆船从广州撤往海南岛，途经硇洲北港海面，因绝大部分官兵晕船昏迷、身体不适，停泊在北港海面，派了4个人乘小艇上岸购买物资。

硇洲北港税站站长谢荣信发现了这两艘船，便和税站工作人员黄妃三来到港头截住上岸的4个国民党兵，黄妃三上前搜身，发现这4个人身上没有携带武器，就用小艇押送这4人到北港税站，又派会说普通话的陈德（投诚人员——国民党第六十二军营部文书）与这4人对话，从中了解国民党军船上的情况。一开始这4个人什么都不承认，后来仅承认是来自国民党军某后勤部，全部没带枪支，在谢荣信等人的再三追问之下，才承认他们有80支枪，但还是不肯言明来自哪支部队。谢荣信立即宣布如不老实交代清楚情况就立即枪毙，这4人最后才承认是国民党著名军官汤恩伯的残部，官兵共有300多人，轻重武器一大批；4个人中有

[①]　中共湛江市东海经济开发试验区硇洲镇委员会党史编写组编著《硇洲岛革命斗争史》，1998年内部编印，第40-48页。

一个副团长、一个营长、一个排长、一个士兵，当即都表示愿意投降并写下投降书。

谢荣信考虑到船上的国民党官兵虽个个晕船体乏，缺乏战斗力，但毕竟人数众多，而北港税站人力明显不足，便马上通知硇洲武工队前来配合，又派武工队队员黄妃三和刚投降的4个国民党兵带着投降书下到国民党军的木帆船，劝说船上的国民党兵投降，愿意投降就出示投降符号与岸上联系并将武器运上岸。国民党兵出于无奈出示了投降符号，但不愿把武器交给船夫运上岸。黄妃三只好上岸汇报情况，武工队随即开轻机扫射帆船，吓得帆船里的国民党兵接连挂起投降符号。谢荣信、黄妃三等登船受降，有国民党兵想把火箭筒抛下海，但看到武工队的枪口已对准自己的胸膛，又听到优待俘虏政策的宣传，这才表示确实愿意投降，愿意把枪支弹药交由税站派出的渔船运走。武工队和税站人员运完军火物资后，招呼300多名国民党官兵上北港吃饭，并向他们宣布共产党对降兵的政策，随后把国民党的军犬留下，发给每个官兵4个银元，让他们乘原来那两艘木帆船离开硇洲。这次北港税站所缴获的武器，由许绍昌运送到东海岛转交给了粤桂边纵队。

（二）俘获虎门国民党南逃溃兵

1949年10月，驻广东虎门的一支国民党部队乘船撤往海南岛，路经硇洲岛，他们并不知道硇洲岛的国民党政权已经在10月16日向共产党投降，把船停在了北港港门海面。附近正在做接驳生意的群众以为是客船，驾着小艇争先恐后前往接客，等群众靠近大船才发现船上有许多国民党官兵并装满了各式各样的枪支、大炮，于是立即掉头想回去报告给硇洲武工队。国民党兵用枪胁迫着，命令小艇靠近大船以便让他们上岸，群众据实告知"这里已经是共产党的天下"。国民党官兵将信将疑，命令一个特务长和两个士兵上了小艇跟随群众上岸打听情况，国民党兵一上岸即刻就被硇洲武工队扣留。经审问，武工队获知这是国民党驻守虎门独立团的部分官兵，他们准备将一些辎重武器装备运到海南岛，船上有157名官兵，因途中被风浪打坏船舵，不能行驶，同时官兵晕船不适，所以停泊在港门的海面上。

武工队将特务长扣下，放回士兵，命令他们回船后让船上的国民党官兵举旗投降。接着，武工队的唐觉、黄妃三、黄妃四三人登上国民党军的船准备受降，不料突然而来的一阵风浪把船推向了港外，国民党兵想趁机驾船离开，幸亏船舵已坏而无法开动，而三位武工队员既懂开船水性又好，设法把船开回岸边。许义昌、许绍昌、陈东、谢生、唐觉、许妹、许太连和陈德等人下到船里，见国民党官兵大多数晕船乏力躺在船上，便令国民党军官上岸谈判投降事宜。不久，国民党方面派了营长等两个人上岸来谈判，表示同意投降并约定半小时后举白旗为号投降。半个小时后，一看船上没有动静，武工队便举枪扫射，但是对方仍无反应。到了晚上9时多，许太其带领5个人乘一艘小艇靠近国民党军的船，每人一手拿枪，一手紧握手榴弹冲上船去，逼迫之下，国民党军的副营长再次表示同意投降并要求讲清投降政策。武工队宣传了共产党对待投降人员的政策：投降后，愿意留下的可以加入共产党部队，不愿留者发给路费，保证安全回家。有个国民党军官开出了每个军官1000个银元的投降价码，为稳住他们，武工队答应下来，请来东硇特别区委的领导林宏发、许锦理和国民党军官谈判，再加上武力威胁，逼迫他们全部缴枪投降。按照双方的商定，发给国民党军官每人40个大银，士兵每人8～10个大银遣返回乡。这次行动共计俘获国民党官兵157人（营级以上军官20多人），缴获步枪400支、高射机枪3门、火箭炮3门、六〇炮16门、重机枪8挺、手枪13支、轻机60挺及弹药一大批。经林宏发指示，把缴获的武器、弹药分四艘木船运到徐闻上缴，同时也给硇洲留下部分，随着国民党逃兵的增多，硇洲此时特别需要加强武器的配置。

（三）军民合力智擒溃军保海岛

硇洲岛面积虽不大，往南溃逃到此的国民党部队却一批接着一批。人数最多的一批国民党军队，约5000人，他们占据了硇洲淡水街，武工队和税站被迫从淡水撤退，到北港坚守。1949年11月，又有一小批国民党败军乘两艘船从电白博贺向海南岛溃逃，这两艘船原是硇洲的罟帆船，被国民党部队强征用来运枪支、弹药、药品、军装和银元等到海南岛，经过硇洲岛时因雾大无法冒险前航，停泊在北港海面。由于缺水、缺粮兼不识水性，多数国民党官兵晕船卧倒。船工黄妃妹等早就不愿运送国民党兵到海南岛，见此情形，大家交换眼色，对国民党兵说："这里是解放区，港口北面是解放军司令部，你们要注意，不给共产党发现，一被发现，就会用大炮打沉我们的船。"国民党兵虽不清楚情况但又不得不信，互相督促着下到船舱里藏起来。船工们立刻将舱口盖住，用大石头压上，又赶紧派两个人到北港税站报告。

税站当时有5名人员，接报后迅速研究作战方案，他们一致认为：虽然双方力量悬殊，但这批国民党兵已是惊弓之鸟，丧失了战斗力，而且已经被船工们用计关在了船舱里，如果速战速决，就完全能制服对方。船工们担心税站只有5个人制服不了国民党兵，就和税站人员一起合计商量了一个办法：因国民党的船有两艘，那么将税站的5个人也分成两组，谢荣信、陈德为一组，谢生、许荣昌、黄妃三为一组，每组各乘一艘小木船，分别假扮成鱼商登上国民党的船卖鱼给他们，借机控制住国民党的船。顺利登上国民党的船后，税站人员让船工协助把守住船舱口，然后拔枪指着舱口，喝令国民党兵缴枪投降，国民党兵眼见枪口指着头顶，碍于舱口太小无法反击或者防卫，只好举手投降，一个个从舱里钻出来，又一个个被押上事先准备好的大船，船上有个较大的空舱，国民党兵全被关押了进去。考虑到当时已有5000名国民党兵在淡水街驻扎休息，要把缴获的武器和国民党俘虏兵运走，就不能惊动淡水街上的国民党部队，于是谢荣信他们将关押国民党兵的船舱用木板封上钉紧，经淡水海面运到东海岛内林村转交粤桂边纵队处理。这次的作战是由硇洲渔民和税站人员合力完成的，也是一次以少胜多的战斗。

1949年冬，中国人民解放军第四野战军和第二野战军第四兵团发起广西战役，歼灭了由华中地区败退回广西的国民党白崇禧集团的主力，白崇禧余部战败以后大量向海南岛撤退，途经湛江，因此，那时的东海岛和硇洲岛海面经常有国民党军舰停泊在此。白崇禧余部所到之处到处搜查中共组织，又不断地抢粮、拉夫、抓丁，共产党的组织和武装力量与国民党比起来，明显寡不敌众，中共雷州地委指示东硇特别区委，全部暂离东海岛，撤到海康东里镇。但在撤与守的问题上，硇洲党支部一致认为硇洲的群众基础好，地理条件更好，全岛沿岸海边（除淡水外）都是暗礁，外来的大型舰艇船只不熟悉水道的话不易靠岸，硇洲岛易守难攻，因此决定动员全岛民兵和群众配合武工队，坚守海岛、保卫海岛。硇洲党总支把民兵和群众组织起来划片分工，昼夜值班巡逻、放哨监视，适逢1949年的冬春季节天气极冷，被认为是过去30年以来最寒冷的一年，尽管天气恶劣、缺衣少粮，但无论是干部还是战士，仍坚持带领民兵和群众披蓑戴笠、巡逻放哨，坚守岗位、昼夜不息。淡水的工人、商人、居民主动捐款，送来猪肉、粮食、衣服等表示慰劳；津前、南港、谭北、孟岗、咸宝、北港等村庄多次送来大批黄花鱼慰劳守岛人员，一直坚守到1950年2月初迎来了南下解放军大军进驻硇洲岛。解放大军进驻硇洲岛，结束了硇洲岛此前没有解放军正规军驻扎的历史。

（四）抓获国民党军高级将领

根据中共湛江市委的指示，为了防止国民党特务在解放海南岛的战斗中内潜外逃，1950年4月，在硇洲成立了检查站，专门清查过往的特务嫌疑人员，维护社会治安秩序。当时经检查站检查的国民党官兵共有1000多人，对凡持有中国人民解放军遣返证明的予以放行；对没有证明、来历不清的对象扣下审查；对海上来往的船只也认真检查，严加防范；对有嫌疑的人员则彻底追查。由于检查站的许太其、谢生、谢宜美、陆桂米、吴克头等人的认真负责，当时被查获的国民党军官和特嫌人员共30多人，其中军衔较高的国民党军官有国民党第六十二军军长李宏达、团长李智。李宏达的第六十二军于1950年4月被渡琼作战的解放军全歼于海南岛的美亭、黄竹一带，李宏达乔装成商人乘舢板逃走，途中被硇洲检查站擒获。检查站还截获了一批金器，包括金块、金条、金链、金牌等共3.6斤，另外还有港币4万多元。许锦理、许太其、谭开义及三名武装人员把被俘人员和全部财物押解至中共湛江市委，由赤坎公安局接收，后由湛江市委转解至华南分局处理。

第
四
节

发动群众大力支援解放海南岛

1949年12月19日，湛江全境解放，南下解放大军剑指海南岛，渡琼作战的战前准备工作全面铺开。由于吸取了金门岛战役失败的教训，渡琼解放军在雷州半岛各地驻扎长达四个多月，进行充分的准备，雷州半岛人民对此给予了大力支持，贡献船只、粮食，帮助解放军海上练兵。

一、发动群众大力支援前线

随着战败，国民党军的主力部队大部分撤退到了台湾岛，还有部分在中国西南地区，部分撤往海南岛。蒋介石命令设立海南防卫总司令部并委任薛岳为总司令，统一指挥海南岛上的陆海空三军。东南行政区长官陈诚和参谋长顾祝同等人也奉命从台湾飞赴海南，与薛岳等人一同布置防守。为死守海南，薛岳部署了海陆空三军联合护卫海南岛的防线，以其本人表字"伯陵"命名为"伯陵防线"。

1949年12月13日，解放军第四野战军第十五兵团司令部命令第四十三军挥师向雷州半岛进军。12月19日，其先头部队全歼国民党军在湛江市的残部，湛江市和整个雷州半岛全境解放。在粤桂边纵队的配合下，四十三军向雷州半岛东部迅速铺开，军部驻湛江市赤坎，一二七师驻海安、外罗埠，一二九师驻阳江、台山地区，而一二八师三八三团就驻在了东海岛。1949年12月底，第四野战军四十军也向雷州半岛进发，军部驻在海康县城，一一八师驻徐闻，一一九师驻北海，一二〇师驻安铺。第四十军和第四十三军都开始了渡琼战役的战前各项准备工作。

1950年1月2日，中共中央华南分局书记叶剑英主持制定了《支援海南岛作战的决定》。1月3日，根据华南分局和广东省军区的决定，湛江成立了南路支前司令部，主持日常工作，司令员李进阶，政委温焯华（后南路地委书记刘田夫兼政委，温焯华改任副政委），雷州行政督导处主任陈开濂任副司令员兼参谋长，下设参谋、供给、船舶、运输四个处，增强了支前工作的领导力量。接着，南路各市、县、乡也成立了支前司令部或指挥所，本着一切为着支前的原则，这些干部最主要的任务就是下到农村、渔港开展宣传工作，发动农民、渔民捐献粮草、木船、钱物、修路等，动员有经验的船工指导解放军海练。参战部队的师、团、营组织有支前干部参加的工作组，带着粮、钱进村到户，和群众同住、同食、同劳动，实行"三同"。在逐步建立感情、促进互相理解的基础上，向群众宣布船工工资、赔偿（船坏了包修、毁了包赔）、伤亡抚恤金等政策规定。又运用老革命根据地动员参军的办法，招用船工，广泛动员，采取个人报名、分别吸收的办法，村里对应招者出光荣榜，举行极其隆重的欢送会。敲锣打鼓给家属送上光荣牌、匾、光荣灯和生活补助金。①

1949年12月，湛江市刚刚解放，四十三军一二八师三八三团开进东海岛，团部驻在东山圩（后移至硇洲岛），所属的一营营部及一连、三连、机枪连驻在北山村，二连驻什石村，二营驻东简龙腾村，三营驻东山调文村，由三八三团直接领导的机炮连

---

① 刘佐泉：《湛江力助大军解放海南岛》（连载），《湛江晚报》2011年7月23日，第12版。

驻民安西湾村及龙舍村。①此时，东硇特区委已经被撤销，东海岛地区的党组织归湛江市工委直接管辖，但整个东海岛地区的具体支前工作仍由原东硇特区委书记唐克敏负总责。唐克敏他们派出沿海村庄干部下到群众中间，召开干部大会，给农会会长、民兵队长、妇女主任等布置具体任务，又召开群众大会进行宣传动员，号召出船出粮、出人出力，支援部队打到海南岛。1950年1月1日，东海岛驻军与群众举办大型联欢活动之后，当地掀起了"献船参军"的高潮。东海、硇洲两岛是群众基础非常好的革命老区，因此，支前工作比较顺利，征集到的船只、粮食比较多，参加渡海的船工也多。龙湾地区的渔民在村党支部带领下积极支前，提出"要什么，给什么""什么时候要，什么时候给"的口号，节衣缩食贡献粮食给军队，共征集到木帆船18艘、船工80多人②；东头山岛征到船工40人、渔船10艘；龙安村征到船工32人、渔船8艘；龟头村征到船工6人、渔船4艘。整个东海岛共计征集到渔船150多艘，加上后来在硇洲岛征集到的80多艘渔船，东、硇两岛共征集到渔船230多艘、船工200多名，而整个雷州半岛地区为这场海南战役贡献了渔船2666艘，船工1.2万人，粮食7000万余斤。③

二、渔民协助解放军海上练兵

解放军第四野战军渡海兵团指战员大多来自内陆各省，不少人平生第一次见到白浪滔天的大海，由于不习水性，上了船之

---

①　王钦进：《东（海）硇（洲）人民支援解放海南岛纪实》，载《湛江文史》第26辑，2007年内部编印，第76页。

②　湛江市东海岛民安镇龙湾地区革命斗争史编写领导小组编印《东海岛龙湾革命斗争史》，2002，第34页。

③　刘田夫：《刘田夫回忆录》，中共党史出版社，1995，第194页。

后头晕呕吐、脚步不稳是常有的事情，解放军指战员们既要克服生理上的不适，还要随时在惊涛骇浪中战斗。解放军要在没有空军掩护的情况下用木帆船对抗国民党的军舰、飞机组成的封锁线，如果不进行艰苦的海上练兵，努力掌握航海本领，消除对大海的恐惧心理，树立敢打必胜的信心，再有豪情壮志也只是纸上谈兵。

给解放军海上练兵充当"老师"或"师傅"的，是当地渔民。他们把自己几十年的经验倾囊相授，手把手地教，教解放军指战员辨别风向水流、掌握潮汐规律、了解船行原理等必要的经验和知识；教解放军指战员学会游泳、潜水、拉蓬、掌舵、观风用风、看水道、探水、撑杆、摇橹、下锚、起锚、提放分水板、拐弯、靠岸、简单的修补等一整套渔民的看家本领。

练，是为了战，海战包括渡海和登陆作战，所以要求渡琼部队指战员要从陆战部队转变为海陆两栖作战部队。中国共产党的军队自成立之日起一直是陆军，海南岛战役是让陆军来打海战，战略战术和一般性的战斗技能都必须重新学习，没有现成的军事教官，诸如船只的海上编队、指挥员的海上观察与指挥、船只人员的联络、战士的射击、登陆靠岸抢滩、武器配置、工事构筑等一系列复杂的战术技能和动作，完全靠全体指战员自学自创。对这个全新的课题，全军上上下下都展开了研究、讨论以及模拟实践，逐步摸索了一套海战和登陆战的战略战术。

渔民积极投身对解放军指战员的海上练兵工作，成了解放军的海练师傅。在雷州半岛及其附近的沿海地区，各种各样因地制宜、土法上马的武器装备和练兵奇招层出不穷。例如，用三截竹筒绑成一个三角形，就成了可以浮在海上的"游泳圈"和救生设备；对"游泳圈"增大加厚，架上步枪、机枪等，"游泳圈"就成了射击架；又琢磨出可装大量炸药包的竹排，用来炸毁对方的船舰。练兵则采取海练和旱练相结合的方式，除了海上练兵，也在地面上进行旱练，主要方法是在海滩、坡地、林间空地上荡秋千、走浪木、转迷螺、踩翘板、做倒立、翻跟头等，模拟海上环境提高解放军战士对于海浪的适应性。制作这些旱练的运动器具需大批的木料，当地群众都把自家的木料献出来，并指导战士们旱练，为战士的海练和旱练解决了不少困难。东海岛北山下村已经年过半百的渔民王长英表现突出，被选为船工队长，他不仅积极发动渔民船工参加支前，还亲自带领船工和民兵参加各种练习和演习，教会这些准备随船出征的船工进一步掌握掌舵、拉帆、看水文等技术，一共培养了50余名船工①，又亲手教会了21位解放军战士当舵手，带领着700多名船工和民兵协助解放军海上练兵。②那时，国民党的飞机经常飞到雷州半岛的沿海地带轰炸海练的军民，为了不拖延海练的进度，他们时常得冒着被飞机轰炸的危险每天加紧练习。有一次，东海岛北山村天后宫前的海面因国民党飞机的轰炸而被炸沉了一艘练兵船，一些海练的战士也牺牲了，但船工与战士埋好牺牲的战士遗体后，便又继续海练。③当时正值隆冬季节，寒冷、艰苦、不适都被解放军指战员和渔民船工一一克服。

　　1950年2月1—2日，海南岛战役作战会议在广州召开。这次

---

　　① 　王钦进：《东（海）硇（洲）人民支援解放海南岛纪实》，载中国人民政治协商会议湛江市委员会文史资料研究委员会编《湛江文史资料》第26辑，2007年内部编印，第77页。

　　② 　湛军文：《湛江人民支援解放海南岛的简况》，中国人民政治协商会议湛江市委员会文史资料研究委员会编《湛江文史资料》（第二辑），1984年内部编印，第59页。

　　③ 　王钦进：《东（海）硇（洲）人民支援解放海南岛纪实》，载中国人民政治协商会议湛江市委员会文史资料研究委员会编《湛江文史资料》第26辑，2007年内部编印，2007，第77页。

会议商定："采取'积极偷渡、分批小渡与最后登陆相结合'的战役指导方针，即首先以小部队分批偷渡，加强岛上力量，为大规模强渡作有力策应；尔后以主力在琼崖纵队及先期登陆部队接应下强行登陆。"[①]

"偷渡"，即潜渡，这是决定渡琼战役战局的关键性因素。在由哪支部队先行潜渡以及在哪里潜渡的问题上，十五兵团决定由两支队伍首批潜渡，从海南岛北边的东西两侧登陆。这两支队伍分别是驻在徐闻的四十军一一八师三五二团一营和驻在东海岛的四三军一二八师三八三团一营，由三五二团从海南岛西北角登陆，三八三团从东北角登陆。为了准备潜渡任务，三八三团从团部抽调了由其直接领导的驻西湾、龙舍的机炮连和驻东山圩的团部警卫连、侦通连、九二炮连，加上原来一营的人员，共计1007人，组成了一个加强营移师硇洲岛开始潜渡前的准备工作；而驻在东海岛龙腾村的二营及调那村的三营留在原地待命。

准备执行首批潜渡

渔民协助解放军海练

战士们苦练水上射击

---

① 中共广东省委党史研究室：《中国共产党广东历史》（第二卷），中共党史出版社，2014，第26页。

任务的两支部队，一支从徐闻南部海面出发，登陆海南岛的西侧；另一支从硇洲岛出发，登陆海南岛东侧的赤水港。徐闻是雷州半岛距离海南岛最近的地方，与海南岛北端相距约18海里；而硇洲岛在湛江市的东南部海面，与海南岛的直线距离200多海里，而解放军并无适宜远距离航行的装备，为何舍近求远选择硇洲岛作为出发地点之一？其实这是经过缜密考虑的。一方面，当时国民党军队盯防的重点是雷州半岛南端，也就是徐闻沿海，其飞机频繁轰炸徐闻沿海，虽然也曾两次派飞机轰炸过湛江沿海，甚至还有一次轰炸过广州，但那是因为国民党知道湛江和广州都有解放军的军事指挥机关；而湛江东南方的硇洲岛则没有引起国民党太多注意，解放军的潜渡部队在那里训练和出发都能相对隐蔽。选择海南岛东侧的赤水港为硇洲部队的潜渡登陆地点，一是因为硇洲岛与赤水港同在雷州半岛和海南岛一线的东侧；二是因为赤水港海岸没有高山悬崖，海滩平坦，易于登陆，而且距离琼崖纵队三总队一部根据地不远，登陆后可以迅速与琼崖纵队会合。经过侦查，得知国民党飞机在琼州海峡的巡逻时间多为上午8-12时，登陆必须避开这个时间段。四三军军长李作鹏反复计算，假如部队中午13时从硇洲岛启渡，到次日早上8时共19个小时，每小时航行10海里，约可航行200多海里，即可以在国民党飞机出动巡逻之前到达海南岛。因此，虽然硇洲岛离海南岛较远，但是通过精密计算和周密部署，是可以完成这个远距离登陆作战的。

三八三团加强营移驻硇洲岛后，团部驻在当时有着400多年历史的津前村天后宫，津前村天后宫便成了三八三团的渡海指挥部；营队大部进驻了淡水镇、下港村等地。随着驻军的进入，当地也掀起支前高潮。硇洲岛虽然很小，但拥有许多传统的渔港，在农会、民兵队、妇女会的发动下，群众纷纷把柴火、猪肉、鸡蛋、甘蔗、番薯等送到乡政府，再由乡政府转送给部队，群众还把自家的床板、铁锅、水桶等出借[1]，急部队之所急、想部队之所想，全力支前。津前村村长黄庆余积极发动群众捐献出大批粮草、木板、木船和银元，不少群众连自己睡觉的床板、家里的门板都献了出来，供给部队练习走浪木，克服晕船的不适。渔民们在国民党撤逃到此处时把船沉在了海底，或藏在了红树林里，现在解放军需要渡海的船只，他们就慷慨地献了出来；当地党组织还动员了广大船工协助大军驾船渡海，当时津前、淡水等地参加渡海作战的船工有麦亚蒙、梁大好、黄玉华、叶有桂、庄妃花等80多人，献出的木船有80多艘。[2]三八三团成立了水手训练队，拜老渔民为师，学习驾船出海的本领。船主以及更多的渔民船工都积极支持和参加海练，在津前村口粗壮的老榕树下，在天后宫前面的空地和沙滩上，在津前、淡水一带的海面上，渔民向战士们传授掌舵、拉帆、驾船、泅水、抗浪的知识和技能。由于白天有国民党飞机轰炸骚扰，海上的练习大多在夜间，每当夜幕降临便摸黑进行海练，这倒也给后来的三八三团加强营的夜晚潜渡行动提供了模拟训练的机会。经过两个多月的艰苦训练，解放军指战员中的多数人员已经熟练掌握了海上驾船、看风、辨向、作战等基本技巧，基本消除了对大海的陌生和恐惧，生生地从陆战部队变成了海陆两栖作战部队。在朝夕相处中，军民关系更加融洽、感情更加深厚。硇洲渔民中的很多人曾在琼州海峡捕鱼，对海南岛的口岸很熟悉，当大战即将来临，船工们纷纷到团部请

---

[1] 中共湛江市东海经济开发试验区硇洲镇委员会党史编写组编著《硇洲岛革命斗争史》，1998年内部编印，第52页。

[2] 王钦进：《东（海）硇（洲）人民支援解放海南岛纪实》，载中国人民政治协商会议湛江市委员会文史资料研究委员会编《湛江文史资料》第26辑，2007年内部编印，第78页。

战，强烈要求为大军驾船、带路，为解放海南岛出力。

在海南岛内，琼崖纵队也在时刻保持着和雷州半岛即将渡海的大军的联系，双方都秘密派员单独潜渡到对方处取得联系。1950年1月初，一二八师派出侦查股长杜士德只身化装成渔民，潜渡琼州海峡，克服重重困难，终于在2月20日到达琼崖纵队总部，与海南方面取得了联系。3月初，海南文昌演丰区区长林栋、情报人员范华以及船工陈熏风奉命秘密来到了硇洲岛，与三八三团一营营长孙有礼、副营长于日仁等指战员商定了双方配合作战的细节。①四十三军军部从全军征集来的帆船中挑选出最好的，供潜渡部队使用。至此，经过一个多月的准备，渡海作战的各方面准备工作已经就绪。

三、渔民船工渡送解放军渡琼作战

1950年3月5日，是15兵团第一批潜渡部队出发的日子，第一批潜渡的两支部队分别要从徐闻和硇洲岛出发。当天晚饭后，四十军一一八师三五二团的加强营，共有800人，分乘13艘木船，由师参谋苟在松、团长罗绍福、营长陈永康、教导员张仲先等率领，进行首批潜渡。船队从徐闻县西南的灯楼角出发，顺风航行，中途因风停只好摇橹前进，用时比预计时间多了许多；他们伪装成国民党军的运输船接近对岸，当国民党军发现真相时，渡海先锋营的船队已经在海南岛西侧儋县的白马井登陆。这支潜渡部队经历了19个小时，终于在6日14时抵达海南岛，成功实施登陆，并与前来接应的琼崖纵队顺利会合。

预定与四十军的渡海先锋营同日出发的，本来还有驻在硇

---

① 王钦进：《东（海）硇（洲）人民支援解放海南岛纪实》，载中国人民政治协商会议湛江市委员会文史资料研究委员会编《湛江文史资料》第26辑，2007年内部编印，第79页。

洲岛的四十三军一二八师三八三团的渡海先锋营。3月5日13时，四十三军一二八师的参谋长孙干卿正要率领渡海先锋营出发，但是，那天的硇洲岛海面恰巧没有风，木帆船无风则无法顺利航行，于是上级命令暂停出发，待天气而定。当四十军先锋营成功登陆海南岛的消息传回时，四十三军的先锋营的全体指战员受到极大的鼓舞。在待风的期间，四十三军军部决定临时更换指挥员，由三八三团团长徐芳春和政治处主任刘庆祥负责率领先锋营渡海。海南岛在硇洲岛的西南方，东北风对于潜渡是最为理想的气候条件，为了寻找到较佳的出海机会，有着丰富航海经验的几位老渔民自觉组成"活气象台"，为部队出征观云测风，战士们一连几天围住老渔民询问哪天有风。3月9日，"活气象台"送来好消息：9日晚起海面将刮东北风，最大风速可能达到7级。3月10日这天清晨，终于等来了东北风，而且是大风，风力达到7级，波翻浪滚伴着小雨。虽然7级大风伴随着雨对出海的人们来说通常是恶劣天气，但是，好不容易等来了风，三八三团加强营的战士们已经期待太久，战机也不能再延误；另外，这样的恶劣天气也有可能迷惑国民党守军，使其认为解放军不可能在这样的天气渡海从而达到出其不意潜渡成功的效果。军部决定开始渡海行动，渡海前，军参谋长黄一平、师长黄荣海、师参谋长孙干卿再次到加强营向排级以上干部做动员工作，接着，渡海战士们列队海边，面向大海宣誓："为了解

启渡前的誓师

放300万海南人民，我们要继续作战，消灭残敌，这是我们最后的光荣一战！我们是久经考验的英勇战士，我们不怕艰难困苦，有无限的勇气和信心，我们坚决执行党中央和毛主席的命令，在野战军和兵团首长的指挥下，奋勇前进，把胜利的红旗插遍海南岛！"①下午1时，军、团各级干部和硇洲群众

战士和船工挺立船上等待出征

前来送行，1007名渡海先锋指战员从硇洲津前村和淡水一带码头出发，乘坐21艘木船，向海南岛驶去。当地的船工不仅完成了在陆地和近海协助三八三团进行海练的任务，而且有部分船工参加了这次的潜渡行动，这也意味着从未当过兵的这些渔民要冒着枪林弹雨的危险随军出征，他们在船工队长王长英的带领下，分布在21艘船上，冒着风雨，承担起导航、掌舵等重任。

　　3月10日夜间10时左右，三八三团加强营的21艘战船在船工的协助下，顺风来到琼州海峡东口的主航道，此时天气更为恶劣，风雨交加，波涛翻滚，而航路更加凶险。王长英凭着丰富的海上经验和熟练的驾船技术，紧紧地掌住船舵，带领着船队摸黑前进，但是由于航程长、风浪急，船队被刮散，在茫茫大海上，船与船之间的距离被拉得很远，夜间引航灯忽明忽暗，许多船都失去了联系，只能依靠船上的船工和战士们各自前行了。一连副

---

　　① 资料来源于硇洲津前天后宫的解放海南岛战役解放军第四十三军第三八三团指挥部旧址纪念馆。

连长李相三乘坐的船航行不到三四十里的时候底部被打掉一块一尺长、半尺宽的板子,海水不断地往船舱里涌。顾不得前进,全体人员投身止漏和舀水工作,在船漏处钉上一块铁叶子却很快又被海水打掉,李相三只好用一张棉被堵住并坐在上面;战士们拼命往外舀水,身边能用来舀水的器皿全部用上,一边舀水一边继续前行。在这样的风浪中航行的时间一长,不少船工都开始呕吐,战士们更是狂吐不止。[1]即使是这样艰难的航行,船队仍然在继续向南驶去。

到了11日凌晨4时左右,风小雨停,当天上午,船陆陆续续靠岸。当加强营的营长孙有礼、教导员王恩荣、翻译王江(从东海岛参军到先锋营)与从海南潜渡过来的林栋区长所乘的营指挥船到七洲岛附近时,发现前后左右有六七艘潜渡战船往前行驶。从硇洲岛出发的21艘战船中有8艘已靠近了海南岛,他们分别在琼东北的鹿马岭、赤水港附近胜利登陆,这正是出发前预定的地点。8艘战船上的300多名战士冲向滩头,这里的国民党守军完全没有准备,只有一个连的兵力在把守,交战不到半小时,国民党军便已逃走。不久,团指挥船也在琼东北鹿马岭、赤水港附近海岸登陆,随后,警卫连连长郭洪德和炮兵连连长王明德所带领的两艘船和一营副营长所带领的一连、机枪连及一营副教导员王佩琚所带领的二连官兵也先后赶到。全营只有三艘战船未按时赶到,一是机枪连连长许奉宗所带领的一艘船30多人,二是二连副连长张子彬所带领的一艘船20多人,三是三连副指导员丁占祥所带领的一艘船20多人。后来才获悉机枪连许奉宗所带领的船失踪

---

① 王怀祥:《渡海先锋——记一二八师三八三团一营》。王怀祥,时任一二八师三八三团作战参谋,资料来自解放海南岛战役解放军第四十三军第三八三团指挥部旧址纪念馆。

了，极大可能已被狂风巨浪刮沉入海；二连副连长所带领的船因指挥失当，战士大部分伤亡，后只剩几名战士归队；三连副指导员所带领的一艘船驶错了方向，他们在琼东北铜鼓岭北端登陆，经过10多天的艰苦奋战，在琼崖地方党组织和群众的协助下，才找到营主力队伍。

至此，在东海岛、硇洲岛船工的随军护送下，三八三团加强营的潜渡行动也获得成功，后来，三五二团和三八三团的先遣部队都获得了军部授予的"渡海先锋营"荣誉称号。国民党的"伯陵防线"被潜渡行动在海南岛的西侧和东侧分别撕开了两个口子，其中三八三团的渡海行动更被誉为"远距离航海奇袭"①，意义重大。这两支部队获得琼崖纵队的接应，继续向海南岛纵深推进。三八三团留守东海岛的二营和三营后来于4月16日参加了第三批渡海作战，与其他部队一起投身解放海南岛的战斗。三八三团渡海先锋营全程参加了渡海后的海南岛战役，毙伤、俘获国民党军1600余人，这个营在硇洲出发时有1007人，到达海南榆林港时只剩下700来人，是个战功显赫、英雄频出的先锋营队。1950年5月1日，海南岛战役以国民党军的彻底失败而告终，海南岛宣告解放。

在海南岛战役的支前、海练、渡海和作战的一系列环节中，整个雷州半岛的船工、渔民都做出了重大贡献。战后，15兵团司令部给徐闻、海康两地政府送来锦旗，分别题字："解放海南，功在徐闻""解放海南，功在海康"。正如三八三团组织股股长王亮渡海前到师部参加传达渡海作战情况时，回营路上对三营教

---

① 王钦进：《东（海）硇（洲）人民支援解放海南岛纪实》，载中国人民政治协商会议湛江市委员会文史资料研究委员会编《湛江文史资料》第26辑，2007年内部编印，第81页。

导员陈友义所说的一样："要是我们能活着到了海南岛，可别忘了回头向雷州半岛人民来一个三鞠躬，深表谢意。是他们用木船送我军过海的，论功行赏，他们功劳最大。"①

　　早在大军入驻东海岛和硇洲岛两地时，就有当地青年群众报名参加了解放军，加入三八三团的有王江、陈德、陈益智、唐茂根、余绍享、余兴仔、余玉明、王如祝、梁华、林锋、梁长盛等人。其中，王江、陈德两人就在渡海先锋营，渡海作战后随军离开家乡，后来成为优秀的指战员，而陈益智等在海南岛战役中英勇牺牲。其他的本地渔民，原本在此之前是普通的渔民，但在三八三团来到东海岛地区后，积极地参加到这个重要的历史事件中，他们有的捐钱献物，有的劳军支前，有的协助海练，有的送军渡海，有的随军作战，他们当中还有的在渡海作战中牺牲，献出了宝贵的生命，东海岛地区的群众为这场战役做出了重大贡献。东海岛地区共有200多名渔民跟随三八三团和其他部队出征海南岛，为此次战役牺牲的船工在东、硇两地都有，东海岛的王吉梅、韩宏卿、王玉金、林德才、林那古、林成付、李昌、陆春尧、许那美、陆春志、余尾哥等11名船工献出了生命，硇洲岛的黄世养、叶有贵、庄妃花、庄伟彪、黄玉远、郭祥富、谭典朝等7人牺牲。船工队长王长英护送先锋营过海后，又带领400多名民兵和船工运送和安置伤员②，不久，还带领4名引水船工潜渡返回雷州半岛，动员150艘船和300多名船工，护送1万多名第二批登陆海南作战的指战员，再次完成任务，功劳卓著，被四十三军军

----

① 王钦进：《东（海）硇（洲）人民支援解放海南岛纪实》，载中国人民政治协商会议湛江市委员会文史资料研究委员会编《湛江文史资料》第26辑，2007年内部编印，第92页。

② 载中国人民政治协商会议湛江市委员会文史资料研究委员会编《湛江文史资料》第2辑，1984，第59页。

部荣记大功两次。①为了表彰船工渔民的功绩，湛江市召开庆功大会，向船工们颁发奖状，对牺牲船工家属给予优厚抚恤。王长英被广东省人民政府和四十三军授予"渡海特等功臣"荣誉称号，硇洲岛的麦亚蒙、梁大好、谭福存等人被授予"渡海英雄"荣誉称号，一批渔民被授予"渡海功臣"荣誉称号。1950年国庆节前夕，王长英和徐闻县的

徐芳春

李富卿一起，被选为湛江地区的代表，赴北京出席首届全国工农兵劳动模范和战斗英雄代表大会，被中央人民政府授予"全国劳动模范"称号，他们获得的荣誉代表了雷州半岛地区人民对于海南岛战役做出的重大贡献。当年指挥三八三团加强营进行意义重大的潜渡行动的团长徐芳春，后来曾任广州军区军政干部学校校长、军区后勤部部长、军区副司令员、后勤学院院长及军事科学院副院长等职，始终感念东海、硇洲两岛人民对解放军渡琼作战的支持，生前嘱咐其亲人，要在他身后将其骨灰撒入硇洲的大海里。2005年，徐芳春逝世。7月15日，广州军区及徐芳春的后人实现了他的遗愿，从此永驻硇洲。

---

① 湛江市军事志编纂委员会编《湛江市军事志》（1368—2005年），2010年内部编印，第800页。

第五章
新中国建设时期

第一节 雷东县的设立与运作

一、雷东县政府的建立

中华人民共和国成立后，东海岛和硇洲岛在湛江经济、政治和社会发展中的重要地位进一步显现，此后，东海岛和硇洲岛的行政建制逐渐形成。

中国共产党曾于1948年8月建立东硇特别区委，辖东海、硇洲两岛的党组织，领导东海岛和硇洲岛的工作。后于1948年11月成立中共湛（江）遂（溪）边区工作委员会，同时撤销中共东硇特别区委。湛江市解放之初，暂时沿用了民国时期的县、市组织架构。1950年4月28日，湛江市人民政府决定，撤销西营、赤坎、新鹿、潮满、通平、滨海区和东硇特区行政办事处，成立西营、赤坎区人民政府和新鹿、潮满、通平、东海、硇洲、滨海等6个区公所。1952年之前，东海岛隶属于湛江市郊区。东海岛和硇洲岛的行政建制轮廓初步清晰。

在此期间，全国大规模的军事斗争已经结束，但巩固新政权的斗争任务仍十分严峻。1950年6月朝鲜战争爆发后，美、英等国在朝鲜与中国人民志愿军作战的同时，不断在中国沿海地区进行军事挑衅；盘踞在台湾的国民党也利用香港与澳门地区作为基地，在英国、葡萄牙的支持下，不断在中国沿海进行破坏活动。东海岛和硇洲岛是中国大陆最南端的岛屿，距离陆地位置近，是中国南海海防前线的重要区域。同时，东海岛和硇洲岛居民自古以渔业为生，活动范围大，加强对渔民的教育管理对巩固新生民主政权和恢复发展渔业经济具有双重意义。为了加强对敌斗争，"争取渔民内向"，1952年12月，经过广东省人民政府呈报中南军政委员会转报中央人民政府政务院批准，将东海、硇洲两区从湛江市郊区划出，建立渔民县，定名雷东县，隶属粤西行政公署领导，县址设在东海岛的东山圩，即今东山街道所在地。此后，南三岛和特呈岛也相继被划为雷东县管辖。自此，东海岛和硇洲岛有了共同的独立的行政建制。

1958年9月15日，经广东省人民政府批准，湛江地区正式撤销雷东县，并将雷东县并入湛江市郊区管辖，同年10月14日正式合署办公。

二、雷东县人民礼堂的兴建

坐落于今东海岛东山街道东山社区西面的雷东县委办公楼和县人民礼堂是东、硇两地经历了短暂的雷东县历史阶段的见证。雷东县人民礼堂，亦称雷东礼堂，原为雷东县党校礼堂，位于东山镇海天路和湛林路交会处，建于1952年12月，曾是东海岛重要的政治经济文化和群众活动中心，举行过众多在东海岛发展历史上具有重大影响的会议和活动，是新中国成立后东海岛政治风云变幻的最有力见证，目前已经被列为湛江市文物保护单位。

雷东县设立时，恰是三大改造和人民公社运动席卷全国之时。作为雷东县政府所在地，东山镇日益增多的政治聚会和群众运动亟须一个活动场所。于是雷东礼堂应运而生。建成后的雷东礼堂虽为党校礼堂，却不仅仅为党校所用，更多是作为雷东县的政治活动中心而存在，因而成为当时东海岛人民心中的政治圣地。直到今天，老一辈东海岛人只要提起雷东礼堂，总会想起那段激情燃烧的岁月。

雷东县人民礼堂

20世纪50年代，受当时良好的中苏关系影响，我国各地许多县有一定政治意义的标志性建筑大多数摒弃传统的中式建筑风格，而采用苏式建筑风格。但雷东礼堂的设计者却突破时代的约束，大胆地采用中国古典重檐歇山式屋顶建筑风格，为东海岛留下了一个不可多得的建筑瑰宝。

整座礼堂平面呈东西走向，建筑在一个有6层台阶，高约90厘米的基座上，高约9米，占地面积约1800平方米。重檐歇山式屋顶的前后左右有四个坡面，在前后坡面上各有一个垂直面，从而交出9个脊。屋面陡峭，四角轻盈翘起，玲珑精巧，巨大的四方石柱支撑建筑重心，气势非凡。建筑内部为框架结构，外部为木结构或仿木结构。顶部用玻璃瓦装饰，正脊两端和戗脊均以兽首作结，门窗则采用木质雕刻窗。既有雄浑的气势，又不失俏丽的风格。礼堂内舞台的屋梁上还留有当年的四个红漆大字——实事求是，大字上是5个金光五角星，仍映出历史光辉。距礼堂10多米处有同时期建成的原雷东县政府旧址，为两房的砖瓦结构建筑，与礼堂一起相映成趣。

雷东县建制被撤销后，随着东海岛政治中心的向外转移，雷东礼堂风光不再，利用率逐年降低，改革开放之后更是逐渐处于废弃状态。雷东礼堂历经岁月沉浮，繁华色泽虽退却，但却依然昂首立于东山镇中心，诉说着那段让人难以忘却的岁月。

三、建全国第二大盐场——湛江盐场

历史上，东海岛的庵里盐场、东山盐场是雷州半岛比较大的盐场。

民主革命时期，湛江地区盐业经济为革命运动发展创造了条件。1926年，南路农民运动领袖黄学增受中共广东区委的派遣回家乡宣传马克思主义，曾以设于赤坎幸福路的黄记盐店作为革命活动联络点。中共南路特委委派中共党员黄义民（东海岛人）在该盐店以打工为名，开展交通情报工作。利用黄记盐店常年运盐的有利条件，为中共地方武装部队购买药品，送到南路游击区。

20世纪50年代末实行"大跃进"运动。在全国大修水利、大炼钢铁的氛围中，广东省的水利和盐业获得了大发展。今海南岛的莺歌海盐场、湛江盐场、红旗盐场等40多家盐场是这一时期新建的大型盐场。一些单位还曾自建小型盐场筹集发展资金。如今广东海洋大学二级学院——海洋与气象学院前身——湛江气象学院就曾在"1965年初经过全体师生员工自力更生、艰苦劳动，在东海岛堵海大堤旁侧建成校办盐场，面积40公顷，作为师生劳动和勤工俭学基地，并为国家创造了财富"[1]。

1958年6月30日，湛江盐场开始动工。湛江盐场位于郊区湖光岩村、东海岛西湾河、南三岛的海滩上，总面积1.4万公顷，年产盐200万吨，是当时我国第二大盐场。[2]

1960年2月2—4日，邓小平一行视察时，湛江正进行着两项大工程的建设：一是兴建雷州青年运河；二是修筑内陆连结东海

---

① 原湛江气象学校校史，http：//www.baike.com/wiki/%E6%B9%9B%E6%B1%9F%E6%B0%94%E8%B1%A1%E5%AD%A6%E6%A0%A1.

② 《麻章区大事记》，http：//www.gd–info.gov.cn/shtml/mzq/dsj/2014/05/14/99159.shtml.

湛江盐场纪念币

岛的堵海大堤，拟建一个年产盐50万吨的大盐场。邓小平等中央领导人在地、市委领导的陪同下，驱车来到堵海大堤工地视察。由于天气恶劣，鹤地水库和青年运河工地视察未能成行。邓小平欣然挥毫为湛江两大工程书写了"雷州青年运河""湛江堵海建盐场"两幅题词。[①]

四、渔业的恢复与发展

东海岛近海渔场辽阔，海洋生物资源丰富，根据科学考证，有经济鱼类580多种、贝类520多种、虾类30多种。此外，浮游硅藻、石莼、红篱、马尾藻等极其丰富。硇洲岛附近的海域，火山礁石遍布，海岸岩洞叠起，近海浮藻繁茂，得天独厚的自然环境为多种名贵鱼类的生长和繁殖提供了重要条件，它是南海大陆架上的一个肥沃的大渔场，盛产鲍鱼、龙虾、海胆、石斑等名贵海产，一直以来都是我国渔业资源丰富的海域及重要的渔港，被称为"雷州半岛的大渔仓"。

（一）悠久的渔业历史

据相关史料记载和研究者考证，东海岛的渔业有着悠久的历史，最早可追溯到新石器晚期，居住于此的百越人已经善于驾舟捕鱼。百越之地包括江西、浙江、苏南、皖南、福建、广东、广西以至越南北部所分布的众多部落与民族，是族类相近的一个大

---

① 根据黄明德、陈华容回忆整理：《夸湛江风光赞"移山填海"两位见证人深情忆小平》，《广州日报》2004年8月16日，http：//www.southcn.com/news/dishi/zhanjiang/shizheng/200408160502.htm.

族系，通称百越。

百越人制船技能较高，造船业比较发达，例如，吴王使用的大舟"余皇"，宽5.3米，长4米，可容战士、水手等80余人。位于广州的秦汉时期的造船工场，可同时建造载重50～60吨的木船，规模巨大，反映出当时较高超的造船工艺。

百越人善于驾舟用船，早在周成王时，就有"子越献舟"的记载。春秋末年，由今浙江、江苏两省到山东省的海上交通已很发达。百越民族对我国东南沿海的海运事业做出了巨大的贡献。

宋代以后，福建莆田等地移民大量迁入雷州半岛及附近岛屿，带来了较为先进的海上生产工具和生产方法，许多人开始从事海上渔业生产，这使本地区渔业生产得以迅速发展起来。

至明朝初期，渔业生产达到历史鼎盛时期，不仅海洋捕捞很发达，以鲸脂制鱼油的加工业也相应发展起来，除鱼类外，鱼油、鱼鳔也成为朝廷征收的主要实物税对象。

明嘉靖年间开始禁海，海岛不准百姓居住，房屋被拆毁，田地禁耕，禁止居民出海捕捉鱼虾，百姓无家可归，无地可种，无鱼可捕，怨声载道。清康熙年间的两次禁海内迁，迫使渔民与海隔绝，也对渔业生产造成空前的破坏，海洋捕捞几乎不复存在。

清乾隆、嘉庆、道光年间，"海盗""倭寇"猖獗行为得到有效遏制，朝廷实施"开海"政策，允许海岛居民回迁，同时也采取了一些鼓励渔业生产的措施，其间陆续有大批福建渔民远航并迁居雷州半岛沿海，渔业得到复苏，东硇地区渔民也纷纷返乡复业。清末民初，海洋渔业生产逐步兴旺起来，特别是拖网（俗称拖风）渔业发展迅速，硇洲成为雷州半岛的主要渔港，东海岛的渔业也得到发展。

硇洲岛全岛陆地面积56平方千米，海岸线长43.98千米，海洋生物资源相当丰富，是我国著名渔港。在清代，硇洲渔港已初现规模；民国初期，国家较为重视渔港建设，硇洲渔港逐步发展成为雷州半岛的最大渔港；1929年，硇洲淡水圩有渔民数千人，拥有大型渔船（风帆）几十艘，年渔业产量数万担，所创造密屋船成为全省最大型渔船，以载重多、船速快闻名全国。据史载，这一年仅硇洲、乌石、企水、外罗四港统计，共有渔民8466人，这些渔民常常结帮成队，远航至汕尾、碣石、阳江、香港、越南、西沙群岛、南沙群岛等渔场作业。每次出海桅樯如林，风帆高悬，蔚为壮观，其数量之多、船体之大、作业范围之广闻名全国。硇洲港是其中较大的渔港，被国民政府的《广东经济年鉴》《广东建设统计月刊》等刊物宣称为重要渔港。

因为硇洲岛有着丰富的海洋渔业资源，所以一直以来岛上以捕鱼为业的人群占了相当一部分。湛江市首任市长郭寿华在《湛江市志》中谈道：国民政府刚接收广州湾时，硇洲岛内"居民约一万五千人，而职业统计渔占70%，耕占30%"。①

1939年，海南岛沦陷后，广阔的南海被笼罩在战争的阴霾下。日军飞机经常袭扰雷州半岛沿海，渔港被炸、被封锁，渔民被杀、被掳捕，渔船被掠夺、被烧、被毁者甚众，渔业遭到严重破坏。据不完全统计，1942年，硇洲有42艘载重1600担以上的大型渔船被毁，800余名渔民死伤；1944年7月的一天，在东海岛牛牯湾海湾面上，有硇洲疍家艇2艘20人被侵略者奸侮枪杀，渔船被焚。此外，渔场"受敌人侵扰，无法采捕……而渔船复相率逃避至港，殃及越南一带""或改业运输，余船无多"，加上风灾匪劫，渔业已处于衰落期。据统计，1948年主要渔港硇洲仅存渔民1570人，大型渔船28艘，产量仅有15400市担，分别比战前减

---

① 郭寿华：《湛江市志》，（台湾）大亚洲出版社，1972，第13页。

少62.6%、72.5%、83.2%。[①]

（二）新中国成立后，渔业恢复发展

中华人民共和国成立后，渔业被列入沿海边防建设的重要内容中。1951年6月，高雷专员公署设立海岛管理处；兴办水产供销社、收购站、渔业供销合作社；发放渔业贷款，资助失业、困难渔民恢复生产；设置渔港台风警报站和航道助航标志，使渔业得到迅速恢复。截至1952年，渔业总产量达24777吨，超过抗日战争前夕的水平。

1952年组建的雷东县实际为渔业县，管理硇洲、东海和南三等渔岛，设立水产科，指导渔区开展渔改和互助合作运动。成立渔业工会、渔业协会等渔业组织，发放渔业贷款，资助失业及困难渔民恢复生产。硇洲红卫渔民队、东海岛溪尾草渔民队等常年居住在水上的疍家渔民得到了政府的关怀，政府帮助他们实现安居乐业，纷纷搬到岸上居住，硇洲的罟帆渔民大队于"文化大革命"时期改名为红卫渔民大队。1956年，硇洲渔区基本实现生产合作化，渔业步入集体经济轨道，推行按件计酬的生产责任制，劳动效率提高，渔业生产得到较快发展。是年，渔业总产量7563.8吨，比1952年增长3.5倍。1959年，硇洲红卫渔民队首对机拖渔船投产，标志着渔业生产开始进入机械化发展阶段，注重捕捞生产技术和渔具的改进。东海岛的龙安、西湾等地开始采用风帆双拖，之后，全面推广由风帆船双拖改为帆船单拖等多项技术措施，不断促进海洋捕捞生产发展。

1952年，雷东县政府为了方便来自廉江等地的疍家渔民晒网、补网，在东海岛东参村附近划了一块地方给他们居住。这个

---

① 唐立美：《湛江渔业》，载中国人民政治协商会议湛江市委员会文史资料研究委员会编《湛江文史资料》第十辑，1991年内部编印，第188页。

地方既像一个内海港湾，又像一条溪流，因而称为"溪尾草"，在此成立的渔民队，后来也叫溪尾草渔民队，是岛内一个纯粹从事渔业捕捞的渔民大队。当时的溪尾草渔民大队语言独特，通常交叉使用白话和雷州话，甚至使用白话与雷州话混合话。溪尾草于1952年建村，地处东参村与调山村交界处，处于法国殖民主义者统治东海岛期间在岛上修建的公路——从东山镇到溪尾草埠的公路（全长5千米）的末端，建有街道式、两侧门户相对的瓦房两排，约40套。一条港沟从东参村延伸至其村前，渔船可以停泊在家门口。①

受20世纪50年代末"大跃进"和人民公社化的影响，东硇也取消了大集体下的小自由，这些政策挫伤了渔民的生产积极性，加上自然灾害频发，致使渔业生产陷入困境。1962年，贯彻中共中央关于《农村人民公社工作条例（草案）》和广东省委关于渔业20条政策，重新明确渔业工作中若干政策问题的界限，取消一些不符合实际的错误规定，出台鼓励渔业生产的政策，制定实施渔业生产建设规划与深、浅海同步发展规划。开展渔具改革，淘汰粗糙麻绳、藤皮和成本过大的渔具，改进网具材料为胶丝化、尼龙化。在20世纪60—70年代，渔业生产兴起机械化、船型标准化，掀起使用水泥钢丝渔船和冰鲜生产热潮。浅海渔村，如硇洲的津前、南嶂、北嶂和东海的龟头、溪尾草等村组成中拖、小拖渔业队。当时海洋渔业生产上只要"增船与增网"，就能够"增

---

① 20世纪60年代初，原为孤岛的东参村修建连接溪尾草至东山镇的公路后，溪尾草埠头被跨海公路横在了内港而不能通航，此后，溪尾草渔民大队的渔船只能停泊在东码头，离其村子约2千米，生活很不方便。为此，政府又在东参村码头旁边划了一块地给该大队迁建，陆续建了大队办公楼和30多栋住宅楼。该大队于20世纪80年代末迁移至霞山区菉塘村定居。在东海岛，以传统渔业为生的村庄还有龙安、龟头、东头山、西湾、渔窖、迈旗、蔚律、皮僚、东参等。

产与增收"，造船积极性空前高涨。但是，这种不顾客观实际的做法使得一大批传统刺、钓作业方式自此绝迹，使多数缺乏拖网基础技术的半渔农大队陷于单一拖网困境。

1978年下半年，改革开放，万业待兴，调整渔业结构，落实承包责任制。通过对渔业资源进行调查和区划，调整了浅海拖小围网、定置网方式，巩固深海拖网作业。实行"以捕为主，捕捞、养殖、加工并举，各有侧重"的方针，逐渐改变单一的"捕捞"渔业模式。1978年，国家公布全国49处渔港名录，硇洲岛渔港入编。

第二节 划入湛江郊区管辖

一、划归湛江郊区

1956年4月，湛江市决定在新鹿、潮满两个区成立郊区工作办公室，管理郊区的行政事务。"郊区"开始从一个单纯的地理概念向行政区划转变。从此至1992年东海岛经济开发试验区成立前，东海岛和硇洲岛大部分时间归湛江郊区管辖。

1958年，在"大跃进"运动中，进行了新中国成立后第二次大的行政区划调整。根据国务院第七十七次全体会议精神，各省开始撤县设市、撤县并市及撤县设区。鉴于雷东县"保护边防、争取渔民内向"的历史使命已经完成和建立人民公社的现实需要，1958年7月30日，广东省人民委员会批准将雷东县撤销，原雷东县管辖的东海岛、硇洲岛、南三岛①、特呈岛②由湛江郊区管辖。1958年底，在"政社合一"体制下，郊区所辖地区设6个人民公社，东海岛人民公社、硇洲岛人民公社是其中之二。1961年3月，由于原划给遂溪县的太平区（原通平区）被划归郊区管辖，郊区行政区管辖区又从原来的6个区（人民公社）增为7个区，每个区设区公所一个，全郊区7个区公所共管辖28个人民公

---

① 1953年2月划归雷东县，之前属吴川县的第九区。

② 1954年1月划归雷东县，之前属西营区。

社，其中硇洲公社为直属公社。[①]

　　1970年8月，郊区被撤销，除海头公社由霞山区管辖，麻章公社由赤坎区管辖外，其余公社均由市革命委员会直辖。1973年7月，中共广东省委批准恢复郊区。东海岛、硇洲岛重归郊区管辖。

　　1982年，为了加快城乡一体化建设步伐，推进行政机构改革，国家推行"市管县"体制改革。1982年，作为国家根本大法的宪法形式也首次明确地对市领导县体制进行了规定。此后，地市合并，城市升格，建立市管县体制成为行政改革的主要方向。根据中共中央指示精神，1983年，湛江地市合并，实行市管县体制。1984年6月25日，广东省人民政府批准湛江郊区为县级建制市辖区。民安、东山、东简、硇洲等7个区归湛江郊区管辖。1987年，7个区改为7个镇。后东海岛地区中的民安镇、东山镇、东简镇、硇洲镇由此定名。

二、东海岛防护林的形成

　　东海岛和硇洲岛碧波万顷，自从新中国成立后就开始打造"绿色长城"。由于湛江纬度低，阳光充足，蒸发量大，而且大部分土地均为火山喷发凝固的玄武岩风化残积土，因此土质疏松，渗透性强，保水能力差，植被少。在新中国成立之初，这里的森林覆盖率只有8%，可谓赤地千里。民谣中曾经这样唱道："大风沙满天，细风沙如烟；无雨三日旱，有雨水浸田。"说明风沙雨水的异常，气候恶劣至极，封建王朝的贬官多被发配至此以示惩戒。东海岛和硇洲岛地处湛江市郊，古代更为荒凉。

---

　　① 湛江市麻章区人民政府《湛江郊区简志》修订小组编《湛江郊区简志》（修订本），1997年内部编印，第5页。

1954年，因为东海岛亟待造林固风沙，几位林业专家赴雷州半岛考察，发现了适宜在沿海沙滩中生长的优良树种——木麻黄。1956年，毛泽东主席发出了"绿化祖国"的号召，"党政军民全动员，男女老少齐动手"，开展全民绿化造林运动。每年春天，大家都扛着锹，提着水桶种树，掀起全民植树、美化家园热潮。驻湛人民解放军第五十五军在军长陈明仁上将的带领下，曾积极参加湛江的绿化运动。杜棣芬、黄慈英等科研工作者也为湛江的绿化做出了重要贡献。

经过几年的努力，湛江绿树成荫，东海岛和硇洲岛被林海环绕。1959年2月20日，全国造林园林工作会议在广州举行，全国27个省、市、自治区林业部门的领导、专家、教授及代表140多人出席会议。会议闭幕式在绿化造林成绩显著的湛江举行。会议通过对湛江绿化造林进行现场观摩的形式推动全国绿化造林工作的开展。与会代表们来到湛江后，赞叹东海岛、硇洲岛的美丽风景。在参观了原定计划的电白博贺林带（当时属湛江市管辖）、南三林带、遂溪桉木林带后仍不尽兴，会议原定参观时间延长至3月19日才闭幕，在湛江停留了三日。代表们领略到湛江东海岛、硇洲岛植被的巨大变化。

东海岛四周的海滩涂上生长着红树林。红树林是生长在热带、亚热带海湾、河口滩涂上的木本常绿植物群落，由于其主要生长在潮间带上，涨潮时，潮间带被海水淹没，也同时淹没了长在潮间带上的红树林，所以红树林也被形象地比喻为"海上森林"。我国的红树林主要分布在广东、广西和海南的沿海地区，以上地区的红树林面积占全国红树林总面积的94%。而湛江市地处广东、广西和海南三省的交界处，是我国红树林分布面积最大的地级市，建有总面积达2万多公顷的国家级红树林自然保护区，东海岛沿岸则是湛江红树林的重要分布区之一。

东海岛红树林

　　历史上，东海岛周边滩涂区域遍布红树林，其西部浅海滩涂有较大面积的红树林分布。目前，东海岛红树林已被列入湛江国家级红树林自然保护区的保护范围，通过自然保育和人工种植结合的保护方式，红树林的面积有较大幅度的增加，达到近千公顷，有真红树和半红树植物15科25种，有本地自然生长的，也有进口移植的，主要的伴生植物14科21种，其中数量最多的为白骨壤、桐花树、海红榄、秋茄和榄。随着东海岛红树林种类和数量的逐渐增加，红树林生态系统功能也逐步得到完善，重新焕发出勃勃生机。已成为东海岛西部沿海的重要生态屏障，也吸引着越来越多的游客来此观光游览。

　　潮落时，走进东海岛红树林，就像走进了一座森林迷宫。首先最引人注目的便是红树林异常密集发达的根系。红树林的根系分为支柱根和呼吸根，支柱根自树干的基部长生，牢牢扎入淤泥中形成稳固的支架，使红树林可以在海浪的冲击下屹立不动。红树林的支根不仅支持着植物本身，也保护了海岸不受风浪的侵蚀，因此红树林又被称为"海岸卫士"，给海岸防风固土。

同时，红树林经常处于被潮水淹没的状态，空气非常缺乏，因此发育出数量众多的呼吸根，呼吸根外表有粗大的皮孔，内有海绵状的通气组织，满足了红树林植物对空气的需求。每到落潮的时候，各种各样的支柱根和呼吸根露出地面，规模交错，煞是壮观。

东海人民坚持保护环境、营造绿色美好家园的理念，他们在保护岛上原有生态树林的基础上，大力种植绿化环岛树木，其中革命老区西湾村种植的木麻黄树防护林长达10千米，东海岛内也到处种植了桉树（快速林）、环境树和果树，使整个东海岛绿化面积达到90%，到处郁郁葱葱，生态林、防护林、环境林构成一体。东海岛最靓丽的风景线就是海滩防护林，总面积达5.5万亩，郁葱起伏，犹如"绿色长城"。

三、堵海大堤大会战

中华人民共和国成立前，湛江和东海岛之间被一个宽约6千米，长数10千米的海峡相隔开。波涛汹涌的航道水流湍急，航道最深处宽约200米，涨潮时水深达17米。人们只能靠渡船往来，耗时不说，还要看海水的潮汐，遇上台风天气，只能耽搁，出行十分不便。古代时期，人们就有修堤的期望。1131年至1145年，宋朝经界司曾派胡薄组织农民在海康县和遂溪县的东、西洋沿海筑堤。但连接东海岛和湛江陆地的大堤是在中华人民共和国成立后才修建起来的，为东海岛人民打开了走出海岛与外界交流的大门。

1958年，东海岛堵海大堤动工，让东海人民看到了通向大陆的希望。从当年9月12日起，政府就动员群众通过参加义务劳动的方式来兴建堵海大堤。根据计划，湛江堵海工程拟在湛江市和东海岛之间修建跨海大堤两条，复堤一条。其中一条主堤是从今麻章区湖光镇海岸直通东海岛，为东北大堤。东北大堤于1958年9月开工，1961年2月基本建成。大堤全长6.82千米，其中跨海段4680米，陆地段2140米，堤顶黄海高程5.8米，防浪墙高程6米，堤面宽8米，外坡1∶3，内坡1∶2，内外坡3米标高处各设一道平台，全部铺砌护坡石。建设期间共组织1.5万人上堤施工，完成土沙方270立方米，石方52万立方米，投入410万工日，当时使用工程费1638万元（其中国家投资1310万元）。东北大堤是在20世纪50年代末60年代初国家还很贫穷、技术设备落后、资源贫乏的情况下建成的，充分展现了新中国人民敢教日月换新天的精神风貌。

当时可供堵海工程使用的机械设备仅有大、小汽车共5辆，拖拉机4台，机动船2艘，手推车1900辆，木斗车40辆，运土木船500只，运石船2500吨位，矿山斗车20辆。工具少、资金缺乏，政府就动员群众义务劳动。听到要修建堵海大堤的消息，群众都兴高采烈，兴冲冲地加入队伍中，誓要为大堤的建成出一份力。在几乎没有任何报酬的情况下，大家就自带干粮和水，自备铁锹和锄头，靠着肩扛人推，从40海里以外的硇洲岛等地运载石块。在海上作业的工人冒着冬天的严寒和夏日的酷暑，潜入10多米深的海底施工，每天一工作就是七八个小时，常常回到家已经累得不想说话。但回想起这些，大家的脸上都满是自豪，湛江市委的领导也赴第一线参加劳动。在1963年7号台风的抢险中，黄明德、王国强、解英、李重民、李祥岩等领导一面在现场指挥，一面抬大石、扛沙包，冲上保护大堤第一线。黄明德从早晨坚持劳动到中午，饥肠辘辘才想起还没吃早餐。旁边的解英知道后，从衣袋里掏出一个馒头递给他。黄明德咬一口，又咸又苦。原来馒头早已经被海水浸泡过了。在大堤合龙的时候，由于海水湍急，大堤几次被冲垮。冲垮一次，人民群众就再合龙一次。在5个回合的较量中，大堤才终于合龙。

在施工建设中展现了人民群众积极乐观的时代精神。在艰苦的年代，在艰难的作业条件下，人民群众任劳任怨，不怠工，积极乐观争当劳动模范，在工地上掀起你追我赶的社会主义劳动竞赛。第三工区民安大队"董存瑞"小组，以手推车运土，首创1100米运距平均每人每天运土3立方米、最高达到6立方米的记录。此后，在学、赶、超"董存瑞"小组的活动中，南三大队的"九虎将"创造了1100米运距每人每天运土7.3立方米的记录，麻章的"九勇士"创造了1500米运距每人每天运土10立方米以上的记录。"穆桂英突击队"的女同志曾四次在与男队的竞赛中获胜；妇女标兵朱秀琼带领10名妇女与10名解放军战士开展竞赛，每人每天只比解放军少运0.1立方米，展现了社会主义建设时期巾帼不让须眉的风采。

在施工工程中展现了人民群众不畏艰难、公而忘私的精神。在工程建设中，由于设备老旧，工程施工难度大，经常发生突发事件，如果处理不当，不但会前功尽弃，甚至会威胁作业群众的

1958年4月，东海岛堵海大堤工程兴建，图为施工场面

生命安全。在这些紧要关头，人民群众奋不顾身，临危不惧，表现出大无畏精神。在1960年6月的一次台风袭击中，为了保住刚垒起的大堤，干部和群众组成突击队，奋不顾身跳进大海里，筑成人墙来保护大堤。1963年又刮起第7号台风，台风卷起的海浪冲走了大堤上6.3万多土石方。群众再次团结起来抗击台风，保护大堤。在大堤合龙阶段，由于海水湍急，大堤曾几次被冲断。在一次合龙大堤的抢险中，运石船"文利号"触礁，船底穿洞，海水涌进船舱，随时有沉船的危险。在千钧一发的时刻，施工员李本、唐本容把安危置之度外跃身跳进海里，脱下衣服堵塞船洞。"文利号"最终化险为夷，顺利卸下石头。诸如此类的感人事迹在工地现场上比比皆是。

在工程建设中表现了军民团结一致的时代新风。20世纪50年代，国家考虑到海防安全，陆续将南海舰队从广州迁到湛江。在湛江堵海工程东北大堤的施工中，驻湛江人民解放军也是工程建设的重要力量。他们多次派出大批官兵和汽车、舰艇支援堵海工程建设，共完成土石方29.7万立方米。海军某部派来的一艘登陆艇和两辆汽车长期支援堵海工程建设。一些参加过长征的老红军，参加过抗美援朝的老战士，还有身经百战、多次负伤的老军人，虽然年过花甲但仍精神抖擞地积极投入。谢秉权曾在朝鲜战场荣获二级勋章，是位身经300多次战斗，曾6次负伤，胳膊曾骨折的老军人。年过半百的他在施工现场拉车载泥，健步如飞。湛江市属机关、各学校也多次组织干部学生前来劳动支援。经所有人的努力，共同筑起了这座大堤。人民解放军不但参加工程施工，还与人民群众互敬互爱，结下了深厚的军民友谊。一次解放军某部二支队一个副业生产队把自种的四个西瓜送到堵海工地，慰问工地上表现突出的重机连。在物质匮乏的酷暑时节，四个西瓜无异于佳肴珍品。但重机连认为自己的成绩比不上六连，便把西瓜谦让给六连，而六连又把西瓜递给四次同男队竞赛获胜的"穆桂英突击队"，而"穆桂英突击队"也认为自己受之有愧，又转送给堵海的劳苦高者，几经周转，最后这四个西瓜被送到在施工中光荣负伤和因劳成疾的伤病员手中。四个西瓜虽小，但其中凝结着的深厚军民情谊。

经过两年零五个月的艰苦奋斗，全长6.82千米的湛江堵海大堤，即东北大堤于1961年2月完全建成，大堤的建成对于东海岛人民来说是莫大的喜事。堵海大堤后来经过逐年加固后，架设了10千伏和3.5千伏两条高压线路，东海岛实现了通电、通车、通话。这"三通"极大促进了东海岛的农业灌溉和物质流通，为东海岛人的生活带来了变化。1987年4月20日，市郊区东山镇东南码头至硇洲岛的海底电缆配套工程硇洲输配电第一期工程竣工通电。硇洲也结束了无电的历史，为东海岛和硇洲岛被划入国家级经济技术开发区奠定了基本条件。

大堤的建设得到了中共中央和广东省委领导人的高度重视和关怀。1960年2月10日下午3时许，周恩来总理和夫人邓颖超在广东省委书记、省长陈郁的陪同下视察完海南岛后乘专机来港城湛江视察。他们参观了湛江港建设，饶有兴致地欣赏了越剧《寸金桥》，关切地问起中国共产党早期革命领袖黄学增家人情况，询问了湛江的开荒生产等情况。因接到毛泽东在广州的来电，2月11日早6时，周总理乘机离开湛江。临别前，周总理表达了对湛江堵海大堤、盐场等工程的关心。他十分抱歉地说："本来，我是打算在湛江逗留几天，亲自到堵海大堤、盐场、港口、鹤地水库、雷州青年运河等处去实地了解一下情况，拟找个合适的机会同地方领导干部合影作个纪念的，想不到夜里广州来了急电，行程不得不临时作了改变，心里很遗憾！现在，我只好委托陈郁、小鹏和邓大姐留在湛江多住几日，代我多跑几个点，到广州后再把在湛江看到的转告给我。时间已经不多了，我现在就要赶赴广州。祝大家工作顺利！"①

同月，中共中央委员会书记处总书记邓小平和中共中央政治局委员彭真、柯庆施、李井泉以及杨尚昆、胡乔木、刘澜涛、王任重等中央领导同志在广东省第一书记陶铸的陪同下视察东海大堤，邓小平赞扬工程的建设者有"女娲补天、精卫填海"的精神。陪同邓小平同志来到湛江视察的，曾任上海市委书记的柯庆施有感于湛江人民的精神，回上海后，让有关方面送给湛江一批输送泥土的机械，不久，上海某机械厂向湛江赠送了几台运输机。

1961年后，朱德、董必武、陈毅、贺龙、郭沫若等党和国家领导人都曾先后在来湛江视察工作时参观东海堵海大堤。著名文学家、诗人郭沫若来湛江考察时，曾到东海堵海大堤工地参观，并即兴赋诗一首，称赞湛江人民群众敢教日月换新天的精神。

> 十三华里大堤长，毅力拦腰斩海王；
> 开拓盐田万公顷，争取粮食亿新箱。
> 取材但用泥浆石，并举还看土结洋；
> 红日苍波春浩荡，利民福国颂天疆。

①　苗体君：《周恩来一生在湛江仅有的15个小时》，《红广角》2012年第5期，第31页。

郭沫若给堵海工程的题词

走进21世纪，湛江东海堵海大堤已韶华退却，但凝聚在那段历史中的精神仍然催人奋进。

四、教育事业新发展

东海岛上的最高学府——觉民学校，曾经孕育了一大批进步青年和革命者，成为革命摇篮。中华人民共和国成立后，政府高度重视教育工作，觉民中学成为公办学校并改名为"湛江市第三中学"。1952年雷东县成立后，"湛江市第三中学"又改名为"雷东县第一中学"。1958年，广东省政府撤销雷东县，将其划归湛江郊区，"雷东县第一中学"改名为"湛江第六中学"。1962年，位于东山圩的湛江师范学校被并入湛江第六中学统一管理。

雷东县政府非常重视雷东县一中的师资队伍建设，从县机关、本地抽调一批知识分子到雷东县一中担任教师，或从外地挖掘一批高水平教师作为雷东县一中教师的补充。如梁泉普（县干部）、谢信（县干部）、邓茂隆（东海岛第一批大学生之一，1937年毕业于中山大学天文数学系，因疾病及其他原因埋没于家乡多年）、林武忠（从外地引进教师）。这一时期，雷东县一中完成了由初级中学发展为高级中学的过渡。这时，初一有4个班、初二有4个班、初三有4个班，高一1个班、高二1个班，学生人数700多人，教职员工共约40人。

经过多年努力，湛江第六中学教学工作一年比一年出色。1960年毕业于湛江第六中学的学生，高考取得了相当好的成绩（38人参加高考，37人被录取）。[①]1963年起高考升学率超过湛江二中，1965年超过湛江一中。被学校领导和教师一致认为是湛江第六中学办校以来成绩最好的一届——1966届高中毕业生，由于受"文化大革命"影响而失去参加高考的机会，也失去了证明他们实力的机会，实在是十分遗憾。1969年以后，学校招生实行"推荐制"，简化课程，课堂授课较少，学工、学农、学军时间较多。1973年，湛江市将位于农村的中、小学校划归郊区直接领导和管理，并要求一律以当地地名冠名。湛江第六中学随之改名为"东山中学"。为传承发扬觉民学校的优良革命传统，1984年5月，经上级有关部门批准，同意"东山中学"恢复"觉民中学"的名称。当时的觉民中学，经过几十年的风雨洗礼嬗变，已成为环境优美，教学设施、文体配置、实验设施等较为齐全的教书育人好地方，广受称赞。

---

① 觉民中学校志编纂委员会：《觉民中学志·湛江第六中学卷》，2014年内部编印，第8页。

第六章

改革开放及新时期

国家级湛江经济技术开发区的创建与发展

1980年，中央从改革开放的战略高度出发，作出了建立深圳、珠海、汕头、厦门四大经济特区的重大决策，犹如一声春雷在人们心头炸响。四年后，即1984年，为了在从北到南的沿海地带构建全方位的开放格局，14个沿海城市被列为开放城市，湛江是其一。历史又一次把重大的战略机遇推到了南国海滨城市——湛江的面前。自此，设立国家级经济技术开发区，走上了"工业立市，以港兴市"的快车道。

一、喜借东风，一锤定音

湛江，历史上的"天南重地"，扼琼州海峡咽喉与西南诸省的东南出海口，地理位置非常重要，拥有铁路机场与全国八大港口之一的湛江港。然而，在计划经济的长期制约下，湛江仍然处于门类单一、以农业为主的经济形态，经济增长缓慢，与全国许多地区一样，面临着一次大的破局与突围。

（一）破解困局，主动申请选址

开发区的选址极为关键。1984年初，湛江市委书记温戈正好在外地考察，得悉中央准备扩大沿海开放城市范围的消息。同时还获知，湛江暂时还未被列入。他敏锐地察觉到，这是个难得的历史机遇。于是，他果断决定提前结束考察，立即返回湛江，召开领导班子会议商讨对策。最后市委决定，立即由市委顾问王国强飞往北京，找他在新民主主义革命时期的老战友、时任国务院第一副秘书长的李灏，请他牵线向国务院有关领导反映湛江人民要求将湛江列入沿海开放城市的愿望。同时，湛江市委、市政府组织一班人以最快的速度写好报告，赶在中央召开"全国沿海部分城市座谈会"期间，传真转交到参加会议的广东省委领导手中。省领导非常支持将湛江列入开放城市，在会上据理力争，历数湛江之区位优势和其他方面的优越条件，全面反映了将湛江市列入沿海开放城市的合理诉求。客观上，湛江的工业基础并无优势，打动会议代表的是其得天独厚的地理位置和当时并不落后的交通设施。

1984年4月6日，开了11天的"全国沿海部分城市座谈会"结束。5月4日，中共中央、国务院批转了《沿海部分城市座谈会纪要》（以下简称《纪要》），明确提出在原有深圳、珠海、厦门、汕头四个经济特区基础上，国家进一步开放14个沿海港口城市，授予较灵活的经济政策，以期先搞活沿海，继而辐射带动内地。湛江与大连、天津、秦皇岛、烟台、青岛、连云港、南通、上海、宁波、温州、福州、广州、北海，荣幸地跻身其中。至此，国家沿海地区全方位的开放格局初现雏形。

《纪要》同时明确提出："这十几个城市，有些可以划定一个有明确地域的区域，兴办新的经济技术开发区。"从有关部门得来消息，国家准备在这14个城市中，选取12个来兴办开发区，而湛江还是未入选。开发区作为城市对外开放的"窗口"，不仅能吸引外商投资，还能引进大量先进技术和管理经验，进一步推动一个地区的经济发展。国家给国家级经济技术开发区的权限和优惠政策仅次于四个经济特区，批建1平方千米的土地就给1亿元的扶持资金。10平方千米，分期可获10亿元的扶持资金。此外，还有进出口、税收等其他方面的优惠，这简直就是一个"金娃娃"。为此，湛江市决定极力去争取。

湛江市委、市政府高度重视。1984年5月下旬，湛江市委、市政府正式成立经济技术开发区建区筹备领导小组，由市委副书记陈斌任组长，申报设立湛江经济技术开发区的工作从此拉开序幕。

申报能否成功，很大因素取决于选址。因为选址在哪里，关系到开发区能否最大限度发挥其辐射与带动作用。在起草申办材料前，筹备领导小组立即投入选址的具体工作中。筹备领导小组请求市委、市政府出面组织专家论证会。1984年7月，第一次专家论证会在湛江海滨宾馆进行，出席会议的有湛江市委、市政府有关部门领导和高等院校的专家学者。应湛江市委、市政府的邀请，由广东省政府办公厅组织，省建委顾问谢均带队，省规划设计院副院长郭隆礼等一行11人专门前来指导。

在此期间，广东省省长梁灵光还亲临湛江，深入勘察霞海、坡头、东海岛等三地，三个候选地址的资料摆到了专家们的案头：

（1）坡头：优势是能更好地为南海西部石油基地勘察开发，提供进出口物资、成套设备及生活服务。局限是与湛江市区隔海相望，交通不便，将来码头、岸线和发展用地会与南油基地、海军基地产生矛盾。

（2）霞海：优势是位于霞山、赤坎之间，地质条件良好，交通方便，离湛江港码头及火车站、机场，均在4～6千米。湛江港务局第五作业区就在霞海港湾内；有整套现成的海、陆、空交通和电信设备可供使用；由于离市区近，各种生活设施和后勤服务可以利用老市区现成的设备，可达到起步快、投资少、开发成本低的效果，对外商具有较大的吸引力。

（3）东海岛：优势是四面环海，有明显的自然界限，便于封闭管理，全岛岸线有77千米，并有优良的深水港湾，如在龙腾至蔚律的深水岸线一带，可划出25平方千米左右的区域作为开发区，特别适宜上大项目。局限是基础设施配套投入很大，财政承受不了；淡水供给严重不足，岛内既没有内陆河，又没有湖泊，工业及生活用水都要靠开采地下水，而大量的地下水开采，又会带来资金、环保、生态等一系列的问题。

论证会最后，专家统一意见首选霞海，东海岛次之。也有个别专家认为如财力等客观条件允许，可搞一个开发区、两个（霞海、东海岛）功能片，两个功能片同时上或先后上，看资金实力及项目需求再定。

1984年7月17—22日，第二次专家论证会在南海舰队第三招待所举行，出席此次会议的专家范围更广、人数更多。来自北京、上海、广州、武汉、长沙等地的专家学者及省、市有关领导共153人。其中有上海交通大学、中央财经大学教授，广东省规

建区伊始，湛江市委书记温戈（前左三）、市委副书记陈斌（前左二）考察湛江经开区选址

划设计院副院长等国内知名专家。在这次论证会上，专家学者对选择霞海一带作为湛江经开区的选址，意见较为一致，很快达成共识。有些专家还建议，如开发区确定选址霞海一带，可在开发区内辟一块土地，作为自由贸易区，拥有自己的专用港口码头。这一建议后来为申报霞海港为国家一级对外开放口岸，纳入开发区管理做了舆论准备。通过两次专家论证，基本统一了认识，市委、市政府遂确定选址霞海兴办开发区，指示建区筹备领导小组立即起草呈报省委、省政府和国务院的书面材料并认真制定湛江市经济技术开发区规划大纲。1984年8月初，《湛江市经济技术开发区规划大纲（草案）》经市委、市政府审议通过。

（二）争取中央支持，一锤定音

1984年9月11日，市委副书记陈斌与市委副秘书长黄挺受湛江市委、市政府的委派，带领工作组拿着市政府关于进一步做好对外开放工作的报告和开发区规划大纲，呈送省政府。省政府办公厅和省特区办，以最快的速度在两天内办妥了省政府的批转文件。

兵贵神速，带着全市人民的重托，9月14日，陈斌、黄挺飞抵北京，次日就将有关文件分别报送国务院办公厅和特区办，并当面向国务院副秘书长李灏和特区办主任何椿霖汇报。工作组在京期间，还先后走访了国家计委地区局、国家经委技改局、国家城乡建设部规划局、中国国际工程咨询公司、中国国际信托投资公司和中国光大实业公司有关负责人，以及中国社会科学院经济研究所的专家学者，还邀请在京的湛江籍部分领导座谈，争取各方的支持。

到京的第10天，中央书记处书记、国务院副总理谷牧，在中南海办公室接见了湛江市赴京工作组领导。接见时在座的有中央财经领导小组成员、秘书长杜星垣，国家计委副主任甘子玉，国家体改委副主任安志文，国务院特区办主任何椿霖等。

那个一锤定音的场景，亲历者黄挺记忆犹新。中央书记处书记国务院副总理谷牧见到陈斌和黄挺，第一句话就问："你们选霞海还是选东海？"听到"选霞海"后，谷牧脸上露出了笑容。随后，他听取了陈斌关于湛江市工作和两个规划内容的汇报，表示满意，同意湛江兴办经济技术开发区。谷牧说："老企业技术改造和新开发区，你们讲的我原则上都同意，你们动手就是了，新开发区，省同意了，我们也同意。这个点（霞海）可以，下决心先搞一小块，一点点逐步来，开发一片，搞成一片。现在不要等批，最后要有个手续。我们的意见，广州、湛江一起批，等省来了办个手续，搞个文字的东西。"①

在座的何椿霖也一再表示，这个地方（霞海）选得比较好，湛江分几块，通过在霞海办开发区，可以逐步连起来，这样好。开发区以老城区依托，可以省钱。在座的国家计委副主任甘子玉也表示选霞海这个点好。谷牧最后说，为什么湛江的霞山发展得快呢？因为它有个港口。要先把霞山这边搞起来。甘子玉和特区办的同志都主张首期开发往霞山方面靠，集中搞一块，不搞长条形的，那样难于管理。

谷牧接见陈斌和黄挺两人后，甘子玉亲自召集国家计划委员会、国家经济委员会和城乡建设部有关局处和特区办负责人开会，专题讨论湛江的规划。甘子玉最后说："湛江两个规划整个提法是实事求是的，我们原则上同意。"②李灏等领导提出，要邀请全国、全省的专家来帮助讨论，做好规划。不仅要有开发区

---

① 湛江经开区历史文化丛书编委会编《三十春秋》，岭南美术出版社，2014，第6页。

② 同上书，第7页。

规划，还要有全市总体规划。开发区要有功能小区和行业规划，既有长远规划又有近期规划，在总的规划指导下一块块开发。对具体项目要进行可行性研究。南油能向湛江提供多少东西？西南能向湛江提供多少东西？湛江经开区能为它们提供哪些服务？湛江经开区对外资到底有多大吸引力？外商对哪些项目感兴趣？建设资金和人才问题如何解决？这些问题都要认真进行分析论证，做到心中有数，根据外商投资情况来决定开发区的进展，稳扎稳打。

对开发区引进什么项目，怎样引进，中央领导也十分关心和重视。谷牧要求湛江积极引进外资，多渠道筹措资金。为支持湛江起步，中央已定给湛江3000万元外汇额度，主要用于改造老企业，用于发展投资快、效益高的轻型工业。中央的一系列指示精神，为湛江经济技术开发区的诞生，指明了方向。

二、基础先行，初具规模

基础先行，先从"三通一平"做起。在筹建开发区的过程中，湛江不是坐等，而是边等边干。筹备领导小组副组长何均发回忆起那段峥嵘岁月，仍然豪情满怀。他说，北京的工作组返湛后，市里马上开始"三通一平"（通水、通电、通路，平整土地）。当年开发区的那块土地，除了一些水田与坡地，全是坑洼凹凸的丘陵，长着叫不出名字的杂草与灌木。湛江市市长滕义发带队，多次带领筹备组及工程技术人员去勘察龙潮岭的地形，那时没有一个现成的土路可以驱车，全是坡岭荒地，只能徒步走，一走就是一天，来回行程10多千米。早上每人带着一小袋干粮，灌满一壶白开水，口渴了，就喝上两口。中午就在龙潮村附近休息，午饭就是喝水吃干粮，还不到下午，一壶水就喝光了。

路通财通，没有路，建设开发区只能是一句空话。市长滕

1984年9月，贯穿经开区的人民大道工程动工

义发顶住各种压力，力主修通最便捷地连接霞山、赤坎两地，穿过开发区的"人民大道"，打通市区交通大动脉。有人以财政困难为由，要求只修四车道。滕义发以一种高瞻远瞩的战略家眼光，坚决否定了这个短视的建议："不行，起码修六车道，有条件的路段要修到八车道。统统留足绿化带、非机动车道与人行道。"①由于滕义发的坚持，人民大道于1984年9月20日如期动工，比开发区管委会正式批复成立的时间还早。

10月6日，湛江经开区管委会成立，湛江市委副书记陈斌兼任主任，何均发任副主任。

1984年11月29日，国务院以《关于湛江市对外开放工作报告的批复》批复湛江，其中第三点尤其明确指出："同意湛江市在着重搞好现有企业技术改造的基础上，逐步兴办经济技术开发区，开发新技术、新产品。开发区内引进建设的项目起点要高一

①　湛江经开区历史文化丛书编委会《三十春秋》，岭南美术出版社，2014，第9页。

些，应是技术、知识密集型的，或是对现有生产技术水平的提高和产品的更新换代有明显促进作用的；技术水平一般的项目不宜建在开发区内。同意开发区的位置定在霞山与赤坎之间，地域界限：南起塘河，北至文保河，西沿新建筑的人民大道，东临湛江内港。首期开发可不超过二平方千米，并应根据需要与可能，从小到大，逐步进行。"

湛江经开区是继国务院在1984年9月—10月批准大连、秦皇岛、烟台、宁波等开发区后，批准的第6个国家级开发区，比广州开发区批得早。1984年12月至1985年1月国务院又批准广州、天津、连云港、福州等开发区，由于这些开发区都是20世纪80年代批准设立的，在全国开发区发展史上统称首批14个国家级开发区。

沿海开放城市的许多开放政策和条件，湛江要灵活用好，它让湛江人开始走上一条探索与思考发展的新思路、新理念之路，给这座沿海城市带来了前所未有的活力。

（一）白手起家，锐意进取

建设开发区，一缺资金，二缺经验。没有前车可鉴，连办公的地方都没有，可谓是白手起家，同样要"杀出一条血路"。参与创建湛江经开区的有二十几号人，市政府只拨来2万元开办费。

建区之初从零开始，开发区管委会没有固定的办公场所，随着工作的不断推进，曾几次搬迁。1984年10月市里刚批准成立开发区时，筹备领导小组的10多名干部职工从市人大常委会大楼的临时办公点，搬到霞海地段市肉联厂大楼二楼，暂时租用办公，一共五六个房间。1985年10月，开发区管委会从市肉联厂搬迁到新建的4幢砖瓦平房里办公，位置在人民大道二号桥附近（现泰华大厦正对面的公园草地处），干部职工增至40多人。后来，开发区管委会在现泰华大厦后面的地段建成了一栋两层办公楼"裙楼"，于1988年5月搬入。开发区管委会办公地三次搬迁的时期，正是湛江经开区创建阶段，领导干部和职工们走过了一段极其艰苦的岁月。尽管工作环境和办公条件很差，但领导干部和全体人员以苦为乐、以勤为荣，忘我工作，默默无闻地奉献，树立起湛江经开区人艰苦创业、奋发开拓、锐意进取的精神形象。

（二）勇于开拓，规模初见

1985年4月2日，开发区创建奠基仪式如期举行，广东省委副书记谢非出席并为基石培土。

交通建设。为了改变湛江市区分两块的现象，将霞山和赤坎紧密连接，1984年9月湛江市政府决定动工兴建人民大道。人民大道起点在霞山区的菜塘湛江啤酒厂，终点在赤坎区的广湛路口，贯通开发区，全长9千米，路宽60米，建六车道，呈南北走向。1986年11月，人民大道一期和二期工程竣工，宣告建成通车，开发区管委会承担区内路段资金总投入4800多万元。人民大

1985年4月，湛江经济技术开发区举行奠基仪式

时任广东省委副书记谢非出席奠基仪式

道至今成为湛江市连接霞赤和开发区最重要、最亮丽的主干道。除建设人民大道外，还投资225.5万元陆续建成9条分支道路，形成了道路网络化。其中1986年建成长150米、宽60米的乐山西路，在三帆雕塑与人民大道交汇，构成了开发区大交通的恢宏骨架。

供水工程建设。建区头三年，湛江经开区的生产生活供水主要依靠霞山区、赤坎区解决。1987年9月初管委会决定，以无偿划拨土地，担保市自来水公司取得银行低息贷款为条件，委托市自来水公司在区内人民大道二号桥东边，兴建自来水厂1座。建厂总投资额为390万元人民币，占地面积为7619.4平方米，设计供水能力为2万立方米/日，厂外有2个抽水站，水厂于1988年9月交付使用。至1991年底，累计配套铺设800毫米口径供水管线9千米，400～1000毫米口径排水管沟21.8千米。

供电工程建设。湛江经开区1984—1985年的供电保障，主要依靠老城区原有供电设施解决。1985年底，由开发区无偿划拨土地1万平方米，委托市供电局兴建6.3万千伏安龙潮变电站工程，配套安装从赤坎至龙潮千伏线路2×7.3千米，双回路同杆架设，全线铁塔布置，共27个塔基。该工程于1986年上半年建成使用，总投资280万元人民币，其中省供电局拨款170万元人民币，另外110万元人民币由开发区管委会、交通部四航局三处、市航运局码头和市外贸局码头等单位分摊。1987年，开发区继续投资80多万元人民币，建设2.5万千伏安龙潮开关站工程。引进法国先进技术建设站机设备。同时从龙潮站出线双回路，共铺设6条电缆，长5千米，架设10千伏架空电线16千米。开关站于1991年10月正式投入运行，该站与6.3万千伏安龙潮变电站配套运作，为区内提供生产、生活用电。

通讯建设。1985年，湛江经开区仅开通200门程控交换机，1986年9月湛江市电信局湛江经开区支局正式成立后，电信通讯业务得到快速发展，1988年，程控交换机增至1000门，与市程控交换机联网，可直接拨通国内和世界各地电话号码，并可提供电报、电传、传真和电脑服务。1991年11月，管委会委托湛江经济技术开发总公司与市电信局联合投资460万美元，引进移动式无线电话项目。当年进口12座蜂窝基站（湛江6座、茂名3座、阳江3座）形成粤西地区的无线电话网络，首批进口美国摩托罗拉手机2000台，其中湛江1200台、茂名400台、阳江400台，是广东省继深圳、广州、佛山、珠海之后，开通无线电话通讯较早的城市之一。

排污管道建设。搞好排污管道建设是"五通一平"之一，建区初期，在首期开发的片区内，共铺设排污管道6.824千米，其中在人民大道铺设排污管道5.629千米；在教育路，外贸路、市政路、龙潮西路、龙潮工业区、泉庄生活小区等路段铺设排污管道1.195千米。

工业区和厂房建设。在建区初期，除加快基础设施建设外，开发区十分注重配套规划建设工业小区，并大力建设厂房。最早在1985—1986年，同步建设了龙潮工业区、电子工业小区。1991年，随着人民大道两侧第一期开发建设基本完成，第二期平乐工业园又相继开发建设。

龙潮工业区总占地面积0.6平方千米，是湛江经开区首批工业园区，是一个综合型的工业区。1985年秋，在龙潮工业区内正式动工建设工业通用厂房2幢，楼高6层，占地面积6500平方米，建筑面积共1.5万平方米，于1986年3月竣工，开始供客商租赁使用。在此落户较早的企业有广东三星汽车企业（集团）公司（前身是湛江农用汽车厂）、湛江通用电气（集团）有限公司、广城印染有限公司、湛江柠檬酸企业有限公司、广湛纺织实业有限公司，开发区三帆实业有限公司等。电子工业小区建于人民大道南端一号桥至二号桥一带，面积0.4平方千米，1986年建成。相继入驻该小区的企业有湛江电视机厂、湛江经济技术开发总公司、湛江佳能复印材料有限公司、开发区东华电器有限公司、湛江三得利橡塑工业公司、广东合得利（集团）有限公司、国家林业局湛江桉树研究开发中心、开发区发展总公司同皓电子有限公司、湛江万里汽车厂等。

平乐工业园面积为1.2平方千米，位于开发区的中心地带。园区主要以开发高新技术产品、发展高新技术产业为主。广东冠豪高新技术股份有限公司、喜利得（中国）有限公司、湛江国联水产开发股份有限公司、可口可乐、百事可乐等均在此落户并开花结果，是湛江经开区与东海岛试验区合并前的工业主战场。

三、"三资"引擎，建立基地

发展外向型经济是经济技术开发区的发展战略目标之一。外向型经济的主要标志是：兴办项目的资金来源于积极吸收外资，工业生产可以以外商投资开办的工业企业为主，产品以外销创汇为主。湛江经开区在建区初期，发展外向型经济，扎实起步，大力引进"三资"企业（中外合资经营企业、中外合作经营企业、外商独资经营企业等三类外商投资企业），发展"三来一补"（企业可进行来料加工、来样加工、来件装配和补偿贸易）业务，拓展外贸出口，并对通过国内经济技术合作进入开发区的老企业按外向型经济的要求进行技术改造，牵引着整个经济朝着外向型起步发展。

（一）"三资"引擎发力

在国家改革开放方针的指引下，湛江经开区注重结合实际，通过举办经贸洽谈会、项目洽谈会和派员出访考察等多种形式，广开渠道，多交朋友，促使外商前来投资，引进"三资"企业日益增多。从1985年的4家，发展到1991年的96家，其中合资41家，合作48家，外商独资7家。至1991年已建成投产的有47家，在建的25家，协议利用外资15943万美元，实际利用外资6352万美元。随着对外开放的不断推进和招商引资环境的不断改善，"三资"企业的结构和规模也不断丰富和扩大。

"三资"企业的规模，由建区初期的入资规模小，多属出口加工型的"短、平、快"项目，发展到1988年后，通过开展内联促进外引，成功引进一批入资规模较大、技术起点高的资本密集与技术密集的骨干项目。其中，复印机材料厂与日本佳能公司合资经营，利用外资292万美元，引进具有20世纪80年代后期国际先进水平的世界专利—单组分正性跳跃式显影剂的制造技术与生产线，年产复印机超细显影剂300吨，不仅填补了我国复印机材料的空白，实现进口替代，还被国外专家认为是代表着未来干式显影粉剂工业发展的方向。中外合作联发纺织实业公司，投产一年资金利润率达37%，1989年获广东省"三资"企业"金匙奖"；中外合作企业金辉电子有限公司，投产后的第一年完成工业产值829万元，出口创汇228万美元，1989年获"出口创汇先进企业"称号。湛江电视机厂与台商合作生产的5.5寸彩色袖珍电视机，图像清晰，音质悦耳，携带方便，产品远销西欧、美国，该厂1991年电视机出口返销创汇200多万美元。此外，湛江通用电气（集团）有限公司与港商合资的华发电气有限公司，湛江科技开发交流中心与美国合资的中美生物有限公司，湛江火柴厂与香港湛兴发展有限公司合作的湛江包装材料工业有限公司等，都是这一时期引进的效益比较好，能上规模经营的项目。

（二）"借船出海"建基地

湛江经开区处在中国对外开放的前沿，始终坚持贯彻国务院特区办提出的"以工业为主、外资为主、出口为主"方针，在引进外资、发展工业的同时，坚定抓实外贸出口工作。

1984年起，湛江经开区相继组建了进出口总公司、发展总公司、服务总公司、信托投资总公司、劳动服务总公司、科学仪器设备公司、建设开发公司、水产经济技术开发等八大公司。经广东省人民政府批准，均具有进出口业务经营权。这八家公司成立后，"八仙过海，各显神通"，发挥各自优势，拓展外贸出口。

"借船出海"，即在政策允许范围内利用开发区外资工厂的优势，为区内加工前工序产品，1986年组建的湛江经济技术开发总公司属下的服装厂，就曾经在霞山、赤坎两区，遂溪、海康等县组织了16家服装厂，共3000人为其加工服装前工序产品，当年出口创汇达76万美元，不但取得了的经济效益，也取得了很好的社会效益。至1991年底，全区已批准签订的对外来料加工装配合同80多宗，合同工缴费总额达5000多万美元，引进设备价值100余万美元，已执行并投产的有70多宗，获工缴费400多万美元。此外，湛江经开区在这一期间，获得广东省人民政府先后新批准了湛江经济技术开发总公司、中湛物资开发公司、粤纺进出口贸易公司、湛江市对外加工装配服务公司开发区分公司等4家公司的进出口经营权，使有进出口经营权的企业增至11家。出口创汇继续取得较高速度的发展，1986年出口创汇为717万美元，1987年为1007万美元，1988年达2505万美元，三年平均递增为51%。1988年、1989年、1990年出口分别比上年增长246%、52%、49%。1988年5月经广东省人民政府批准，由开发区管委会牵头，由开发总公司、金融大厦集团公司、发展总公司、中湛物资公司、进出口贸易总公司参股，在香港开办了盛湛实业有限公司，该公司于1988年9月开业运作，其在引进外资办实业、提供信息服务、拓展贸易等方面，为湛江发挥了"窗口""桥梁"的作用；为湛江市兴建新村发电厂引进外资800万美元，解决了当时电厂急需外汇资金的难题；为中国人民银行湛江市中心支行金库引进500多万元人民币的配套设备；为湛江饼干厂引进2条曲奇饼生产线等。

湛江经开区在建区初创时期外贸出口虽然有起伏波折，但是出口创汇依然保持高速增长的发展态势，1991年外贸出口总额达5153万美元，占全市出口总额19556万美元的26%，比本区1985年出口总额725万美元增长610.8%，年均增长87.3%，出口的品种从最初的10多种，增加到50多种，出口到美国、加拿大、日本、韩国、泰国、新加坡、越南等地，充分发挥了对外开放的"窗口"作用。

四、春潮涌动，不负期望

1993年9月，秋实累累的季节。时任中共中央总书记江泽民莅湛视察，充分体现党和国家对湛江的极大关怀和支持，为湛江的改革发展加温鼓劲并指明了前进的方向。

（一）春潮涌动

1993年9月24日上午8时40分，江泽民总书记在广东省委书记谢非、省长朱森林及湛江市主要领导陪同下来到全国八大枢纽港口之一的湛江港，视察一区港容和作业情况。9时25分，江泽民总书记一行乘中巴前往东海岛视察。

下午4时45分，江泽民总书记一行驱车来到湛江经开区。在广东三星汽车企业（集团）公司，江泽民深入车间厂房，看生产线，与工人交谈。讲话中江泽民总书记特别强调了提高产品科技含量，形成规模生产，提高效益的重要性。下午5时多，江泽民总书记一行视察完三星后，兴致勃勃地前往以生产复印机为主的高新技术企业——广东世联实业集团公司。当了解到该公司生产的复印机国产化率已达到65.2%时，他高兴地说："看来山不在高，有仙则名……"[1]

在座谈听取开发区工作汇报后，江泽民总书记肯定地说："开发区建立才九年，有那么多成果，是不错的。现在开发区已初具规模，要好好地研究、发展高新技术。"[2]接着他高兴地为开发区写了"发展高新技术产业，加快经济建设步伐"的题词。

（二）不负期望

遵照江泽民总书记的指示，湛江经开区坚定不移地实施"科技兴区"的战略。1994年，湛江经开区建立高新技术产业基地，确立"高科技、多引进、高速度、高效益"建设方针，制定出用三年建成中部综合区、四年建成南部商住区、五年建成北部工业区、六年建成东部贸易区、七年建成农村乡镇企业区的发展规

---

[1] 湛江经开区历史文化丛书编委会编《三十春秋》，岭南美术出版社，2014，第33页。

[2] 同上。

划。湛江经开区把眼光瞄准在国际先进水平的项目上，坚持技术高起点，对引进项目和申请进区项目按高新技术标准规范进行评审和认定。

在取得初步成果的基础上，开发区又把目光盯在市场需求上，坚持"有限目标、重点突破""因地制宜、量力而行"原则，立足于引进那些效益高、见效快、先进、成熟的实用技术，优先选择有利于发挥本地资源优势，对本地资源深加工，对本地区传统产业改造渗透力强、覆盖面广的高新技术项目。为稳住脚跟，在二期开发89万平方米建设用地中，开发区管委会划定50万平方米工业用地为全区的高新技术产业开发试验区，统一规划，集中管理。

改革开放的步伐在加快，高新技术产业建设在加速。湛江经开区管委会经过实践，探索出一条加快高新技术项目上马"催化"策略的新路：一是"区院挂钩"和"中—中—外"模式。开发区与北京大学生命科学院合作组建广东索奇生物工程公司，首期开发索奇MT生物饮品，于1994年9月正式投产，该产品在北京首届中国国际保健节获金奖。二是挂靠大中型企业和引进国际大公司，不断促进产业转型升级。

五、二次创业，争创优势

1993年以来，国际资本市场的供求关系发生了显著变化，竞争逐步加剧，作为我国对外开放"窗口"的经济特区引进外资面临新的挑战。如何增创新优势，成为崭新的课题。

（一）结构调整，增创优势

1995年春，湛江经开区发出了"第二次创业"的动员令。"第二次创业"不是第一次创业的自然延伸，而是开发区发展的内在要求和客观条件变化的自然选择，其实质是"第一次创业"

的深化、发展和提高。由以往比较偏重于基础设施与数量规模的形态开发向偏重于结构调整与功能拓展的内涵开发方向转变，从以往不够注重项目的选择向偏重于产业结构的优化和合理化方向转变，从以往偏重于单一功能的工业园区向二、三产业协调发展的综合型经济区转变；从初创阶段的探索型管理向精细严谨、科学规范的现代管理方式转变。这一发展阶段的主要任务，归结到一点：就是全面提高开发区的整体素质，增创发展的新优势，在更高层次上和更大范围内发挥示范、辐射和带动作用。

1996年，开发区党委、管委会审时度势，结合实际，提出了发挥"三大优势"，推进"三个转化"，开展二次创业的总体思路。发挥"三大优势"就是：发挥建区11年来创建的投资环境优势、创办的工业基础优势、建立起适应市场经济发展的管理体制优势。推进"三个转化"就是：推进经济增长方式从粗放型向集约型转化、经济运行机制从优惠政策启动向市场体制驱动转化、经济管理手段从一般化向规范化转化。

二次创业的头一年，在开发区人的共同努力下，克服了重重困难，二次创业取得良好的开端。以喜利得、冠豪纸业、包装材料为代表的企业保持了经济的平稳发展势头。1995年投资1020万美元建成投产的湛江冠豪纸业有限公司，始终坚持技术创新和产品开发，投产当年就实现年产能力1000吨，产值2亿元人民币，是当时国内首家生产热敏传真纸的企业。1996年开发区完成工业总产值51.6亿元，同比增长17%，占全市的30.7%，实现年产值超亿元的企业有18家；出口创汇1.4亿元，同比增长30%，占全市的31%；实际利用外资6045万美元，占全市的40.3%，全年各项经济指标、综合实力在32个国家级经济技术开发区排第6位。特别是实施"科技兴区"以来，一批国家级、省级的"火炬"计划项目和"星火"计划项目被开发区引进并生产，一批科技含量高、规模起点高、经济效益高的"三高"工业项目已逐渐形成了高新技术产业的优势。同时，一大批外商独资企业，合资、合作企业和股份制企业已成为开发区的主要产业群，显示了强大的生命力。

（二）扩容提质，拓展发展空间

二次创业促进旧企业不断扩张、壮大，吸引新企业不断加入进驻，这一让人意想不到的迅猛发展势头，令湛江经开区"地盘"一下子变"小"变"窄"了。湛江经开区建立初期，核准的区域位于湛江市赤坎区与霞山区两个老城区之间，总规划面积为9.2平方千米。就在1996年提出二次创业时，开发区管委会就未雨绸缪以前瞻性的眼光，开始向市委、市政府提出了扩区方案，要求设立出口加工区，增划2~3平方千米土地。到了2001年，开发区现有9.2平方千米的面积已开发8.52平方千米，剩余尚可开发的土地不足1平方千米，远远不能满足经济发展的需要，且土地比较分散，零星小块，一些大、中型企业因受土地制约难以落户开发区，一些劳动密集型和二类及三类工业项目也因城市中心的地理位置功能的制约不能落户，这使开发区的经济增长受到影响，无法发挥国家级经济技术开发区的政策优势和先导优势。

开发区扩容提质势在必行。为了适应湛江市和开发区的城市和经济可持续发展战略要求，开发区必须突破现存空间的限制，调整原区域布局，向外延伸拓展新的发展空间，创建新的发展载体。因此，向外延伸工业园区，扩大区域范围，是确保开发区可持续发展的唯一途径。

2001年，中共湛江市委召开七届六中全会，作出了"抓紧创建开发工业园和高新技术产业园区"的决定，为开发区的新发展注入了新的动力和活力。为此开发区全面启动工业园区前期准备工作，2002年，开发区进行扩区可行性研究和选址考察；2003年，展开相关规划工作；2004年，进入实质性选址论证；2005

年，向省政府、国务院上报扩区请求；2006年6月26日，商务部、国土资源部、建设部复函广东省政府，同意在湛江市东海岛扩大湛江经开区规划控制面积10平方千米。四至范围为：东至东简镇龙腾村西侧、坡头村西侧，南至穿岛公路北侧，西至东山镇青蓝北村西侧，北至海边。

开发区区域面积由9.2平方千米扩大至19.2平方千米。在扩区的过程中，商务部、省、市各级领导对开发区扩区工作高度重视，同时也体现了开发区人锲而不舍的进取精神。省领导指示有关部门要全力支持湛江经开区扩区工作。材料呈报后，商务部、国土资源部、建设部等领导在百忙之中听取了市、区领导的汇报，加快了审核的进程。特别值得一提的是，2006年，国家清理整顿开发区，严格控制土地审批，全国关闭撤停了大大小小1000多个开发区。在这种背景下，国务院还批准湛江经开区扩区，真令人意想不到。这也充分说明了湛江经开区的发展实力和潜力，深受国务院的看好和重视。

扩区，让开发区人有了施展才干、谋求发展的更大空间。他们主动出击，上门选商招商，引入了一批品牌企业，其中不乏世界500强企业。企业家们认为，放眼广东乃至整个中国，具备东海岛新区这种软、硬件条件的开发区，屈指可数。即使放眼全球，这里也是很多投资者的首选地。通过几年来的不懈努力，开发区已初步形成了石油化工、特种纸业、机电通讯、纺织服装、生物医药、食品饮料、包装印刷、农海产品加工等工业体系。

2008年3月17日，国家发改委正式批复同意广东湛江钢铁基地项目开展前期工作。一系列经济利好的推动，给蓬勃向上的开发区带来了新的发展机遇。在当时从紧的宏观政策下，这一批复让湛江人倍感振奋。2008年7月4日，借庆祝改革开放三十周年——2008粤港经济技术贸易合作交流会在香港举行之机，在香港北角城市花园酒店举办"国家级湛江经开区香港招商项目推介会"，区管委会分管招商工作的副主任廖东作了"湛江经开区大升温，投资置业商机无限"的主题演讲，湛江市政府副市长麦教猛、香港中联办九龙工作部副部长冼源、香港《文汇报》副总经理吴建芳等出席会议并致辞、讲话。香港《文汇报》以"2008中国最热的国家级开发区——湛江经济技术开发区"为题作了宣传报道，推介活动取得显著成效。随着湛江钢铁基地落户东海岛，开发区在东海岛延伸区已站在更高起点上——它不仅是湛江未来产值超千亿元的"宝库"，更是全球重化工业投资的一个新平台。

东海岛新区先后开展了陆地和海岸线规划和编制、环保评价、征地、融资、项目引进等开发建设的前期准备工作。按照国务院要求，东海岛新区10平方千米全部用于发展工业项目。根据专家评审通过的延伸区规划，该区将形成"一港、两心、两轴、五片区"的规划结构。"一港"即以北部港口为依托，"两心"是打造生态绿化核心区和集管理、精细、博览、金融等多种功能的综合服务中心，"两轴"是横向的生态轴和公共服务设施轴，"五片区"是石油炼化产业区、石化下游产业区、机械制造产业区、一般工业产业区和生活居住区五大功能区。延伸区将重点发展新型临港工业和钢铁配套产业，努力把新区建成新型临港重化工工业基地、宝钢集团湛江钢铁基地配套园区、现代物流园区和高新技术产业园区。

2008年11月12日，中共中央政治局委员、广东省委书记汪洋来到东海岛新区视察。看到工地上一片热火朝天的建设场景，汪洋欣慰地笑着说："有重大项目，有产业转移园，也有配套城区，让人看了很高兴。现在很多人说广东经济形势困难，让他们来东海岛看一下就有信心了。这里就能看出广东发展的前景啊。"[1]东海岛新区正迎来新一轮大发展热潮。

---

① 湛江经开区历史文化丛书编委会编《三十春秋》，岭南美术出版社，2014，第48页。

东海岛省级经济开发试验区的创建与发展

　　湛江市东海岛经济开发试验区（简称"东海岛试验区"）于1992年7月经广东省人民政府批准设立，管理东海岛、硇洲岛、东头山岛和南屏岛，辖东山、民安、东简和硇洲四个镇，行政上属湛江市政府派出机构，全区总面积347平方千米（其中东海岛是中国第五大岛，广东第一大岛，面积286平方千米），是全国面积最大的省级经济开发试验区。

一、新区建立，艰苦创业

　　东海岛试验区创建初期，条件很艰苦。首先是开辟东海岛试验区的行政基础。为了让建区起步顺利、开局成功，1992年8月13日，湛江市委、市政府研究决定成立东海岛试验区管委会筹委会；8月24日，正式发文成立东海岛试验区领导小组和试验区管委会筹委会。1992年11月12日，市政府出台《关于鼓励投资开发东海岛的优惠办法》，规定东海岛试验区享有与湛江市同等的固定资产和利用外资、引进技术、设备方面的审批权，同时规定凡是来东海岛投资基础设施建设项目、发展工业生产项目、成片开发土地项目、发展第三产业项目等，均从税费等方面给予特殊优惠。1993年3月25日，湛江市政府办牵头市民政局、国土局、东海岛试验区管委会筹委会及湛江市郊区有关部门实地勘察东海岛试验区与郊区之间的行政区域界线。1993年4月22日，湛江市委批准设立中共湛江市东海岛经济开发试验区委员会，并明确东海岛与硇洲岛的东山镇、东简镇、民安镇、硇洲镇的党组织归东海岛试验区党委管理。湛江市政府决定从1993年7月1日起，东海岛试验区作为湛江市委、市政府派出机构与湛江市郊区正式脱钩，属正处级单位，党政财一切事务由试验区党委、管委会统一管理，区党委、管委会驻地在东山镇。1993年首任东海岛试验区党委书记、管委会主任为陈华江，党政领导班子其他成员分别是王钦戈、邓碧泉、何少雄等，区党委、管委会机构下设党政办、组织人事部、纪委、宣传部、发改局、计统局、工业局、农业局、国土局、建设局、交通局、财政局、科教文卫体办、计生局、社会保障局、公安局，同时设置市、区双重管理的税务局、工商局。人民代表工作和武装、检察、审判工作仍属湛江市郊区（1994年更改为麻章区）管理，试验区首批领导干部100多名。在湛江市委、市政府的协调下，市里的建设银行等单位从1993年底起，陆续安排分支机构进驻东海岛开始营业办公。

广东省湛江市东海岛分区规划

1992年至1993年9月，试验区管委会筹委会和试验区成立之初的党委、管委会办公场所是租用东海林场办公楼办公，10月搬到东海岛试验区管委会现办公地址办公。当时建起了10多栋瓦房，围起100亩的简易围墙，条件非常艰苦。这种境况一直延续到2001年，也即管委会办公大楼"东海大厦"建成并完成装修后才搬进新楼房办公。在管委会工作的绝大部分领导干部、职工的家都住在湛江市区，他们早出晚归地坐政府大巴车上、下班，每天来回市区至东海岛60多千米。

二、蓝图绘就，谋划大工业

湛江面朝太平洋，距离澳大利亚近，东海岛和硇洲岛周围拥有很好的深水良港，具有发展经济尤其是钢铁产业的天然优势。20世纪80年代中期，广东省计委做了东海岛钢铁厂可行性研究报告。该报告让湛江经济的发展看到了新的希望。1989年，广东省政府正式向国务院呈报了建设湛江钢铁基地项目的建议书。1991年，宝钢工程指挥部总指挥黎明带领一支团队到湛江考察，他认为宝钢未来的发展在湛江，他相信宝钢完全有能力建设好湛江新项目。

1993年9月23—25日，时任中共中央总书记、国家主席、中央军委主席江泽民在丁关根、温家宝、张万年、谢非等领导同志陪同下，考察了湛江港、东海岛、湛江经开区、广东三星企业（集团）公司和广东世联集团公司等，对湛江和东海岛的经济发展规划给予肯定，并作了相关指示。

9月24日上午，江泽民总书记视察了湛江港，听取湛江港区扩建规划的情况汇报，并为湛江港题词："建设南方大港，发展湛江经济"。随后，江泽民视察了东海岛。当看到笔直的堵海大堤把海岛与大陆连成一体，全岛一马平川，到处郁郁葱葱时，江泽民高兴地说："东海岛现在已经不是海岛，而是个半岛了……东海岛土地平坦，地理条件好，又有一条深水港岸线，是一个好地方。"①当市委领导汇报说东海岛试验区的开发首先是抓好规划和基础设施建设时，江泽民肯定地说："现在你们就是要抓好整个海岛的规划和基础设施建设。现在看起来先抓基础设施，可能看不到什么东西，但是基础设施搞上去了，经济也就会发展起来。无论如何你们一定要抓好整体规划。"②

江泽民还来到了宝钢集团预选厂址——东海岛蔚律港，听取了关于钢铁厂的整体规划、起步工程、合作伙伴、原材料来源、用水、能源供应、交通运输等问题的汇报。江泽民说："你们把钢铁厂选址在东海岛是好的。东海岛土地平坦，地理条件好，又有一个深水港岸，是一个好地方。""湛江港有天然屏障，的确是个良港。东海岛大有发展潜力。"③在临离开东海岛时，江泽民在题词本上签名留念，并风趣地说："好，我第一个为你们开张了！"江泽民视察东海岛，是对东海岛试验区一个很大的推动。

三、基础先行，港口兴区

在江泽民视察东海岛的"东风"鼓舞下，东海岛试验区掀起了新一轮的开发热潮。抓总体规划的落实，大力推动修路、建桥，建港口码头等基础设施的建设，为发展大工业打好坚实的基础。东海岛的港口资源很丰富，有北山港、蔚律港，还有硇洲南港、北港等。特别是东海岛的蔚律港条件十分优越。蔚律港

---

① 湛江经开区历史文化丛书编委会编《三十春秋》，岭南美术出版社，2014，第31页。

② 同上。

③ 同上书，第32页。

在 东海岛北部，距市区霞山18千米，港面1.5平方千米，涨潮水深10～15米，码头可进出80吨～90吨船只。其中龙腾至蔚律6.5千米岸线，水深26～40米，航道距码头前沿300米，进港航道宽2千米，是天然深水良港，建成的港口可同时通航两对30万吨级以上的货轮和50万吨级以上的油轮，可辟为年吞吐量1.5亿吨以上的国际大港，被专家们称为未来亚洲的鹿特丹港。

东海岛试验区响应湛江市确立的"港口兴市"部署，提出了"港口兴区"战略，按依岛建港、以港招商、工贸结合、综合开发、外引内联、全面开放、服务西南的发展思路加速开发东海岛，把蔚律港建设成为我国南方的国际深水大港，并以此为突破口，推动东海岛试验区的全面发展。围绕实现蔚律港的价值最大化，东海岛先后建成28.1千米长的中线一级水泥公路并已通车，海明路等多条通往港口、码头的公路已经建设并通车，1万吨级、5000吨级和3000吨级的三个码头也于1995年动工并建成。2009年1月开工建设东海岛跨海大桥，2010年8月30日合龙，并于当年底通车。东海岛跨海大桥是湛江继海湾大桥之后又一重大跨海桥梁公路工程，包括东海岛跨海大桥在内的广东海大路口至蔚律港公路工程，连接已建成通车的湛江疏港公路、渝湛高速公路，与国道325线、207线和省道373线、374线相连，共同构成环绕湛江市区、湛江港区和东海岛钢铁基地的现代化公路网络。广东海大路口至蔚律港疏港公路建设工程路线全长24.2千

东海岛港口

米，其中东海大桥长4.3千米，全线采用一级公路技术标准，设计时速100千米/小时。公路岛内部分按六车道设计，跨海大桥和岛外部分按八车道设计。工程分近、远期实施，近期实施岛外、岛内公路六车道，路基宽33.5米，跨海大桥实施半幅四车道，桥宽20.25米。通过设计和交通组织，大堤路面二车道和半幅桥面四车道组成六车道通行。东海岛跨海大桥现已成为东海岛交通要道。

砣洲岛是由20万～50万年前海底火山爆发而形成的海岛，也是中国第一大火山岛。海岛陆地面积56平方千米，岛岸线47千米，有自然港湾11处，平均每4千米一个港湾，南港避风港和北港避风港是砣洲两大港口。兴建砣洲南港避风港、北港避风港是砣洲发展渔业的重要基地。1993年，砣洲南港避风港以其较好的基础条件和重要的地理位置被正式列入全省渔港建设十年计划。根据计划，渔港建设由省、市、区和镇四级政府共同出资1204万元兴建。首期（1994—1996）工程项目包括建设一座高桩码头100米，护岸1120米，疏浚港池50万立方米。1994年，省海洋渔业局批复同意增加吹填港池造地320亩，但需增加计划外资金2300万元。根据国务院办公厅转发的农业部《关于加强群众渔港建设的报告》中规定的"群众渔港建设资金仍采取民办公助方式，以渔民自筹为主"精神，计划外的资金需要由砣洲镇政府自行解决。为解决资金缺口问题，1995年10月，砣洲镇采取"以地换港，以港养港"的办法，与湛江住宅集团公司、湛江振财实业总公司合作进行渔港滨海小区开发，引进资金参与渔港填海工程建设，终于解决了建设资金问题。1995年11月，首期渔港建设和填海造地工程全面动工，至2000年9月全部完成，历时将近5年，工程总投资3443.8万元。

根据国务院办公厅转发的农业部《关于加强群众渔港建设的报告》，群众渔港按其服务范围和吞吐能力划分为三级：（1）

几省（区、市）渔船共用或常有外籍渔船停靠，年卸港量在2万吨以上的为一级渔港；（2）主要供本省（区、市）渔船使用，年卸港量在1万吨以上、2万吨以下的为二级渔港；（3）一般属本县（市）渔船停泊，年卸港量在1万吨以下的为三级渔港。硇洲渔港在建期间被农业部列为国家一级群众渔港。2001年，农业部批复同意硇洲渔港扩建防波堤工程项目，即建成斜坡式防波堤820米。防波堤在2002年8月30日竣工后，围拢形成避风停泊水域40万平方米。2001年和2002年，硇洲渔港连续两年被评为省文明渔港。2004年12月30日，国家农业部批复同意硇洲中心渔港建设项目可行性报告，项目概算总投资为4919.66万元（其中中央预算内专项资金2500万元，地方自筹资金2419.66万元）。工程于2011年9月完工。至今，硇洲中心渔港有码头2420平方米，护岸2197.7米，避风港及航道疏浚175立方米和配套管理中心改造、绿化、通讯导航、环保、供电照明、给排水及消防等设施各一批。在党和国家政策的支持下，在勤劳智慧的硇洲人民的努力下，昔日的硇洲南港避风港已成为国家级中心渔港。

四、"人龙舞"登场龙海天

东海岛龙海天旅游度假区位于东海岛东部，它是由山峰、坡谷、丘陵、沙滩、绿林构成的天然旅游胜地。旅游区一带有防护林5.5万亩，林带伸延于海滩边，郁葱起伏，犹如"绿色长城"。旅游区东临南太平洋，岸长沙软，沙滩带长28千米，宽150～300米，是"中国第一长滩"，世界第二长滩。

1994年7月，广东省人民政府批准建设东海岛省级旅游度假区，从1995年2月开发，到5月31日，旅游度假区就正式对外开放。旅游区内先后投资10多亿元，建设了防浪堤及观海路、下海路、涛声路、龙海路，安装路灯180盏，铺设排污排水管道11.5千米；建成龙泰广场、候车大厅及停车场、自来水厂。旅游区内现拥有标准床位3120个，餐位2500个，开业的宾馆、酒店20家，其中东海温泉宾馆、北苑度假村、观涛酒店、贵州民族度假村分别以温泉浴、歌舞厅和民族风情等特色吸引游客。旅游区对外开放以来，共接待海内外游客超千万人次，营业总收入近10亿元，解决1600多人就业。东海岛龙海天旅游区海滩经常举行隆重而富有东海特色的人龙舞表演，还成功地承办了全国沙滩排球赛和世界杯帆板赛暨奥运精英赛。昔日28千米原始荒滩的一部分，如今变成了具有一定知名度和影响力的省级AAA旅游度假胜地，并成为湛江市旅游业的龙头。

东海岛人龙舞是当地最有特色的民间艺术。地方志记载，东海岛人龙舞起源于东海岛东山街道，始于明末清初，是流传了300多年的民间大型广场表演艺术，其结构分为龙头、龙身和龙尾，由大人和孩童结合而成，规模可大可小，节数多少不等。东海岛人龙舞表演的人数可多可少，少则三四十人，多则三四百人，可谓人多势众。龙头是龙的精髓所在，体现龙的精神。它由一个彪形大汉身负三个小孩组成，分别表示龙角、龙眼、龙舌，龙身是龙的主体部分，由人相继倒卧分节连接而成，演员经过化妆打扮，穿上黄色或青色服装，就变成黄龙或青龙。舞龙时，演员按照锣鼓的节奏舞动，龙头双眼闪闪发光，龙身左右翻滚，龙尾上下摇摆，甚是壮观。随着龙头昂首前进，远远望去，真是龙腾飞舞，人显神威，从中可以感受到舞者不可战胜的群体力量。人龙舞充满了浓郁的乡土气息，东海岛人龙舞作为一种民间艺术形式，源远流长，独具特色，2006年入选首批国家非物质文化遗产代表性项目名录，被誉为"东方一绝"。

在湛江市全力构筑"彩色湛江"旅游大格局，积极打造"滨海度假胜地、海鲜美食天堂"的活动中，由东海岛试验区管委会与湛江市旅游局等单位共同举办的"2007中国湛江东海岛人龙·沙滩旅游文化节"，在五一黄金周期间于东海岛龙海天旅游度假区举行。在"2007中国湛江东海岛人龙·沙滩旅游文化节"开幕式上，由188名表演者共同创作的76米长的东海岛人龙舞，在公证人员监督公证下，被载入"上海大世界基尼斯之最"纪录，上海大世界基尼斯总部代表当场向东海岛试验区管委会颁发了认证书；于2006年5月被上海大世界基尼斯总部认证为"中国第一长滩"的连绵长达28千米的东海岛龙海天沙滩举行揭幕仪式。东海岛人龙舞还光荣地被选为参加2008年北京奥运会开闭幕式的表演节目，展现东方龙图腾的古老魅力，永载史册。

2007年，东海岛人龙舞在龙海天沙滩隆重举行

五、工农并进，文明建岛

1997年东海岛试验区成立五周年时，由胡海运任区党委书记兼管委会主任。当时，东海岛试验区的经济受全球市场的直接冲击，压力很大。由于铜价巨幅波动及大幅下挫，对试验区工业支柱企业——天恒公司的生产经营造成严重影响，致使该公司停产九个半月，产值比1996年减少12.86亿元，从而带动地区生产总值负增长。在严峻的形势面前，东海岛试验区党委、管委会支持该

公司调整生产、减少损失；鼓励其他企业扩大生产、缩窄缺口；更重要的是，动员全区力量，全力以赴抓好工业园区建设和重点项目建设，使更多项目尽快建设、投产。区党委、管委会从东海岛的实际出发，既强调工业立区，又大力推进农业发展，还注重文明建岛，三方面的工作都取得了较好的成效。

一是强调抓好园区建设，推动项目的发展。首先是提出要勒紧裤带上园区，扎扎实实打基础。有项目无载体，是招商引资工作的切肤之痛，是制约东海岛试验区经济发展的瓶颈。为了改变这种状况，2007年，东海岛试验区在财政非常困难的情况下，筹集资金1400万元启动工业区征地、建设工作，打造招商引资平台。在抓好园区建设同时，为防止出现开而不发的状况，在招商方向上，注重把当地的传统优势拓展为发展优势。针对东海岛农民有加工渔网的传统、市内各大网厂渔网加工最后一道工序大多送到岛内农户完成的情况，东海岛试验区把渔网工业作为招商重点，2007年底已有六家网厂厂房封顶，其中两家已于2007年10月投产。渔网工业城的建设，可以带动民安镇成为渔网生产专业镇，解决一万多农民分散就业问题。其次是着力抓好重点项目建设，构建经济发展新格局。当时东海岛有没有大的发展和改观，关键在于港口和岸线资源的开发建设是否实质性启动。2007年，湛江钢铁基地前期项目——龙腾物流有限公司球团厂项目正式签约，企业计划动工建设的时间非常紧迫，东海岛试验区面临着项目征地、村庄搬迁、村民安置、海域清障、相关渔民渔船生产补偿、吹填造成周边虾池被污染等一系列难题。为了抓住机遇，确保球团厂项目建设顺利推进，区党委、管委会带领全区干部群众，认真按照省、市提出的目标和要求，严密部署球团厂项目各项工作，尽心尽力开展工作，经过几个月的不懈努力，克服了各种困难和问题，保证了球团厂项目如期动工建设。由于项目、园区建设扎实推进，2007年，全区完成固定资产投资3.41亿元，同比增长22.9%；社会消费品零售额4.5亿元，同比增长18.1%；地方财政一般预算收入4590万元，同比增长27.4%；农民人均纯收入4327元，同比增长6.9%。2008年，东海岛试验区全区完成生产总值21.14亿元，同比增长12.8%；其中第二产业增长56.9%，第三产业增长10%。全社会固定资产投资24.88亿元，同比增长628.5%；地方财政一般预算收入5693万元，同比增长24.03%；农村居民人均纯收入4820万元，同比增长12.1%。

二是大力推进农业产业化建设。发展"一镇一品"规划发展，农业结构调整稳步推进。"硇洲一挂蕉""东简一条虾""民安一棵菜""东山一头猪"的农业产业化发展格局进一步凸显。2008年，农业总产值19.68亿元，同比增长4.1%；全区水产养殖面积8115公顷，总产量达9.02万吨，同比增长3%；渔业经济总产值11.93亿元，同比增长2.8%；全区水稻等粮食种植面积达14.48万亩，与2007年基本持平；蔬菜种植面积4.95万亩，总产量6.68万吨，比2007年增加1.1万吨；香蕉种植面积3.3万亩，年总产量11.88万吨；甜玉米、木瓜种植业发展较快，取得明显收益。

在经济发展同时，东海岛试验区着力改善民生，让群众共享发展成果。自2005年以来，在工作思路、财政投入、具体措施上更多地偏向于为人民群众谋福祉，以做强特色产业、促进劳动力转移来增加农民收入，以整村推进茅草房改造来改善人居环境，以扩大新型农村合作医疗和城镇居民合作医疗来强化社会保障等。其一，着力解决群众饮水难问题。2007年，全区共投入改水资金250多万元，打井10眼，解决了10个村庄1.2万人的饮水问题。其二，着力解决群众看病难问题。以扎实推进新型农村合作医疗为切入点，在连续三年新型农村合作医疗覆盖率居全市前列的基础上，再加大工作力度，2008年全区已有16.8万人参加新型农村合作医疗，占全区农业人口的91.59%，有效地解决了农民因病致贫、因病返贫的问题。其三，着力解决群众行路难问题。2007年，全区新建并验收农村公路34条，实现了村村通公路目标。其四，扎实推进农村义务教育及危房改造工作。投入"四有"工程建设资金1300多万元，新建了一批教学楼、学生宿舍、学生饭堂和卫生公厕，"四有"工程走在全市前列，被市里充分肯定并在经开区召开现场会推广，学校危房改造工作在全市率先通过验收。其五，进一步完善社会保障制度。为1960个低保对象落实了最低生活保障，为1661个五保户发放供养金170万元，680名优抚对象的优抚金按时足额发放，做到了应保尽保。同时，为198个孤儿找到了"新爸新妈"，使这些弱势群体切实感受到党和政府的关爱。

三是坚持城乡联动，共建生态文明新海岛。按照市的统一部署，扎实推进城乡清洁工程。2007年，全区拆除铁棚和砖木结构违章建筑1890间，面积2.7万平方米，篷布2570张，纠正跨门占道经营1983户，取缔流动摊档2410个，清理乱堆乱放438处，清理卫生死角80个，清运垃圾600车约8000吨，清理排水沟13条6500米，划定车辆停放处224个，安排流动摊档入室经营1090户，新建垃圾中转站点4个，新增垃圾收集手推车20辆，城乡环境卫生状况有了较大的改观。以整村推进茅草房改造为切入点，全面建设社会主义新农村，抓住了群众的"盼点"，找到了干部的"干点"，解决了问题的"焦点"，取得了明显的成效。东海岛试验区的经验被广东省扶贫办印发，并报国务院扶贫办。2008年，东海岛试验区共有11个村庄被评为湛江市"最美丽的村庄"，占全市获评村庄数的10.7%（试验区村庄总数仅占全市村庄总数的2.6%）。

两区整合，革命老区开创建设新局面

　　湛江经开区在东海岛扩区10平方千米后，市委、市政府根据湛江经开区加快发展与东海岛试验区加快开发的需要，于2007年开始酝酿湛江经开区与东海岛试验区整合问题，成立由市政府常务副市长阮日生为组长的调研工作组，开展调研"两区整合"的可行性，全力以赴，进一步加快整合步伐。

一、改革创新，优势互补

　　随着经济社会的发展，湛江经开区与东海岛试验区两区间的不协调日益突出。湛江经开区虽然拥有国家级经济技术开发区的体制优势和招商引资的品牌优势，但可供使用的地块已所剩无几，有企业、有项目却因无地进不来；而东海岛试验区，拥有着300多平方千米充足的土地资源，但由于只是省级开发试验区，在招商引资上缺少了品牌的号召力和吸引力，工业和第三产业都发展滞后。

　　湛江经开区还是省级高新区、广州（湛江）产业转移工业示范园，同时正申报国家级高新区和国家级循环经济示范区。整合两区，就能将湛江经开区的体制优势、招商引资优势和品牌效应与东海岛试验区的土地资源优势有机结合，实现两区优势互补，促成效应最大化。"一区多园"的发展模式使得"两区整合"后具有的政策叠加优势更加明显，有利于经济发展方式转变和产业结构优化升级，达到资源互补、政策叠加和优势互补的最佳效果。

宝钢湛江钢铁项目获得国家发改委批准开展前期工作。这一利好消息坚定了市委、市政府对湛江经开区与东海岛试验区整合的决心与信心。经开区的政策资源优势、财力资源优势与东海岛的土地资源优势、大工业优势若得到有效整合，会产生优势互补的巨大效应，这是全国其他国家级经济技术开发区所无与伦比的优势。

2008年下半年，市委、市政府开始正式启动两区机构整合的筹备工作。2009年4月，湛江市委决定成立湛江经开区和东海岛试验区两区机构改革工作领导小组，下设办公室，具体负责研究制定机构整合工作方案。在制定整合方案期间，2009年8月10日，计划投资455亿元的中科炼化一体化项目宣布落户湛江东海岛，这使整合两区论据更加充分。8月下旬，机构整合请求报告上报省编办。10月，省编办批准"两区整合"。2010年1月8日，湛江编委会发文《关于印发湛江经济技术开发区管理委员会、东海岛经济开发试验区管理委员会整合方案的通知》，决定湛江经开区管委会、东海岛试验区管委会合并设置为"湛江经济技术开发区（广东湛江东海岛经济开发区）管理委员会"，两区机构和人员整合成"一套人马，两个牌子"的模式。从此，湛江经开区管辖区域面积从19.2平方千米扩展到354平方千米（含建成区、东海岛、硇洲岛、东头山岛、南屏岛），成为全国面积最大的国家级经济技术开发区。

2010年1月11日，湛江市委在湛江经开区隆重召开大会，宣布湛江经开区与东海岛试验区正式合并挂牌，成立新的党委、管委会，实行"一套人马、两个牌子、统一管辖"的体制创新模式，"两区整合"仅一个月，区、局级领导全部任命到位；

两个月内，所有中层干部完成整合到位；三个月内完成合并后的创新管理机制，充分体现了整合后湛江经开区的崭新面貌和高效机制。

"两区整合"后，全面实行大部制，将原来两区的40个区直部门进行整合，重新设置为16个副处级部门和2个参公管理事业单位，各部门按地级市部门的级别内设正科级科室，压缩了人员编制和机构，减少了工作流程，提高了服务效能。针对整合后，湛江市委、市政府对经开区提出了更高的要求，同时也给经开区更大的职权，明确经开区各部门（除公安外）享有市一级管理权限。

面对新的历史使命，湛江经开区紧紧抓住"两区整合"和钢铁、石化两大项目落户东海岛的重要战略机遇期，豪迈地提出了"三年打基础，五年挤进全国国家级开发区中等行列，十年挺进前十名"的奋斗目标。为了推动这一奋斗目标实现，湛江经开区进一步制定新的产业布局和产业结构提升目标：在建成区，建设湛江商务中心、金融中心和新兴服务中心；在东海岛，发展钢铁产业、石化产业、现代物流业和海岛旅游业，建成宜工、宜商、宜居的现代化新城区。"两区整合"后，区管委会副主任廖东撰写了一篇关于"两区整合"的调研文章，得到了来经开区检查、指导工作的省委第二巡视组组长曹南才的好评，被推荐刊登在省委政策研究室主办的《广东调研》杂志。文中指出："两区整合"是成功的，实现了"1+1>2"的整体效应，形成了"五个之最"和"四个增强"。"五个之最"的特点与优势：一是"最早"。湛江经开区是首批14个沿海开放城市的国家级经济技术开发区之一。二是"最南"。位于祖国大陆最南端，是全国唯一的海岛型国家级经济技术开发区。三是"最大"。"两区整合"后，管辖面积达到了469平方千米，成为全国管辖面积最大的国家级经济技术开发区。四是"最高"。同期进入湛江经开区东海岛的项目投资总额最高，钢铁、石化、造纸等项目总投资超过1000亿元。五是"最热"。湛江经开区是全国唯一拥有钢铁项目的国家级经济技术开发区，三大工业航母落户东海岛的龙头效应，使湛江经开区成了一块充满商机的投资热土。"四个增强"：一是体制创新，活力增强；二是优势互补，实力增强；三是目标明确，推力增强；四是充分授权，动力增强。

二、招商引资，集群效应

"两区整合"给湛江经开区的经济发展带来了质的飞跃。2010年，全区实现生产总值132.7亿元，同比增长14%，增速居全市第二，人均生产总值5.3万元；农业总产值21.6亿元，同比增长4.8%，农民人均纯收入5918元，同比增长11%；工业总产值189.4亿元，同比增长30.4%。第一产业增加值15.5亿元，同比增长4.5%；第二产业增加值73.1亿元，同比增长18.5%；第三产业增加值44.1亿元，同比增长12.7%。"两区整合"不仅带来了可观的经济效益，加快了湛江经开区工业、农业、第三产业、社会事业、招商引资和对外贸易等方面的快速发展，同时还进一步加快了经开区各重大项目、投资环境和基础设施的建设步伐。

（一）龙头带动，基础先行

总投资696亿元的宝钢湛江钢铁基地项目和总投资590亿元的中科炼化一体化项目通过国家发改委批准，环评工作也获得环保部评审通过，以钢铁、炼化两大项目为龙头的临港重化工业基地初显雏形。投资4.3亿元的东海岛跨海大桥建成通车，投资32亿元500万吨球团项目的卸货码头建成使用，钢铁基地重件码头和项目排污工程也已建成，各项基础建设取得实质性突破，大大改善了东海岛的投资环境，增强了吸引外资的能力。

与此同时，湛江经开区充分利用广东省"三旧"改造政策，实施"退二进三"战略，把建成区建设成为中央商务区，并相继出台了《湛江经济技术开发区工业布局调整及企业搬迁改造实施暂行办法》和《湛江经济技术开发区鼓励第三产业发展奖励办法暂行规定》，促使建成区冠豪高新、双林药业等8家企业相继外迁东海岛，为第三产业腾出空间。同时建成区大力吸引金融、商贸、物流等企业，发展总部经济。祺祥大厦、城市尚品、银隆大厦、威格大厦、君豪酒店等高端商务写字楼和酒店相继竣工；汇景豪庭、人和春天、广和澳海城、江南世家等10多个楼盘相继动工建设；龙潮、霞海、梧阔村等5条"城中村"的修建性详细规划已获批准，龙潮村与荣基房地产公司、梧阔与湛江泰源房地产公司也已签订开发改造协议。

此外，湛江经开区依托海洋、海岛、海岸等自然资源，加强对区内星级饭店以及东海岛乡村酒店、生态渔村、休闲农庄的指导和管理，发展特色滨海旅游业；依托东海岛人龙舞、硇洲八音等特色文化资源，大力发展特色旅游文化，成功举办了"2007中国湛江东海岛人龙·沙滩旅游文化节"；承办了第37届世界旅游小姐总决赛东海岛采风活动。整合后的2010年，湛江经开区旅游部门接待游客约100万人次，旅游收入4亿元。同时，社会事业全面进步。2010年，湛江经开区投入民生保障资金3.73亿元，同比增长41.1%，城市居民人均可支配收入1.5万元，同比增长9.4%。教育投入明显增加，全年落实免费义务教育经费1331万元、农村校舍维修改造经费327万元。重新规划和调整中小学布局，在原海滨中学基础上组建经开区一中，将觉民中学与东山一中整合为经开区觉民中学，完成了一批零散学校的撤并工作，实施了中学校长及中层领导竞争上岗机制。

（二）依托港口，发展临港工业

在新区的招商中，经开区以港口为依托，紧紧抓住宝钢湛江钢铁基地项目带来的发展机遇，高起点、高标准进行规划和建设。重点发展新型临港工业和钢铁配套产业，努力把新区建设成为临港重化工业基地、钢铁配套产业基地、现代物流园区和高新技术产业园区。宝钢湛江钢铁基地项目带来的上下游产业链群聚效应已经十分明显，新区刚刚获批，就有双林药业等一批项目落户，项目总投资达100多亿元。

随着商务部向国家级经济技术开发区下放外商投资商业企业审批权，湛江经开区成为首批获准对外商投资无船承运企业、外商投资道路运输企业、外商投资印刷企业、外商投资建设工程设计企业、外商投资建筑业企业、外商投资商业企业和外商投资国际货物运输代理企业七项经营发证审批许可权的国家级经济技术开发区，跻身首批获权的15个国家级经济技术开发区之列。

随着钢铁、石化两大项目落户东海岛，湛江经开区处在历史最好的黄金机遇期，但经开区并未"坐待"龙头项目开花结果，而是秉承"轻重并举、星月同辉、海陆统筹、内外兼引"的工业发展思路，按照"龙头项目产业链—产业基地"的发展模式，主动作为，加大招商力度，迅速将重大项目落户的利好转化为招商引资的吸引力和集聚力。截至2014年9月，产业园区除湛江钢铁基地、中科炼化、冠豪高新、双林药业等重点项目动工建设或投产外，在建项目还有16个，总投资44.29亿元。

（三）围绕产业链招商，提升产业聚集度

借助园区石化、钢铁、纸业等支柱产业，发挥其龙头带动作用，积极开展产业链招商，吸引产业链整体迁入，形成规模集聚效应，积极推进湛江市六大招商分局与经开区招商资源整合，组织开展有针对性的招商活动，以小分队招商的形式，前往相关企

业，积极吸引产业链整体迁入，形成"引进一个，带来一串"的龙头招商集聚效应。以钢铁等大项目为依托，将招商主攻点放在世界500强、中央直属150多家国有大型企业和全国民营500强企业上。把招商的注意力放在10亿元以上的战略性投资项目上，注重引进经济实力强、发展前景好的大集团，形成一个有梯度、有深度、有高度的多层次招商格局。

根据全区经济发展和招商工作的实际情况，制定出台新的招商引资奖励办法，增强考核奖励办法的针对性和实用性。扩大全区招商责任单位的范围，加强与招商联络员、招商顾问的沟通联系，多渠道招商，推进招商工作步入良性发展轨道。园区坚持"突出主导产业、完善产业配套、发展循环经济、强化产业集聚"的建设方针，以湛江钢铁、中科炼化两大项目为龙头，推动钢铁和钢铁延伸加工、炼化和石化中下游产业链项目高度聚集，大手笔谋划钢铁与炼化一体化循环经济产业。

2018年，全区重大项目生产建设进展顺利。湛江钢铁获得国际奖项"菲迪克奖"以及"国家优质工程奖""中国安装工程优质奖"，成为全省供给侧结构性改革的典范。全年实现产值382.8亿元、净利润38亿元，投资188.5亿元的3号高炉系统具备动工条件。钢铁配套产业园区10个投资共6亿元的配套项目建成投产，34个投资共41亿元的配套项目加紧建设。中科炼化项目进展顺利，全年完成投资100亿元，累计完成投资179亿元，即将全面投产。招商引资工作成效卓著。新增外商投资企业28家，实际利用外资2836万美元，占全市实际利用外资总额的33%。成功引进投资100亿美元的德国巴斯夫新型一体化基地项目，首开中国重化工行业外商独资先河。新签约项目26个，在谈项目49个。其中，择优引进7个石化配套项目、4个钢铁配套项目。全力推进全域旅游，成功推出湛江钢铁工业游，成为粤西首个工业旅游项目；与佛山国资委合作投资120亿元的龙海天升级改造项目规划调整上报工作基本完成；硇洲岛全域旅游项目初步评价报告基本完成。

三、征地搬迁，史无前例

钢铁、石化及相关配套设施建设共需征地4万多亩，涉及东海岛120多个村庄（其中革命老区村庄占1/3），其中整村搬迁17个村共2万多人，是湛江有史以来范围最广、涉及人员最多、规模最大的搬迁。

征地搬迁是项目建设的基础，也是项目建设的"第一难"。为了顺利推进钢铁、石化两大项目建设，湛江经开区按照省委、省政府"依法、依规、循例、创新"的要求，开展了一场轰轰烈烈的大征迁行动。

（一）征地拆迁任务艰巨

从2006年3月开始，为了钢铁配套项目龙腾物流球团厂建设，东海岛试验区启动了溪头田村和溪西坡村的征地搬迁；2007年3月，湛江经开区派出20名干部进驻东海岛，开展经开区延伸区10平方千米用地征迁工作；2008年6月，湛江市抽调165名干部（市机关53人，东海岛试验区112人），组成8支工作队分头进驻钢铁基地项目一期用地范围涉及的8个村庄，吹响了钢铁项目征地搬迁大会战号角；2009年8月，湛江经开区再抽调105名干部（其中村干部38人）组成4支工作队，分别进驻4个搬迁村庄，开展中科炼化项目征地工作。经过前后近8年艰苦卓绝的工作，2010年7月10日，东海岛调屋上村摆起40桌酒席，宣布迁离故园；2013年10月底，中科炼化项目龙腾村红线内征地搬迁完成。截至2014年9月，经开区为钢铁、石化等重点项目及相关配套设施建设共完成征地4.61万亩，搬迁村庄17个，村民23800多人。其中钢铁项目主厂区完成征地20295.305亩，涉及坑里村等

15个村庄（整村搬迁10个村庄）和东简镇林场等2个单位，共搬迁村民2230户11180人；石化项目主厂区完成征地6186.2526亩，涉及东山街道调屋上、下村等7个整村搬迁村庄，搬迁2457户1.2万多人；产业园区、路网、供水、供电等外围配套设施完成征地19618亩，涉及村庄110多个。全区先后共组建45支征地工作队和12个专项工作组，工作人员680多人，其中钢铁项目10支180多人，石化项目7支320多人。

一串串数字的背后，凝聚着湛江经开区乃至全市广大干部群众，特别是征地搬迁工作人员兢兢业业、夜以继日工作的心血，演绎着一个个舍小家为大家的感人故事。如果把钢铁、石化项目如火如荼的施工场景视作一部大规模工程建设的乐章，那么，饱含艰辛的征地搬迁工作就是这部乐章的序曲，催人奋进。

（二）"龙腾速度"，搬迁奇迹

在东海岛大征迁行动中，中科炼化项目红线内龙腾下村的征迁工作是块难啃的"硬骨头"，是座难攻的"堡垒"。从2013年7月3日开始，湛江经开区党委、管委会仅用四个月时间，就完成647户1021栋房屋搬迁的艰难任务，并实现了安全、和谐、文明搬迁，创造了湛江征地搬迁的奇迹，被称为"龙腾速度"。

征迁工作是一项社会系统工程。从2013年7月3日起，凡是涉及龙腾村征地搬迁的部门，全都行动起来，各司其职，各负其责。国土、规划、建设、物价等部门积极完善有关手续；财政、银行、审计等部门到现场办公，简化审批程序，及时兑现发放征迁补偿款；政法、公安、检察、法院为了消除部分征迁群众等待观望的思想，指挥部采取了依法依规的硬措施，对部分搬迁户进行依法强拆。7月6日，指挥部精心组织了由1000人参加的大规模搬迁行动，市委常委、区党委书记许顺到现场指挥，王再华等9位区领导班子成员齐上阵，当天就安全、有序地搬迁了63户77

栋房屋，创下日搬迁量历史最高纪录，打响了龙腾村征迁工作的"第一炮"。良好的工作机制、高效的工作方法、强大的工作合力，促使龙腾征迁工作不断提速。截至7月31日，26天共搬迁133户238栋，其中龙腾上村95户166栋，龙腾下村38户72栋，日均5.1户9.2栋；截至8月31日，57天共搬迁282户451栋，其中龙腾上村220户348栋，龙腾下村62户103栋，日均4.9户7.9栋。10月28日，龙腾下村拆迁任务全面告捷；10月31日，龙腾上村最后8户也顺利搬迁。

四、工业龙头，三大"航母"

宝钢湛江钢铁基地和广州（湛江）产业转移工业园落户，中科炼化一体化项目选址东海岛，并规划配套建设石化、钢铁产业配套园，打造国家级循环经济示范区。同时，投资150亿元的中国纸业高端纸种项目也落户东海岛。这三大项目标志着湛江经开区的定位就此改写，东海岛成为世界级的现代化大工业发展平台，广东省现代化工业新城和湛江工业主战场，粤西最重要的经济增长极。这是湛江经开区历史上一次重大的历史转折，湛江的大工业时代也由此开启。

（一）钢铁基地梦想成真

湛江人对于"钢铁梦"的追求比任何人都要强烈、都要执著。从1978—2012年，整整34年，湛江与钢铁的"马拉松式恋爱"才修成正果。时间定格在2012年5月24日17时8分。那一刻，国家发改委正式核准湛江钢铁基地项目动工建设。消息一出，全市沸腾，湛江人30多年的"钢铁梦"终于成真了。

国家发改委批准的湛江钢铁基地项目由宝钢湛江钢铁有限公司建设，总投资696.8亿元人民币，建设规模为铁920万吨，钢1000万吨，钢材938万吨，其中热轧板卷448万吨，冷轧商品板卷490

万吨。预留二期发展余地，建设地点为广东省湛江市东海岛。

2014年，在广东省委、省政府的高度重视和大力支持下，在湛江市委、市政府和湛江经开区党委、管委会的全力推动下，湛江钢铁基地项目取得了重大进展，项目1号高炉、炼钢、连铸、热轧、冷轧、炼焦、烧结、原料和宽厚板等主体工程全面开工建设，主体工程桩基施工基本完成，已进入厂房钢结构制作和安装、设备安装阶段。截至2014年10月底，累计投资157.1亿元。项目施工现场桩机林立、机声隆隆，一派热火朝天的施工景象，湛江人渴望30多年的钢铁"梦工厂"即将诞生，一座世界级的现代化绿色钢城将矗立于南海之滨东海岛……

湛江钢铁基地码头

湛江与钢铁结缘，最早要追溯到1978年。为了改变华南地区没有大型钢铁厂的不合理布局，国家冶金工业部开始在广东布点规划，并把湛江作为钢铁厂选址的主要对象。当时，湛江就在广东省的支持下着手为钢铁基地项目进行各种准备。1986年，广东省计委主持召开广东沿海大型钢铁厂建厂条件论证会，经过比选认为湛江条件最优，并用两年时间做了预可行性研究报告。1989年，经过评估研究，广东省政府正式向国务院呈报了《建设湛江钢铁厂项目建议书》。

进入21世纪，广东省再次提出加大力度推进湛江钢铁项目。时值国内钢铁产业转型升级，国家从整个钢铁行业战略发展角度考虑，开始推动钢铁企业向沿海布局，首钢布局曹妃甸、武钢布局防城港，而宝钢则与东海岛联系在了一起。顺应时势，2003年初，韶钢向省政府提出实施沿海战略转移，在广东沿海建设大型钢铁厂。中共中央政治局委员、广东省委书记张德江明确批示：韶钢如果在沿海城市选点，湛江是理想之地。由此，湛江重启钢铁征程。

湛江钢铁项目步入加速推进轨道的时机是在2003年。作为钢铁消费大省的广东，造船业、汽车制造业、家电制造业发达，每年钢材需求达4000多万吨，但是本地只能生产1500万吨左右。为此，广东省再次提出加大力度推进湛江钢铁项目，加快与主要投资者的合作谈判。2003年11月，湛江市政府与韶钢集团达成建设意向，钢铁基地首期计划投资400多亿元。2004年11月，广东省发改委、湛江市、韶钢集团、宝钢集团四方签订了《关于推进湛江钢铁基地建设意向书》，并明确由宝钢控股。2004年底，广东省政府上报《关于请支持在广东湛江建设大型沿海钢铁基地的函》。2005年4月，湛江市政府成立了钢铁项目前期工作指挥部。2006年3月，宝钢集团与韶钢集团签署了资产重组的框架协议和合资组建湛江钢铁项目合资公司的框架协议，湛江钢铁基地筹建办挂牌运作，这标志着湛江钢铁项目建设向前迈出了重要的一步。

此时，国家发改委已接到广西防城港钢铁项目的申请，两个钢铁"巨无霸"项目同时布局在不到500千米的半径范围内，令湛江钢铁项目难上加难。国家发改委的批复明示，广东省要结合湛江钢铁的项目建设淘汰省内落后炼钢能力1000万吨。面对严峻形势，广东省果断作出淘汰省内1000万吨小钢铁，实施广钢环保搬迁，建设湛江钢厂的决定，并于2006年5月24日上报国家发改委。

2006年6月，湛江开发区延伸区得到国务院批准并同意在东海岛扩大规划面积10平方千米之后，湛江经开区东海岛新区先后开展了陆地和海岸线规划和编制、环保评价、征地、融资、项目引进等开发建设的前期准备工作。2007年，湛江龙腾物流有限公司注册成立，钢铁配套项目500万吨球团生产线在东海岛打桩，湛江钢铁项目的起步项目正式开工建设，成为湛江钢铁建设的"先遣部队"。

2008年3月1日，在湛江钢铁项目上报国家发改委的关键时刻，中共中央政治局委员、广东省委书记汪洋作出明确支持由宝钢控股建设湛江钢铁项目的批示，让湛江钢铁项目报批得以拨云开雾，继续前行。一个异地搬迁，一个就地重组，广钢和韶钢的竞争对话就此成为历史。2008年3月18日，湛江钢铁项目获得国家发改委开出的"路条"（同意开展前期工作的批文），批准项目开展前期工作。"钢铁梦"离湛江人又近了一步。这个"路条"意味着从即日起，项目前期工作包括环境影响评估、建设用地和海域使用预案、外围配套等将全面展开。湛江人又一次全面行动起来，开始了轰轰烈烈的前期准备工作。

2008年6月，广东钢铁集团有限公司挂牌，湛江钢铁项目环评、用地、海域使用、水土保持等先后获得国家相关部委的专业预审和批准。8月12日，广东省政府与宝钢集团正式向国家发改委联合上报《关于上报实施广钢环保搬迁建设湛江钢铁基地项目核准补充报告的函》。

为推进湛江钢铁项目，广东省委、省政府充分利用国际金融危机的倒逼机制，主动作为，加快产业转型、发展转型，目标就是构建具有国际竞争力的产业。为此，广东上下进行着艰难的产业革命：珠钢关闭，异地迁建广钢；就地重组韶钢——引入宝钢控股，实施企业重组。

2012年5月24日，是一个被载入湛江史册的日子。国家正式核准湛江钢铁基地项目，湛江人追了34年的"钢铁梦"终于成真。如今到了圆梦时刻，湛江市委副书记、市长王中丙回想起为争取钢铁项目的艰辛历程，他分外激动。一个承载湛江人民34年的"钢铁梦"终于圆了，34年的钢铁追梦、筑梦过程，铸造了湛江人民钢铁般的意志体现了湛江人民执著的追求，那奔涌而出的沸腾铁水最终流到这片同样火红的土地上，它将在湛江儿女的见证下书写"钢铁是这样炼成"的宏伟篇章。

2012年5月31日，总投资696亿元、年产1000万吨的湛江钢铁项目在东海岛正式动工。当天下午，在宽阔平坦的12.98平方千米的土地上，宝钢湛江钢铁项目动工仪式隆重举行。中共中央政治局委员、广东省委书记汪洋，广东省委副书记、省长朱小丹，广东省政协主席黄龙云，全国人大常委会华侨委副主任委员，广东省委原副书记、原省长黄华华，全国政协常委、国家发改委原副主任、国家能源局原局长张国宝，湛江市和宝钢集团有限公司主要领导以及相关中央部委、广东省、湛江市、中央和省驻湛企业负责同志参加仪式，共同见证宝钢湛江钢铁项目动工建设。

宝钢湛江钢铁项目从点火投产到行业领先只用了不到五年时间：2015年9月25日，1号高炉点火；2016年7月15日，2号高炉点火成功；2017年实现了达产、达标、达效、达耗"四达"，创造了国内千万吨级大型钢铁厂从投产到年度"四达"的最快纪录；2018年获得国际奖项"菲迪克奖"以及"国家优质工程奖"；2019年实现工业产值388.93亿元，生产制造成本表现出极强的竞争力，产品质量获得用户一致好评。投产以来，项目持续盈利，堪称业内奇迹。宝钢湛江钢铁基地正朝着打造世界最高效率的绿色碳钢基地目标，迈出坚定有力的步伐，成为湛江产业发展的一张金字招牌和国内绿色碳钢企业的标杆。

值得一提的是，为支持宝钢湛江钢铁基地建设征地，当地原有村庄整体搬迁，其中就包括了不少革命老区村庄。一位当年在革命老区村坑里村打游击的老战士，离休前已经搬到霞山市区居住，当他听说了宝钢湛江钢铁基地建成投产的消息，便希望子女满足他的心愿：在有生之年去宝钢看看他战斗过的地方现在建设得怎么样了。当家人带着他来到宝钢参观时，他见到当年打游击的地方，现在变成了现代化的大工厂，激动得热泪盈眶地说，他们革命的目的已经达到，可以放心地去见牺牲的战友了。

（二）中科炼化结缘湛江

2011年11月18日，中国石油化工股份有限公司和科威特国家石油有限公司一体化（简称"中科炼化"）项目正式开工。中科炼化项目是规模最大的石化合资项目之一。由中国石油化工股份有限公司与科威特国家石油有限公司，按股比50∶50合资建设。项目选址位于湛江经开区东海岛，总用地面积约12.24平方千米，其中首期用地6.33平方千米；首期投资590亿元，规划炼油1500万吨/年，生产乙烯100万吨/年，配套建设湛江港东海岛港区30万吨级原油码头。项目计划炼油部分2016年建成、化工部分2017年建成并投料开车。项目将建成中国石化工业的标志性项目。中科炼化项目投资巨大，涉及物资设备数量繁多、技术复杂，共有长周期设备422台/套以及一批超高压仪表、管阀件，其中进口设备145台/套，国产设备277台/套，最长制造周期是EVA装置引进的设备达20个月，贯穿工程始末，是整个工程顺利实施的关键节点。中科炼化一期项目设计为1000万吨/年炼油系列生产装置、80万吨/年乙烯系列生产装置，以及储运罐区、热电联产、污水处理、码头、铁路等公用工程及配套设施。炼油包括1000万吨/年常减压装置、440万吨/年渣油加氢脱硫装置等19套装置。乙烯包括80万吨/年蒸汽裂解装置、35万吨/年高密度聚乙烯等10套装置。

围绕"确保项目2019年全面建成，炼油化工同步投产"的总目标，建设单位抽调精兵强将，按照总体设计、基础设计深度交叉的设计工作思路，同步启动了装置基础设计工作。项目总体设计方案正式获得总部批复，2017年5月，中国石油化工股份有限公司在湛江召开动力站基础设计审查会和常减压、催化、催化烟气脱硫等6个炼油装置基础设计审查会。中科炼化项目进展顺利，2018年完成投资100亿元，累计完成投资179亿元。

2019年12月28日，中科炼化项目建成中交。2020年5月8日，第一船原油靠泊接卸。2020年5月26日，中科炼化自用码头获批临时对外开放。2020年5月30日，中科炼化电力系统四回供电外线全线贯通。

2020年6月16日，中科炼化项目全面投产

2020年6月16日，中科炼化项目在北京、广州和湛江三地以视频连线方式举行"云投产"启动活动，宣布中科炼化项目正式投产。中共中央政治局委员、广东省委书记李希，省长马兴瑞和中国石化集团公司董事长、党组书记张玉卓，总经理、党组副书记马永生，分别在广州、北京分会场参加"云投产"启动仪式。2020年8月30日，中科炼化首批3.38万吨国六汽柴油通过自建码头和湛北输油管线顺利出厂。2020年9月4日，280吨聚丙烯树脂产品在中科炼化立体仓库装车出厂，标志着中科炼化首批化工产品入市。

（三）纸业基地正在形成

中国纸业投资总公司、广东冠豪高新技术股份有限公司（简称"冠豪高新"）等国内大型造纸企业陆续进入湛江经开区，大纸业基地正在形成。冠豪高新是国内首家大规模生产热敏纸的专业公司和国内目前生产设备及工艺最先进的大型无碳复写纸、不干胶标签材料生产基地，拥有6条涂布生产线，年原纸产能达19万吨，年涂布产能达25万吨。2010年以来净利润增长率连续三年均超过100%，2013年末资产总额30亿元，公司股价屡创新高，迅速跻身市值百亿的上市公司行列，市值最高达270亿元。2012年，冠豪高新实现特种纸年产能35万吨、资产规模60亿元，成为中国特种纸行业的领头羊。

2013年1月10日，中国诚通集团有限公司旗下的中国纸业投资总公司与湛江经开区签署框架协议。中国纸业投资总公司投资150亿元，用3～5年时间，在湛江开发建设高端纸种项目。2014年5月，通过公开招投标并上市拍挂，中国纸业正式获得湛江经开区东海岛817亩土地项目用地，2014年底高端纸种项目动工建设。

2009年，中国纸业通过非公开定向增发成为冠豪高新的控股股东，2011年，冠豪高新再次成功非公开发行8190万股A股，募集投向东海岛特种纸基地项目资金，这是自2003年上市后首次依托实业项目进行的再融资。这次非公开发行完成后，冠豪高新总资产和净资产大幅增加，综合竞争力大大提升。2011年11月18日，世界最大的特种纸产业基地项目——冠豪高新特种纸及涂布纸产业基地项目开工仪式在东海岛举行。项目总投资76亿元，项目分三期建设，其中，一期投资20亿元。已于2014年4月25日正式投产，标志着该公司向建成国内最大纸业基地迈出了新的步伐。东海岛得天独厚环境条件，使一个中国最大的纸业基地正悄然诞生，并将迅速成长壮大。

五、三大抓手，联动推进

三大产业航母的落户，不仅是东海岛未来发展的物质基础，更是时代赋予湛江人民一笔宝贵的精神财富。钢铁、石化、造纸等重点项目的落户、建设，直到如期建成投产的过程，展现着国家的高度重视和宝钢、中石化公司、广东省的正确决策及战略部署，凝聚着湛江市、经开区各级领导干部的辛勤劳动和汗水，饱含着东海岛老百姓的无私奉献和真诚付出。在这过程中，广大领导干部和人民群众表现出高度的责任感，积极、主动、富有创造性的工作态度和良好的精神状态，将成为湛江市和湛江经开区发展史上一笔弥足珍贵的财富。

（一）领导亲自抓落实

湛江市和经开区根据省委、省政府的部署和要求，把钢铁、石化项目作为"头号工程"来抓，牢固树立"抓大项目、促大发展"的思想，凝聚一切力量，推进项目顺利落户、如期开工、加快发展。为争取钢铁、石化项目落户和建设，湛江市委、市政府历任主要领导本着对历史负责的态度，谋划湛江的科学发展，为之做了大量艰苦卓绝的工作，每到重要节点，他们都果断作出决策，并亲力亲为抓落实。为顺利推进钢铁与石化项目建设创造了条件。项目建设中每项成绩的取得和每个难关的攻克都来之不易，都留下省、市、区历任党政领导班子科学决策、团结拼搏的奋斗足迹，凝聚着全体经开区人特别是征迁工作队员连续作战、攻坚克难的心血、汗水和奉献。

（二）部门联动抓落实

在推进项目建设中，湛江市钢铁、石化项目建设指挥部按照"综调，主动服务，积极推进，加快建设"的工作思路，制定了明确的进度表和推进方案，细化工作节点，明晰项目建设所涉及的重要事项，严格目标管理；建立督办机制，对相关问题进行跟踪督办，狠抓落；为了在最短时间内办理项目落户、核准、开工所需的诸多手续完善好，市发改委与钢铁、石化项目筹备组紧密配合，明确了责任人和完成时间，从与市局、省厅和国家部委联系，从与总部汇报协调，到和有关文件编制单位对接催办，全过程跟踪协调。国土部门为做好钢铁、石化项目服务工作，积极担当起项目及配套用地依法报批工作的主力军，与上级主管业务部门加强沟通，为项目提供用地保障。同时，为推动项目顺利建设，与有关职能部协作配合、协调联动，努力做好相关征地搬迁和安置工作。环保部门始终注意处理好发展经济与保护环境的关系，为钢化项目保驾护航。对钢铁、石化项目，主动提前介入，开辟通道，在最短时间内完成环境评估审批等有关工作。其他相关部门也纷纷为项目建设提供便捷服务，大开"绿灯"。

对于重点项目建设，各部门闻风而动，积极响应。全市相关部门纷纷出台政策，抽调人员迅速成立钢铁、石化等6支招商团队，开展全方位招商引资。在征地搬迁大行动中，市委组织部、市纪委、发改委、国土局、财政、建设、规划、社保、环保、公安、司法、执法等部门，对组建工作队、依时拨付资金、搞好安置小区规划、抓好征地村庄基层党组织建设、组织外出人员回乡配合征地等方面做了大量卓有成效的工作。湛江日报社、湛江电视台等新闻媒体单位，报纸、电视、网络上的报道总是和钢铁、石化项目建设动态保持同步。特别是在项目得到国家发改委开出"路条"，核准、动工建设和征地搬迁的关键时刻，新闻媒体总是以专题、专版、专栏的形式给予大篇幅报道，营造了人人为重点项目建设出力献策的良好氛围。

（三）主力部队全力抓

钢铁、石化、造纸等重大项目相继落户东海岛，使昔日略显荒凉的东海岛成为湛江工业发展的"主战场"。湛江经开区承担项目的主体责任，全区领导干部肩负起"主力部队"和"主攻手"的光荣使命。"推进钢铁、石化、造纸项目建设，是全区的头等大事，要以只争朝夕的精神，锐意进取的态度，攻坚克难，强力推进重点项目建设。"这是市委常委、经开区党委书记许顺到经开区履新以来多次强调的话，体现了全区领导干部推进重点项目建设的信心和决心。区党委、管委会把问题破解作为加快项目建设进度的关键因素，对项目推进过程中存在的问题进行分类汇总分析、建立问题台账，及时召开专题会议，针对全局性、普遍性的难题进行研究讨论，制定专项方案。先后开展了中科炼化项目龙腾片区上、下村征地拆迁"百日攻坚"工作、推进项目建设"百日攻坚"大行动和"奋战百天、快上项目"活动，以阶段性高强度的工作，破解项目建设过程中存在的困难和问题。围绕推进重点项目建设，全区上下牢固树立"抓好项目是本职，抓不好项目不称职，不抓项目是失职"的观念，强化领导，改进方法抓落实，共同推进项目建设。

湛江经开区实行领导挂点制度。把项目涉及的征地搬迁、配套设施和民生工程、治安维稳等工作，按照定挂点领导、定责任单位、定责任人、定目标任务、定时间进度、定奖惩措施的"六定"要求，把重点项目各个阶段的责任分解落实到责任领导、责任单位和具体的责任人。挂点领导和责任人主动深入项目建设工地现场办公，各工作队实行倒排工期，把任务量化到每一天，做到日报告、周例会、月盘点，加速推进。经开区成立了投资服务中心。对项目建设实行全程跟踪服务，通过及时了解项目需求，协助项目办理审批事项，协调企业解决建设难题。结合机关作风建设，经开区各部门还提出要当好"服务员"、做好"协调员"、干好"办事员"。便捷、高效的办事环境得到了投资者的认可。"主战场"中一个个热火朝天的工地，一次次谋求变革求发展的举动，让人处处感受到一种催人奋进的发展氛围。

六、科技创新，勇当标兵

随着钢铁、石化项目落户东海岛，湛江经开区已进入大规模开发建设时期。两大项目首期投资概算约1300亿元，按钢铁1∶2.2、石化1∶5.5的投资带动估算，将吸引4600亿元的配套项目投资，加上纸业项目投资带动，巨大的资金流必然带来巨大的物流、人流和信息流，使经开区成为一块充满商机的投资热土。在园区方面，规划建设1个产业转移园、1个石化园区、1个10平方千米的钢铁配套园区，为钢铁、石化及其带动的上下游相关产业提供发展平台。

（一）创新驱动，加快发展

两区整合后，湛江经开区加快实施创新驱动的发展战略。为了争取国家和省赋予的关于高新技术产业发展的相关政策，确定以湛江经开区为申报主体，申报建立省级高新技术产业开发区。市政府专门成立了由分管科技副市长为组长的领导小组，领导小组办公室设在湛江经开区，由经开区管委会分管科技副主任担任办公室主任，开展了雷厉风行而卓有成效的各项申报工作，经过10个月的努力，通过了科技、规划、国土资源和环保等各有关部门的严格审核，在全省第二批申报的六个城市竞争答辩中首先胜出，于2010年10月经省政府批准成为省级高新技术产业开发区（简称省级高新区）。

省级高新区建立后，高新技术产业获得了快速发展。截至2017年，区科技企业孵化器获批为国家级孵化器培育单位，累计入孵企业33家；新增高新技术企业12家，累计26家，同比增长92%；高新技术产业产值129.5亿元，同比增长17%，高新技术产品190个，同比增长24%；新增省级企业技术研发机构2家、市级3家，全年专利申请量390项，授权量202项，分别同比增长20%、15%；企业承担省、市级科技项目11项，获得市科技进步一等奖1项、二等奖1项、优秀成果奖1项、专利金奖3项、优秀奖1项。

经过几年发展，在省级高新区的基础上，湛江经开区党委、管委会于2016年强力推动了国家级高新区的申报工作。在市委、市政府主要领导、市分管领导和省、市有关部门通力合作和大力支持下，申报已通过科技部等四个部委的严格审核。2018年2月28日，经国务院批准，湛江高新技术产业开发区升级为国家级高新技术产业开发区。从省级高新区到国家级高新区，经历近8年的奋斗，终于圆了湛江的"高新梦"，为加快湛江的创新发展，打造广东经济新的增长极奠定了良好条件。高新区被定位为"特色产业园区"，正在按"1+N"模式建设发展，高新区被评为省"互联网+"创建小镇；出台了培育高新技术企业优惠政策。2018年获批高新企业9家、累计35家，推进中小企业"双创"升级项目83个；广医海洋医药研究院获批成立，启动东海岛国家级孵化器建设前期工作。实现高新技术产业产值192亿元，同比增长48%；专利申请量679件，同比增长200%；专利授权397项，同比增长254%。创新驱动使全区上下形成"对标先进，争创一流"的良好氛围，在"努力当好湛江经济发展排头兵"的征程上迈出坚实步伐，全区经济社会发展平稳，落实"四个全面"绩效考核全市第一。

（二）强势互补，勇当标兵

由广州市人民政府和湛江市人民政府联手，共同打造的广州（湛江）产业转移工业园成立于2008年，依托国家级湛江经开区建设。2012年9月经省政府同意，广州（湛江）产业转移工业园更名为湛江产业转移工业园，由穗、湛两市共建改为由湛江市自建。园区总面积38.18平方千米，由两大板块组成：一是位于经开区建成区，二是位于东海岛片区。东海岛片区云集了钢铁、石化、造纸等一批大项目，是广东省产业转移的主战场，同时也是全省乃至全国较大的工业建设战场。

广州市一直把建设全省示范性产业转移园作为一项重大决策部署来积极推进，与湛江市相互支持、相互促进，扩大合作规模，提高合作层次，提高合作水平，努力实现两市共同发展。园区建设的目标是以湛江钢铁、中科炼化两大项目为龙头，将园区打造成以钢铁和石化为主导的世界级临港重化工业基地、省级示范性产业转移工业园、国家级循环经济示范园区、省级大型产业转移工业园。2011年6月，经过广东省的严格审评，园区以第一名的优异成绩被广东省人民政府认定为"广东省产业园重点园区"；2013年度在省产业转移工业园考核中再次获得第一名；2013年12月，园区获得省1.5亿元基础设施扶持专项资金和1亿元加快产业集聚发展专项基金；2014年8月，园区又以全省第一名的优异成绩获2000万元资金、1000亩的土地利用计划指标等奖励。截至2018年，产业园区连续两年获省考评优秀等次，连续两年被评为全省5个优秀环保园区之一，荣膺"中国化工潜力园区十强"，成为高质量发展的重要平台。

七、脱贫攻坚，乡村振兴

湛江经开区认真贯彻落实党中央全面建成小康的战略布局和"精准脱贫""乡村振兴"的战略部署。区主要领导为推进脱贫工作开展专题调研，把脉开方部署安排，扎实推进，层层落实脱贫攻坚责任制，狠抓扶贫政策的落实及各项工作的落实。攻坚克难，精准脱贫，如期完成了脱贫攻坚目标任务。同时，建立了扶贫资产管理的长效机制，与乡村振兴工作有效地衔接，积极实施以农村人居环境整治为重点的乡村振兴战略，使全区农村面貌发生了根本变化，各革命老区村面貌焕然一新。

（一）攻坚克难，精准脱贫

湛江经开区有脱贫攻坚任务的有四个镇（街），分别在东海岛和硇洲岛，共有35个村委会，304个自然村（其中革命老区村庄占1/3），农村人口20.3万人，建档立卡贫困户1423户3286人。湛江经开区从2016年起开展扶贫攻坚战，经过5年的奋斗，精准脱贫成效显著。截至2020年12月，实现贫困人口1433户3296人达标脱贫，脱贫率达100%。2019年，三个省定相对贫困村通过市扶贫开发领导小组审定，全部达标出列。全区脱贫户帮扶成效"八有"指标全部达标，实现稳定脱贫。

5年间，该区加强贫困户、低保户加大核查力度，将完全或部分丧失劳动能力且无法依靠产业扶持和就业帮助脱贫的贫困人员100%纳入最低生活保障，共1349户3103人（其中五保750户750人），最低生活保障纳保率100%。建档立卡贫困户参加城乡居民养老保险6000多人次，16～59周岁贫困户100%落实购买了城乡居民养老保险，符合领取城乡居民养老待遇5000多人次，发放率

99.43%。该区进一步加强和社保、财政等相关部门会商工作，全面落实区财政全额为1.5万多人次建档立卡贫困户购买城乡居民基本医疗保险、大病保险，基本医疗政策落实率100%。

5年间，区民政部门完成医疗救助一站式服务建设，将3296名建档立卡贫困户全部纳入重大疾病救助范围，救助了1600多名患病的贫困户；对突发重大疾病、基本生活陷入困境的患者加大临时医疗救助和慈善救助帮扶力度。该区存量危房改造任务共有440多户，其中低保贫困户221户，五保户226户，竣工验收使用262户，按照相应标准给予发放危房改造资金447户，5年间危房改造实际完成率100%。2020年危房改造任务31户，其中低保贫困户10户，五保户21户，危房改造补助资金待市专项资金到位后发放，2020年危房改造任务落实率100%。2016年以来，全区合计危房改造447户，在全市率先利用"6·30"资金为8户无房贫困户新建房屋，确保贫困户稳定脱贫。

5年间，产业扶贫力度不断加大。区党委、管委会领导高度重视产业扶贫工作，多次到镇（街）和有条件的行政村，听取"依镇施策""一村一品"项目实施意见，督促制定项目实施方案，找准扶贫产业，取得明显成效。5年来，完成区级统筹项目5个，收益类扶贫项目25个，其中光伏项目3个，解决贫困户就业263人。广泛动员社会力量参与消费扶贫工作。扎实做好扶贫产品产销对接工作，积极组织扶贫产品参加省、市消费扶贫活动。鼓励引导区内机关单位、学校等团体消费贫困地区、贫困群众的产品和服务，以促进贫困群众增收，促进精准脱贫，以更加有力的支持做好消费扶贫工作，全力打赢脱贫攻坚这场硬仗。按照省、市就业扶贫的总体部署和要求，紧紧围绕"就业一人，脱贫一户"这一目标，坚持问题导向，着力打通就业扶贫政策落实落地"最后一公里"，为全面打赢脱贫攻坚这场硬仗提供了坚实保障。

（二）环境整治，乡村振兴

湛江经开区在取得扶贫攻坚战的节节胜利基础上，认真贯彻中央、省、市有关乡村振兴战略工作相关文件精神，不失时机地积极实施以整治农村人居环境为重点的乡村振兴战略。区主要领导坚持"一线工作法"，加强研究、破解难题，深入各（镇）街道、村现场调研，推进乡村振兴，为农村人居环境整治工作把脉开方，专题研究和部署农村人居环境整治工作，扎实推进农村人居环境整治。围绕村庄人居环境的"三清三拆三整治"，扎实推动生活垃圾处理、生活污水处理、村道和村内道路硬化、农村厕所改造、村庄集中供水、农村危房改造、村庄基本公共服务、村庄绿化美化建设水平、全面加强村庄规划编制、建立健全农村基础设施长效管护机制等方面工作，并加大宣传力度，增加财政资金投入，部门协调推进，不断补齐短板，激发群众内生动力，提高群众参与的积极性和满意度，着力打造干净整洁、美丽宜居的农村人居环境，全力推动农村人居环境整治工作，取得显著成效。

湛江经开区有农村人居环境整治任务的共有35个村委会，304个自然村（其中革命老区村庄占1/3）。截至2020年12月，全部完成了"三清三拆三整治"工作，80%的村庄达到了干净整洁标准，40%以上村庄达到美丽宜居村标准，三个省定贫困村创建社会主义新农村任务已完成，全部达标出列；推进生活垃圾处理方面，以实现"户集中—村收集—镇街运转—区处理"的垃圾收运处理体系，村庄保洁工覆盖面和垃圾处理率达到100%；推进生活污水处理方面，三个镇级污水处理设施已全部施工建设；推进村道和村内道路硬底化方面，200人以上自然村完成村道路面硬化，乡镇（街道）通行政村公路达到安全通客车条件，农村公路列养率达到100%；推进农村"厕所革命"方面，全区2019年和2020年累计达标建成农村卫生公厕75个，建成农户无害化卫生户厕51704户，普及率100%；推进村庄集中供水方面，全区304个自然村集中供水覆盖率达80%；提升村庄基本公共服务水平方面，根据省、市下达的任务，2018年全区完成8间卫生站建设，其中省定贫困村3间，2019年村卫生站建设任务是22间，已全部完成。所有镇（街）、村已全面完成党群服务中心平台建设，配套了助农等服务体系，全部完成综合性文化服务建设；全面加强村庄规划编制方面，304个自然村（含革命老区村）已经全部完成村庄规划编制。

精准脱贫和乡村振兴，与区域经济紧密联系、相辅相成，推动经济的发展，乡村振兴与创文、创卫相结合，打造出一批乡村振兴的亮点村庄，使革命老区的面貌焕然一新，也使湛江经开区在湛江建设省域副中心城市、打造现代化沿海经济带重要发展极的进程中能够更好地发挥先导功能。

八、科学规划，推动建设

走过艰苦创业、春华秋实的非凡历程，湛江经开区似一艘巨轮，在钢铁、石化和造纸三大产业引擎的牵引下，乘风破浪，直济沧海。面对未来，所要谋划的不仅仅是一时一地之发展，而是百载千秋之大业。对此，湛江经开区以战略思维和世界眼光谋划顶层设计，对标世界最先进的城市建设和产业规划理念，推动全区加快各项基础设施建设，朝着科学发展的轨道大步迈进。

（一）科学定位，构建未来

经过深入调研，湛江经开区提出了"一城三区三基地"的构想。2013年下半年，区党委、管委会委托中山大学地理科学与规划学院和广州市科城规划勘测技术有限公司联合编制了《湛江市东海岛总体规划（2013—2030年）》之后，又相继编制了《东海岛新区南部片区控制性详细规划》《东海岛龙海天景区旅游专项规划》《东海岛东海大道东海中心商务区控制性详细规划》等。一个个高起点规划设计，一项项大气派的建设项目，为经开区的开发建设提供了科学依据，为未来发展打牢了坚实基础。

湛江经开区根据广东省委、省政府和湛江市委、市政府的战略部署，抢抓发展机遇，描绘雄伟蓝图，实践"既要经济崛起，又要蓝天碧水"的科学理念，把东海岛未来发展定位为"一城三区三基地"。

"一城"即"宜业宜居宜游的现代化大工业新城"。"宜业"突出东海岛的产业带动功能，定位为湛江市的产业龙头、开创湛江大工业时代的主战场；"宜居"突出其城市功能，以东海大道中轴线为核心，建设一座功能完善的新城；"宜游"是指以龙海天、硇洲岛为核心，打造湛江滨海旅游新亮点。

"三区"即"国家级经济技术开发区、国家级海洋经济示范区、国家级循环经济示范区"，2018年湛江省级高新区升格为国家级高新区，变成了"四区"。

"三基地"即"中国南方现代钢铁基地、中国南方现代石化基地、中国南方海洋装备制造业基地"。

根据产业发展需要，重点规划建设钢铁产业区、石化产业区、高新科技产业区现代制造业区、中轴线中央商务区和龙海天旅游休闲区等六大主体功能区。

（二）高起点规划，加快基础建设

按东海岛总体规划的要求，湛江经开区十分注重各个控制性详细规划和专项规划的高起点，并积极地按照规划的要求，加快各项基础配套及公共服务设施的建设。一是加快建成区道路改造，推进13条"瓶颈路"开建，打通城市交通"血脉"，实现四通八达。二是加快东海岛交通设施建设。东海岛铁路建成通车；东雷高速项目路基全线贯通，即将实现建成通车；玉湛高速路段建成通车。东海岛东腾路等13条道路建成通车。岛内初步形成"一环、三横、四纵"的路网格局。三是加快供水和污水处理项目建设。东海岛15万吨自来水厂建成投产，东简污水处理厂投入运营，钢铁、石化产业园配套工业尾水总管（陆域和海域）建成通水等。四是优化部分工程项目。根据实际，对东海公园、自来水管网、污水处理等项目进行了优化。同时加快推进东海岛中央商务区、东海岛生态公园建设，编制东简、东山圩镇区商业配套规划，启动湛江高新区科技孵化器、东海中心商务区等项目前期工作。

在高起点规划方面，最突出的亮点就是谋划构建东海中心商务区。2014年8月，湛江经开区委托广州中山大学城乡规划设计研究院有限公司进行规划，制定了《湛江市东海岛东海大道东海中心商务区控制性详细规划》初步方案。根据规划描述，未来

湛江市东海岛东海大道东海中心商务区控制性详细规划

东海中心商务区将发展成为以重化工业、钢铁产业基地为依托，以服务东海岛为导向，产业配套、社会管理公共服务功能突出的"宜业宜居宜游"东海岛城市中心区。

规划区位于东海岛中南部，东海大道南侧，北临东山镇区，西临湖东大道，南靠雷东大道，东倚东山大道，规划总面积约5.44平方千米，被定位为集商务办公、商业服务、文化休闲等为一体的服务中心。抓住东海岛大工业进驻的历史机遇，立足休闲时代背景，以创新型服务业为主导，以雷州–东海文化为引领，形成集商务、商业、文化、休闲、居住等功能于一体的生态型滨海新城区；发展金融、办公、银行、保险等商务功能，共同为东海岛产业发展和升级提供平台；充分发挥积聚经济效益，依托毗邻行政中心和重要交通设施的区位优势，发展商业服务业，包括大型购物中心、仓储式商场、专业店、专卖店、餐饮等，形成东海岛的新商业中心；依托东海中心商务区的绿轴，建设图书馆、展览馆、影剧院等文体活动场所，提升城市活力；利用良好的自然生态环境，积极发挥生态居住功能，吸引周边区域人口到此居住，以大型房地产开发为主，注重小区居住环境的提升。

东海中心商务区规划结构为"一心两轴四片"，"一心"即东山大道之间，是东海中心商务区的核心区域和建设的重点区域。"两轴"即依托东海大道，形成主要城市商业发展轴，突出与北部城区的协同发展；以东海公园南北向广场、公园及科技馆等公共建筑区共同形成城市人文景观轴线。"四片"即自核心向外形成的四大功能片区：一是沿街商业服务区。依托东海大道，形成城市发展轴，塑造体现湛江新城形象的重要带状核心区域。二是商务区。位于规划区东部，以东海公园为核心，区域内培育高端商务、文化展示、娱乐休闲等功能。三是生态居住综合区。位于规划区西部，以生态居住社区为主，包括配套的公共服务设施，以带状绿地联系，形成优美的居住区。四是公共服务配套区。位于规划区南部，以体育场馆为主，辐射整个东海岛，为城区公共服务设施系统的重要组成部分。

革命老区的新机遇、新使命

　　湛江作为全国首批14个沿海开放城市之一，进入新时代，越来越受到党和国家的重视：2014年，湛江被国家列为"一带一路"海上合作战略支点城市；2017年，被列为北部湾城市群中心城市；2018年10月，习近平总书记视察广东时，多次提到湛江，赋予湛江打造"现代化沿海经济带重要增长极"的重要战略定位，并要求湛江把握机遇，"与海南相向而行"；在粤港澳大湾区和海南自贸港两个国家级重大战略融合发展中，湛江处在咽喉通道上，具有不可替代的功能；广东省委、省政府赋予湛江建设省域副中心的战略定位。湛江迎来了千载难逢的发展机遇，肩负着国家级先导区功能的湛江经开区的地位和功能日益凸显，湛江经开区革命老区也迎来了大发展的好机遇。

一、新机遇，新作为

　　新机遇伴随新挑战，新征程呼唤新作为。根据湛江市委、市政府的要求，湛江经开区在湛江建设省域副中心、打造重要发展极进程中，要发挥好改革发展的"领跑者"、经济发展的"支撑者"、推动发展的"先锋者"三大作用。湛江经开区抢抓机遇，充分发挥"三区合一"政策叠加、现代化临港重大产业集聚发展和开发区区域地位作用提升等三大优势，积极推进"五个致力"：一是致力于打造湛江现代化产业体系的"主引擎"；二是致力于打造湛江全域旅游的"新高地";三是致力于打造湛江智慧城市的"先行区";四是致力于打造美丽文明富饶的"新海岛";五是致力于打造湛江改革开放的"主阵地"。为湛江加快建设省域副中心城市、打造现代化沿海经济带重要发展极作出了突出贡献。

（一）建区35周年的十大亮点

2019年，是湛江经开区建区35周年。在湛江市委常委、湛江经开区党委书记梁培和区领导班子成员的带领下，经过全区上下的共同努力，经济社会发展取得新突破。全年地区生产总值比上年增长6.7%；规模以上工业增加值增长8%；固定资产投资275亿元，增长17.5%；社会消费品零售总额200亿元，增长9.4%；外贸进出口完成112.62亿元，同比增长20.1%；实际利用外资5293万美元，同比增长86.6%。来源于全区的财政总收入63.23亿元；地方一般公共预算收入14.34亿元，同比增长16.96%。

全区经济社会呈现十大亮点：

一是经济实现稳步增长，固定资产投资总量等7项主要经济指标全市第一，均占全市比重20%以上，其中规模以上工业总产值723亿元，占全市近1/3，对全市经济支撑作用开始凸显。

二是巴斯夫首期项目正式启动，中、德两国总理发来贺信；中科炼化项目建成中交；湛江钢铁3号高炉全面开工，4、5号高炉启动前期工作，3个投资超100亿美元重大项目齐聚东海岛，成为撬动湛江工业发展的"主引擎"。

三是结合"不忘初心、牢记使命"主题教育开展东海岛工业园区填方工程"四十天攻坚"活动，为巴斯夫项目如期启动提供坚强保障，获中央督导组和省委指导组"称赞"，用实际行动为经开区发挥"先锋者"作用写上最生动的注脚。

四是科技创新实现多项突破，全市首个国家级孵化器获认定，湛江钢铁基地入选省首批"5G+工业互联网示范园区"，全面实施电子营业执照和全程电子化商事登记，实现办照"零见面"，改革创新成为全市"领跑者"。

五是创新"基金+产业"招商模式，探索以经济手段进行招商，引入产业基金，顺利完成市政府下达经开区125亿元招商引资签约目标任务，一批金融、总部经济和商贸服务项目落户经开区，现代服务业中心建设展开新格局。

六是坚持以工哺农、以城带乡，推动调文、龙湾、西湾3个省级贫困村脱贫出列，打造丹寮、六罗等一批社会主义新农村，政府"掏腰包"扶持373名东海岛征地搬迁村民免费就读技校，改革发展成果更多、更公平惠及广大人民群众。

七是扎实推进平安建设，全力破解项目建设与社会治理难题，全年没发生群体性事件、较大以上生产安全事故，到省进京上访"零登记"，全年"双抢"警情334天"零发案"，经开区被授予"新中国成立70周年信访维稳先进单位"称号，真正实现了在大拆迁、大建设、大发展中保持社会大局平安稳定。

八是用群众喜闻乐见的形式创新开展舆论宣传，原创雷州方言专题文艺晚会下乡巡演50场次，深受广大群众欢迎，有效宣传了党的方针政策，守住意识形态阵地，推动习近平新时代中国特色社会主义思想家喻户晓、深入人心。

九是全面实施"1+5+9"党建工程，创建特色党建示范区，投入1500多万元在东海岛高标准打造粤西最大的园区党群服务中心，为推动园区党建与企业发展提供载体；新打造宋皇村、北坡村等一批乡村振兴党建示范点，架起了一座座党群关系的"连心桥"。

十是牢固树立正确的选人用人导向，从服务重点项目、征地拆迁等基层一线提拔干部104人，占提拔总人数的61.9%，进一步激励干部担当作为，初步形成"风清气正、政通人和"的创业氛围。

具有纪念意义的2019年，湛江经开区成了湛江市乃至全省、全国在发展现代化大工业和推动经济高质量发展的一个全新亮点。

（二）"十三五"时期的突出业绩

2020年是"十三五"的收官之年，也是极不平凡的一年。疫情之下，湛江经开区坚持"稳字当头、保字兜底、快字争先"，推动全区经济社会平稳较快发展。全年地区生产总值完成443.93亿元，增长8.2%；规模以上工业总产值完成991.47亿元，增长13.2%；规模以上工业增加值完成280.68亿元，增长15.1%；固定资产投资完成290.69亿元，增长5.5%；社会消费品零售总额100.09亿元；地方一般公共预算收入完成12.2亿元。

湛江市委常委、经开区党委书记梁培在总结大会上指出："2020年各项工作任务的全面完成，标志着'十三五'胜利收官，湛江经开区综合实力迈上了新台阶，站在了更高的发展起点。"

"十三五"时期，湛江经开区的主要业绩：

一是经济实力稳步增强。五年全区累计完成地区生产总值1941.37亿元，2020年完成地区生产总值443.93亿元，比2015年增加194亿元，年均增长11%；规模以上工业总产值年均增长22.7%；规模以上工业增加值年均增长18.1%；固定资产投资累计投资额比"十二五"期间增长52.9%；外贸进出口总额、实际利用外资翻了一番；公共财政预算收入年均增长5.7%。主要经济社会发展指标居全市首位，成为湛江最具活力的经济增长极。

二是工业主战场地位日益凸显。规模以上工业增加值的总量大幅增加，2020年规模以上工业增加值达280.68亿元，比

"十二五"末增加204.86亿元，是2015年的3.7倍；规模以上工业增加值总量占全市比重大幅增加，从"十二五"末的10.8%提高到"十三五"末的43.9%。钢铁、石化、造纸三大主导产业发展水平进一步提升，湛江钢铁、中科炼化和巴斯夫三大工业龙头项目建设全面提速，钢铁、石化配套产业园区建设不断完善，形成以钢铁、石化、造纸、生物医药、机械电器、海洋高新等产业为主导的工业发展格局。

三是创新能力显著增强。以企业为主体的研发体系逐步完善，产值5亿元以上的工业企业实现了研发机构全覆盖，规模以上工业企业研发机构覆盖率达到45%。全区高新技术企业55家，约占全市的1/6，科技型中小企业23家，大众创新创业平台建设初具规模，拥有4家孵化器，其中1家是粤西唯一的国家级孵化器；4家众创空间，其中国家级1家，省级新型研发机构2家。每万人发明专利拥有量达7.5件，建成湛江高新区科技创业服务中心；推进中小企业创新创业升级项目83个；启动东海岛国家级孵化器建设前期工作。

四是改革开放持续深化。数字政府改革建设成效显著，移动政府"指尖办"普遍应用，数字化水平大幅提升。推广实施一张市场准入负面清单。推动涉企行政审批事项实施"证照分离"改革，全面推行全程电子化登记和电子营业执照发放。营商环境进一步优化，企业开办时间压减至3个工作日，最快可当日办结。全面推行信用承诺制、否决申诉救济制和分类快审制。巴斯夫、法液空、萨姆森等一批外资项目相继落户，全方位开放格局逐步形成。

五是配套基础设施不断完善。东海岛内交通设施加快完善，建成服务园区的东海岛跨海大桥、疏港公路、玉湛高速和东海岛铁路，东雷高速加快建设；大力推进东海岛内主干道路建设，岛内基本形成了"一环三横四纵"的公路网。建成30万吨级原油、1万吨级液体化工等8个化工原料及油品码头，一批液化烃等化工码头正在建设。供电、供气、供水、环保、道路等基础配套设施的建设标准可满足大工业级别配套运行需求。

六是生态环境质量持续改善。打好环境污染防治攻坚战，聚力打赢蓝天保卫、碧水攻坚、净土防御三大战役。环保基础设施逐步完善，镇（街）污水处理厂等项目建成投产。饮用水源水质达标率100%。企业污染物稳定达标排放，空气环境质量持续改善。湛江产业转移工业园被评定为全省仅有的5个优秀环保园区之一。湛江钢铁建成行业首套外排水综合利用项目，实现了"全流程钢铁废水零排放"。建立起"资源—产品—废物—再生资源—再生产品"循环生产新模式，实现了经济与环境"双赢"。城镇生活垃圾无害化处理率达100%。森林覆盖率达11.05%、绿地率达39.36%，人均公园绿地面积达19.86平方米。

七是民生福祉进一步提升。"十三五"末居民人均可支配收入3.95万元，农村居民（含革命老区）人均可支配收入19781元，累计新增就业3万人，城镇登记失业率保持在3.5%以内。全区城镇职工和城乡居民基本养老保险参保人数19.25万人，基本医疗保险缴费人数达33万人。低保标准、农村特困人员供养标准、城镇特困人员供养标准稳步提高。医疗水平进一步提高，每万人拥有公共文化设施面积约2720平方米，人均体育场地面积达3.96平方米。累计完成城镇安居保障工程建设10264套，法治和公共安全建设稳步推进，安全生产形势总体稳定。

二、新使命，新目标

进入新时代，习近平总书记赋予湛江"打造现代化沿海经济带重要发展极"和"与海南相向而行"的重大使命，广东省委从实施区域协调发展战略的高度赋予湛江建设省域副中心的时代重任。湛江市委、市政府对经开区寄予厚望，赋予新的历史使命，要求经开区在"十四五"期间各项工作继续走在全市前列、创造新的更大辉煌，当好湛江经济发展的重要增长极、支撑地和排头兵。这既是湛江经开区在新的历史时期的新使命，也是老区人民的新使命。湛江经开区作为国家级的先导区，湛江工业发展的主战场，改革发展的"领跑者"将责无旁贷，勇担使命。

（一）担当新使命，五个走在前列

新时代赋予新使命。湛江经开区为担当新使命，开创"十四五"新局面，明确了指导思想：坚持以习近平新时代中国特色社会主义思想为指导，全面贯彻落实广东省委、省政府和湛江市委、市政府的部署要求，准确把握新形势下的新机遇新挑战，立足新发展阶段，贯彻新发展理念，融入新发展格局，全力推动高质量发展，推动经开区在全面建设社会主义现代化国家新征程中走在全市前列。

一是坚持经济建设与环境保护相结合，在推动高质量发展中走在全市前列。要坚持把新发展理念贯穿发展全过程和各领域，在加快经济建设的同时，注重生态环境保护，推动经济保持高质量发展，主要经济指标保持中高位增长，力争"十四五"末地区生产总值破1000亿元，约占全市的1/4；规模以上工业总产值超2000亿元，约占全市的1/2；规模以上工业增加值达600亿元，约占全市的1/3，实现地区生产总值、规模以上工业总产值、规模以上工业增加值、公共财政预算收入等主要经济指标翻一番的目标，综合实力稳居全市第一。

二是坚持整体谋划与重点突破相结合，在加快构建现代产业体系中走在全市前列。要加强前瞻性思考、全局性谋划、战略性布局、整体性推进，坚持总体谋划与重点突破相结合，在整体推进的基础上抓住主要矛盾和矛盾的主要方面，逐一重点突破，以重大项目为依托，加快谋划建设世界一流产业园区，打造高标准的产业承接平台，培育先进制造业产业集群，推动现代服务业集聚发展，努力在构建现代产业体系中走在全市前列。

三是坚持深化改革与扩大开放相结合，在优化营商环境中走在全市前列。深入推进改革创新，建立健全高质量发展的体制机制，持续增强发展动力和活力。主动融入粤港澳大湾区，与海南相向而行，积极对接国际贸易规则的制度性开放，进一步扩大对外开放，努力营造全市最优的营商环境，为经济社会高质量发展注入新动力。

四是坚持经济发展与改善民生相结合，在区域协调发展中走在全市前列。坚持以人民为中心，坚持发展为了人民、发展依靠人民、发展成果由人民共享，以大工业大发展为契机，强化以工补农、以城带乡，大力保障和改善民生，推动形成工农互促、城乡互补、协调发展、共同繁荣的新型工农城乡关系，构建社会治理新格局，打造区域协调发展的"湛江样板"。

五是坚持党的全面领导与从严管党治党相结合，在打造高素质干部队伍中走在全市前列。必须以习近平新时代中国特色社会主义思想为指导，不断增强"四个意识"、坚定"四个自信"、做到"两个维护"，确保上级决策部署有效落实。坚持党管干部原则，落实全面从严治党主体责任、监督责任，加强党风廉政建设和反腐败工作，落实好干部标准，高标准严要求把干部队伍建设好、建设强，全力打造忠诚、干净、担当的高素质干部队伍，为实现高质量发展提供组织保证。

（二）明确新目标，勇当排头兵

"十四五"期间，湛江经开区将锚定2035年基本实现社会主义现代化目标，着眼经开区作为湛江全力建设省域副中心城市和加快打造现代化沿海经济带重要发展极的重要增长极、支撑地、排头兵的总定位总目标，全力打造湛江高质量发展的"主引擎"、工业发展的"主战场"、对外开放的"新高地"、财税来源的"主渠道"。"十四五"期间，湛江经开区经济社会发展主要目标任务：

一是践行新发展理念，加快构建现代产业体系。实施先进制造业集群培育行动，培育壮大钢铁、石化等产业集群，不断延长上下游产业链条；聚焦做实平台支撑，推动产业园区提质扩能增效，经济结构更加优化。到2025年，实现临海钢铁产业集群产值达到700亿元、石化产业集群产值达到1000亿元。加快推动建成区中央商务区的土地整合，努力把建成区打造成湛江总部经济中心、粤西金融中心和商贸服务中心。推进东海岛商贸服务中心建设，加强数字社会、数字政府建设，提升公共服务、社会治理等数字化智能化水平。"十四五"期间，实现全区生产总值年均增长16%左右。

二是优化创新生态环境，加快建设国家科技创新基地。深入实施创新驱动战略，加强创新平台建设，积极申报国家级特色创新创业基地，争取优先布局广东省实验室、国家重点实验室、工程（技术）研究中心、协同创新中心、国家地方联合创新平台；制定实施高新技术企业培育计划，创新和完善科技服务产业链条，到2025年，全社会研究与开发经费支出占地区生产总值比重2.78%，高新技术企业数达70家左右，新型研发机构数量达到8家以上。大力实施"人才强区"工程，全方位引进、培养、用好人才。

三是全面深化改革，打造对外开放新高地。深入推进"放管服"改革，营造国际化、法治化营商环境，形成稳定、公平、透明、可预期的营商环境，更高水平开放型经济新体制基本形成。

进一步扩大高水平对外开放，世界级绿色高端临海钢铁产业基地、世界一流的特大型石化基地建设取得阶段性成效，加快对接国际贸易规则的制度型开放步伐，外贸进出口稳中提质，开放型经济发展水平显著提升。深度融入粤港澳大湾区、与海南相向而行，全面融入北部湾地区，主动参与湛江都市圈建设，在国内大循环中体现应有地位。

四是完善配套基础设施，增强高质量发展支撑力。积极打造优质产业平台，加快完善园区公共服务设施，积极谋划拓展产业园区，扩大重化工业发展空间，按照世界级园区"六要素"，重点建设世界级绿色高端临海钢铁产业基地、世界一流的特大型石化基地等产业基地。加快构建"对外大联通、对内大循环"的现代化交通体系，完善提升码头建设和扩大口岸开放，加快推进湛江港东海岛港区航道工程、东海岛铁路相关配套工程建设；完善东海岛"一环三横四纵"路网布局，加快东海大道扩建工程、岛东大道南段建设，推进东海岛至南三岛海底隧道项目前期和环城高速东海段建设工作，推动东雷高速尽快通车。

2019年1月18日，全长4380米的东海岛跨海大桥建成通车

五是推动绿色发展，促进人与自然和谐共生。优化国土空间开发保护格局，落实碳达峰、碳中和工作要求，推动生产生活方式绿色转型，能源资源配置更加合理、利用效率大幅提高，主要污染物排放总量持续减少，单位GDP建设用地、能耗、用水和二氧化碳排放降幅，耕地保有量、非化石能源占一次能源消费比例、$PM_{2.5}$平均浓度、森林覆盖率等指标全面完成，生态环境持续改善。

六是增进民生福祉，推动社会各项事业全面进步。落实就业优先政策，实现更加充分更高质量就业，城镇登记失业率保持在3.5%以内。全面推进乡村振兴战略，巩固拓展脱贫攻坚成果，居民收入增长和经济增长基本同步。进一步提高基本公共服务均等化水平，不断提升全民受教育程度。养老、失业、工伤保险实现应保尽保，参保缴费质量显著提高。全面推进社会保险制度改革，多层次的社会保障体系日益健全。卫生健康体系更加完善，人均预期寿命预计达77.8岁左右，每千人拥有执业（助理）医师数预计达2.8人左右，每千人拥有护理型养老床位数预计达46张左右。公共文化服务体系和文化产业体系更加健全，人民精神文化生活日益丰富，每万人拥有公共文化设施面积约3000平方米，人均体育场地面积达4平方米。建设更高水平的法治经开区、平安经开区、和谐经开区，构建共治共建共享社会治理新格局。

有着革命老区光荣传统的湛江经开区，经过36年的艰苦探索和拼搏奋斗，取得了巨大的成绩，也积累了宝贵的经验。尤其是近年来，经开区党委、管委会坚持以习近平新时代中国特色社会主义思想为指导，在践行初心使命的生动实践中，不断探索与思考，形成了高效的工作模式，总结了成功经验，提炼了经开区人精神，成为经开区人弥足珍贵的财富，为今后发展提供了历史智慧和强大动力。革命老区的建设将迎来更加辉煌的明天。

附　录

附录一 主要革命先烈事迹及先烈名录①

一、主要革命先烈事迹

（一）唐多慧

唐多慧（1918—1947），东海岛东山镇调文下洛村人。1935年小学毕业后考入广东省立雷州师范学校，读书期间，积极阅读进步书刊，学习革命理论；同时与同学合股开办书店，推销进步书刊，以此方式宣传抗日；毕业后在遂溪县参加革命工作。

1938年8月，唐多慧全程参与了遂溪青抗会的组建及成立大会。1939年2月，他回东海动员进步青年到遂溪参加青抗会组织的坪石岭露营活动。3月，唐多慧被吸收为中共党员，其后在廉江、遂溪等地从事地下领导工作。

1944年10月，唐多慧出任雷州人民抗日游击队第一大队政委，与大队长支仁山一起率领全队200多人，不断地与日军、伪军、国民党军队展开战斗，成长为出色的军事指挥员。1945年8月至1947年3月，唐多慧先后任中共廉江县、化（县）吴（川）特派员。1947年3月任粤桂边区人民解放军新编第四团政委。1947年8月，在化州指挥部队与国民党保十团战斗，击退国民党军两次进攻后主动撤出战场，在部队撤离到离战场约3千米的化

---

① 湛江经济技术开发区历史文化丛书编委会、湛江经济技术开发区革命老区建设促进会编《东海风云——东海岛硇洲岛革命斗争》，岭南美术出版社，2014，第258–274页。

州瓦灶村河边时，唐多慧中流弹牺牲，时年29岁。

（二）庄梅寿

庄梅寿（1921—1947），东海岛脚踏村人。1937年在东海小学毕业后以优异成绩考进遂溪中学，后参加了遂溪青抗会的抗日救亡下乡工作团。1938年12月，庄梅寿被吸收为中共党员。1939年，他参加了国民党将领张炎领导的南路特别守备区学生队。1940年，学生队解散后庄梅寿回到遂溪，他以教书为掩护，积极进行革命活动。庄梅寿发动家人支持他进行抗日救亡工作，从而使他的家庭逐渐变成掩护共产党游击队的堡垒。

1942年，庄梅寿担任中共遂溪南区及海康、徐闻特派员。1943年3月，庄梅寿等人在遂溪南区建立卜巢山抗日中队，这支队伍是中共遂溪党组织建立的第一支独立自主的抗日武装力量。

1944年8月，庄梅寿任雷州人民抗日游击队第一大队第一连指导员。1945年12月任广东南路人民抗日解放军第一团（惯称"老一团"）三营政委，率部"西征"。1947年7月，庄梅寿在广西参加右江地区武装起义，任起义部队的军事部长兼军事参谋，在带领一支刚组建的由群众、民团、警察参加的起义队伍渡河时，由于队伍内部的反起义者举行哗变，队伍内部交火，庄梅寿中弹牺牲，时年26岁。[①]

（三）王平

王平（1921—1945），东海岛龙舍村人。1937年毕业于东海小学，1938年加入遂溪青抗会，1939年加入中国共产党。

1943年，王平受命到遂溪县西北区组织抗日武装，任遂溪联防区中共党代表。1944年8月，参加中共领导的遂溪老马抗日武

---

① 党民校友业绩录编委会编《党民校友业绩录》，人民日报出版社，2006，第83-88页。

装起义。11月，王平将老马起义后在遂溪西区、中区和南区组建的几个武装中队集中到金围村整编，成立了雷州人民抗日游击队第二大队，王平任政委，洪荣任大队长。王平带领部队在遂溪县继续扩军并向廉江、化县地区推进，开辟新区，后被编入广东南路人民抗日解放军第一支队第二大队，开赴廉江县中峝，配合国民党的张炎部队起义。

1945年1月27日，雷州人民抗日游击队第二大队会同第一支队、第二支队主力与张炎起义部队改编的高雷人民抗日军会合，协同作战，在廉江中峝打退了国民党顽固派武装的进攻，歼灭对方一个连。战后，王平奉命率领第二大队向西挺进到合浦白石水地区建立根据地，面临困难重重。4月下旬西进部队东撤回遂溪，第二大队被编入广东南路人民抗日解放军第一团，王平任教导员。

1945年6月27日，王平带领一营战士在遂溪界炮合沟村与进犯的日、伪军400多人战斗时，因敌众我寡，武器装备相差悬殊，王平不幸被子弹击中要害牺牲，时年仅24岁。[①]

二、革命先烈名录

（一）抗日战争时期

唐友三　沈荣珠　郑开均　王　平　谢国美　陈光爵

（二）解放战争时期

陈　克　唐协碧　庄承再　梁德子　唐茂蕃　杨　曾　林有明

唐茂英　庄梅寿　唐多慧　金应均　王来周　何荣生　沈自东

林益盛　金旧玲　沈瑞伦　沈那宝　欧　赤　邓那歹　李胜来

---

① 觉民校友业绩录编委会编《觉民校友业绩录》，人民日报出版社，2006，第88-91页。

唐那保	何其福	沈德明	唐吴仁	唐茂太	黄必周	黄太敬
陈森才	朱仁光	唐那荣	郑才尧	余其全	王伯诗	梁其信
余耀锋	陈 成	吴志慧	林荣周	杨尧昌	黄义民	陆柳才
林进由	黄礼威	陈庆山	尤世仕	尤庆文	王三芝	林马仁
陈心创	刘何清	沈佛才	陈心怀	苏汉直	唐那真	黄那二
黄中龙	王尊廉	陆帮乐	陆正奉	陆土保	谢锡隆	苏丈二
蒙德清	谢那发	杨之业	林酉利	陆福伍	陆福生	黄那宝
许建义	王长有	王那明	王德瑞	庄成章	余那富	郑华德
叶恒森	余永信	梁逊公	许那保	赵九子	唐那辉	姚那卿
林秋养	林家均	何创恒	尤那水	何吴贰	李丑全	陈元寿
唐那太	唐那学	唐怀栋	杨逊侬	谢觉来	庄承江	黄永文
林德才	林那古	林成付	李 昌	陆春尧	许那美	陆春志
余尾哥	黄世养	郭祥富	黄玉远	庄伟彪	谭典朝	庄妃花
叶有贵	陈益智	王吉梅	韩宏卿	王玉金		

附录二 **革命遗址**

一、中共粤桂边区党委旧址——东海岛西山村南园小学

中共粤桂边区党委旧址——东海岛西山村南园小学，现为西山村革命历史陈列馆

　　西山村地处东海岛民安镇西部沿海，中华人民共和国成立前全村人口有2000多人，世代以务农、捕鱼为生，大多处于贫困状态，倾向革命。西山村有光荣的革命传统。中华人民共和国成立前，村里有140多名子弟参加革命队伍，47人加入了中国共产党，8人为革命事业献出了宝贵的生命。

　　1948年夏，中共中央香港分局决定在粤桂边区成立边区党委和边区临时军委，任命梁广为边区党委书记兼临时军委主席。梁广抵达湛江后，经调查研究，决定于1948年6月间在东海岛西

山村召开区党委扩大会议。自此以后，粤桂边区党委和临时军委的机关就逐渐迁到西山村，区党委和军委主要领导人梁广、温焯华、黄其江等常驻西山村指挥边区革命斗争。1948年下半年，临时军委下属后勤处也从外地迁到西山村。因此，当时人们便把西山村称为粤桂边区的"小延安"。

2004年，西山村革命历史陈列馆在南园小学建立。

二、中共粤桂边地委税站遗址——东海岛牛牯湾

牛牯湾税站沙头鼻收税点的小屋（现已被损毁）

牛牯湾是东海岛西南方向的一个小岛屿，是南北海路的天然关口，地理位置优越。1947年5月，中共粤桂边地委计划在东海岛开设武装税站来征收商品流通税。6月，党组织商议后决定在牛牯湾建税站，税站存在的三年多时间里，共收大银30万元，是粤桂边区较大的税站。东山区联防队、驻防湛江市的保十团等国民党军队先后发动了9次针对牛牯湾税站的"扫荡"。税站都挺了过去，继续坚守，其收入主要用于粤桂边区人民解放军主力部队的经费开支，为粤桂边区的财税工作做出了重大贡献。

牛牯湾税站沙头鼻收税点的小屋已被损毁，现在原址立下一

块纪念碑，上书"牛牯湾税站纪念碑"。

三、中共粤桂边区党委硇洲岛北港税站旧址——黄氏祠堂

北港黄屋村是一
个具有革命传统的渔
村，村民都姓黄，明
代建于黄屋村纪念陆
秀夫的调蒙宫至今仍
然存在。

中共粤桂边区党委硇洲岛北港税站旧址——
黄氏祠堂（调蒙宫）

土地革命战争时
期，中共南路特委委
员彭中英、陈信材转
移到硇洲后，以渔业工会的名义在渔民中进行革命宣传发动工
作。1929年夏，彭中英、陈信材带领渔民在北港黄屋村调蒙宫成
立了"硇洲渔业工会"组织，进行了两次罢工。1930年春，黄凌
氏、黄广荣带领遂溪农军秘密来到黄屋村，发起成立了农会，这
是硇洲岛上的第一个农会。

1948年下半年，中共粤桂边区党委于黄屋村黄氏祠堂设立北
港税站，征收了大量的税款，自建站至硇洲解放前夕共14个月总
计收税1.4万元。税站除收税外，还发动民兵组织，清除匪患，处
决海盗头目陈宏发，使得群众更加拥护这支队伍。

四、中共粤桂边区党委交通站旧址——东参黄氏宗祠

东参村位于东海岛北面，是个四面环海的孤岛。法国殖民统
治时期修有一条从东山圩至溪尾草渡口的公路。

大革命时期，南路革命先驱黄学增在该村盐商黄元常陪同下
曾两次到东参村，在村宗祠住了一段时间，做了许多宣传发动工

作。因此，村民都倾向于革命，年轻人更是积极投身革命。抗战初期，赤坎黄记盐店的南路特委联络站恢复了活动，该站负责人黄义民在东参黄氏宗祠建立了分站。1948年5月，粤桂边区党委机关设在

中共粤桂边区党委交通站旧址——东参黄氏宗祠

东海岛西山村后，边区党委将东参联络站改为粤桂边区党委交通站，交通站就设在该村黄氏宗祠。

五、遂溪农军据点遗址——东海岛调文唐氏祠堂

调文村（原调那村）属东海岛东山镇，是东海岛唐姓人的聚集地。

大革命时期，东海岛人苏天春和陈炳森回家乡进行宣传发动，在调那村成立东海岛农民协会。1927年5月遂溪农军发动乐民起义，起义部队后在黄凌氏及其子黄广荣率领下转进该村继续坚持秘密斗争。1929—1930年间，后袭击了法国驻广州湾当局设在东山、太平等圩镇的据点及运输粮食的船只，攻打了法国人开设的赌馆。这些行动进一步树立了农军在群众

遂溪农军据点遗址——东海岛调文唐氏祠堂（唐氏祠堂在20世纪90年代的一场台风中倒塌，该村于2005年将该遗址改建为学校）

中的威信。1931年9月的一天夜里，大批法国军警突袭包围了唐氏祠堂，黄凌氏及全体农军战士被捕，黄凌氏被国民党当局引渡到遂溪杀害，转战东海岛地区的遂溪农军自此失败。

六、解放海南岛战役解放军第四十三军第三八三团指挥部旧址——硇洲岛津前天后宫

硇洲津前村天后宫，始建于明朝正德年间，是中国人民解放军第四十三军渡海解放海南岛作战指挥部的旧址。

1949年12月下旬，中国人民解放军第四野战军第四十三军第一二八师第

解放海南岛战役解放军第四十三军第三八三团指挥部旧址——硇洲岛津前天后宫

三八三团进驻硇洲岛。准备渡海作战的解放军大量征集船只，招募船夫，在天后宫前的海面开展渡海作战训练。1950年3月10日，驻硇洲解放军中的1000多名指战员组成第一渡海先遣营，分乘由当地渔民掌舵的21艘木船，在津前村前海道起航，于次日在琼东北地区的赤水港至铜鼓岭一带成功登陆，胜利完成首次秘密潜渡任务，对解放海南岛战役起了关键作用。

七、东海岛革命的发源地旧址——觉民学校

觉民学校地处东海岛东山镇，包括觉民小学和觉民中学。觉民小学前身是1745年开办的东海书院。1929年，李春熙受聘执教，把"东海书院"改名为"东海小学"，1938年黄超然将其改

名为觉民小学，1942年
创建觉民中学。

觉民小学从1935
年郑星燕等人来任教之
后，青年学生受到了
革命的启蒙教育。1938
年，黄超然出任校长，
一直任职到1946年，是
任职时间最长的校长，

东海岛革命的发源地旧址——觉民中学

在此期间，觉民学校革命气氛活跃。在全面抗战期间，觉民毕业
生共有410多名，其中有350名参加革命，占总人数的85%。 其中
在战场捐躯和被敌抓捕杀害的就有27位烈士。觉民学校不愧为东
海"革命摇篮"。

八、西坑中心小学

西坑村坐落在东
海岛中部，地处交通要
道，距东山圩仅二里之
遥。法国殖民统治广州
湾时，修了一条公路贯
村而过，是连接上社、
中社和下社必经之路，
既利于开展情报工作，

西坑中心小学

又利于革命同志的隐蔽撤退。

1938年，该村陈克加入中国共产党。1939年6月，陈克奉命
回西营搞情报工作。1940年下半年，陈克和沈斌率领凌光前、郑
光民、吴福田等革命同志和海南难民30多人转移到西坑村。1941

年春，在群众的大力支持下，陈克按照党组织的指示，与校董会研究，将西坑村的夜校改为全日制小学，正式创办"西坑中心小学"。不到两年，学校很快就发展到100多名学生，办成了一至六年级的全日制完全小学，成为当时名副其实的"革命中心小学"。

一、东海岛革命烈士纪念碑

东海岛革命烈士纪念碑

东海岛烈士陵园始建于1958年，原址位于东海岛觉民中学与北山村相交处，1995年4月因为东海岛中线公路建设而搬迁至觉民中学西侧。

陵园内一共安葬战争中牺牲的东海、硇洲籍革命英烈160名(其中无名烈士5名)，园内有集中安葬烈士坟墓及纪念碑各一座。

陵园占地面积4万平方米，建筑面积13472.5平方米，墓区面积630平方米，墓区预留面积520平方米，是湛江经开区爱国主义教育和国防教育基地。

二、东海岛园区党群服务中心

全面展示东海岛革命斗争史的东海岛园区党群服务中心

2020年6月29日,湛江经开区东海岛园区党群服务中心揭牌启用,是粤西首个大型综合性园区党群服务中心和"两新"党组织教育培训基地,建筑总面积7800平方米,由人民广场、中心大楼两部分构成,其中广场面积5000平方米,中心大楼面积2800平方米。

中心大楼的一、二层分别设置了序厅、中共党史厅、地方党史党建厅、民俗展厅和规划展厅等五个展厅。三层为服务空间,包括新时代大讲堂、智慧书吧、人才驿站、综合服务室等,主要为园区内党组织提供教育培训、党务指导、政务服务、人才服务等综合业务,是集党务、政务以及社会化服务为一体的服务综合体,为湛江经开区实现企业共融共建、创新发展提供坚强后盾。

三、硇洲渡海先锋营纪念馆

硇洲岛面积约56平方千米,四面环海。新中国成立初期,这个距海南岛仅300多里的小岛,被赋予重大使命。1949年12月,

位于硇洲岛津前村的解放海南岛渡海先锋营纪念馆

中国人民解放军第四野战军第四十三军第一二八师第三八三团驻扎硇洲，开展渡海前的各种训练及准备。1950年3月，1007名渡海先锋营战士和硇洲100多名船工，在三八三团团长徐芳春的带领下，成功完成既定任务。

渡海英雄纪念雕像

为纪念这段渡海作战经历，硇洲人民自发筹资，先后建起了渡琼作战陈列室和纪念雕像。2020年硇洲镇在原渡琼作战陈列室和纪念雕像旁，建设硇洲渡海先锋营纪念馆。该馆是湛江经开区首个以胜利解放海南岛为主题的爱国主义教育基地。纪念馆建筑面积总用地面积9388.08平方米，核心区总面积8007.84平方米，与主馆连片的文化长廊、三八三团指挥所旧址等构成了硇洲渡琼作战指挥部红色廉政教育基地。

四、唐多慧纪念馆

唐多慧纪念馆

唐多慧纪念馆，位于东海岛东山调文行政村的下洛村，建于1993年，有三层楼，每层170平方米，整个院子占地10亩。二楼的展厅陈列着唐多慧的画像、遗物和革命事迹介绍，还有很多老同志的悼念诗词。整个展厅布置得简朴大方、庄严肃穆。

唐多慧（1918—1947），小名唐乃祥，化名洪文炳，又名唐彪，东海岛东山调那村下洛村人，中共化吴中心县委书记、南路人民抗日解放军新四团政委，是抗日战争和解放战争中，中国共产党在高雷地区牺牲的第一位县（团）级主要领导干部。

五、西山革命历史陈列馆

东海岛民安镇西山村是广东省革命老区村庄，有粤桂边区"小延安"之称，是东海岛农村党组织诞生地（东海岛第一农村党支部）、粤桂边区党委机关所在地、粤桂边纵抗日部队的落脚点。

西山革命历史陈列馆

西山革命史陈列馆内陈列着西山村人民投身革命的事迹油画，有"读书会""青年抗敌同志会西山通讯站""中共西山村支部""东海会议"等。展览橱上，展示有中共粤桂边地委于1948年初在西山村油印出版的《大反攻》、《人民报》（湛江日报前身），还有中共雷州地委于1949年夏在西山村油印出版的《半岛导报》等革命刊物。

《湛江经济技术开发区革命老区发展史》编委会领导、部分编委与参加书稿编审会人员合影

后记

革命老区是中华民族"站起来"的光辉出发点，"富起来"的践行地，"强起来"的战略支撑。在举国上下迎接新中国成立七十周年、建党一百周年的重大历史时刻，全国老促会、省老促会部署编纂"全国革命老区县发展史丛书"，这是贯彻党的十九大精神，弘扬光荣革命传统的重要体现，是传承红色基因的有效途径，意义十分重大。

湛江经开区是政府派出机构，原先没被列入独立编史单位，但"两区整合"后拥有了150个革命老区村，老区人口17.2万人，占了全区总人口的53.8%；区老促会又是省老促系统的先进单位；尤其是湛江经开区东海岛革命老区有着光荣的革命传统和丰富的革命斗争史实，解放战争时期曾是粤桂边区党委所在地，为革命事业作出了卓著贡献，被誉为粤桂边区的"小延安"。通过积极争取，湛江经开区被省老促会特批，取得了独立编纂主体资格，这在全国经开区系统中是绝无仅有的。经过两年多时间的组织编纂，数易其稿，《湛江经济技术开发区革命老区发展史》终于付梓了。

本书的编辑出版，是贯彻落实习近平总书记"革命老区是党和人民军队的根，我们不能忘记我们是从哪里走来的，永远都要从革命历史中汲取智慧和力量"[1]，发扬红色资源优势，深入

---

[1] 习近平：《论中国共产党历史》，中央文献出版社，2021，第44页。

进行党史、军史和老区史优良传统教育，"红色基因代代传"①
等重要讲话精神，致力于传承红色基因，弘扬红色文化的具体行
动；《湛江经济技术开发区革命老区发展史》可作为新时代的湛
江经开区干部群众，特别是青少年学习革命历史和接受红色文化
传承教育方面的生动教材；以红色精神武装干部群众的头脑，不
忘初心，砥砺前行，促使湛江经开区更好地发挥改革发展的领跑
者、经济发展的支撑者、推动发展的先锋者三大作用，推动湛江
加快建设省域副中心和打造重要发展极。

　　湛江经开区党委、管委会十分重视革命老区发展史的编纂工
作，专门成立了《湛江经济技术开发区革命老区发展史》编纂委
员会，湛江市委常委、区党委书记梁培担任编委会顾问，并批示
拨出经费。分管农业和老区工作的区党委委员、管委会副主任梁
权财担任编委会主任，经常关心编纂工作。区管委会原副主任 、
区老促会会长廖东任编委会常务副主任兼编辑部主编，窦春芳为
副主编，编写执笔的有窦春芳、谭月清、廖国树、彭家炳等，郑
伟豪、黄甫协助资料收集，陈充、屈康慧负责审稿。

　　本书的编纂，坚持以湛江经开区东海岛、硇洲岛革命老区
和老区人民的奋斗史为重点，坚持以十八大以来，特别是"两
区整合"以来老区取得的成就为亮点。全书共六章约30万字，图
片120余张，在内容方面突出老区的历史贡献、老区重大历史事
件、著名英烈事迹、著名革命遗址、文物和老区脱贫致富的先进
典型，力求遵循将历史真实性、事件准确性与内容可读性相结
合、图文并茂、通俗易懂、贴近老区生活的原则，为推动老区脱
贫致富、振兴发展提供精神动力和史鉴参考。

　　在本书编写过程中，省、市老促会的领导给予了大力的支

---

① 习近平：《论中国共产党历史》，中央文献出版社，2021，第107页。

持和具体的指导，市党史办、市档案馆等有关单位和一批离退休老同志及老革命家和家属也积极关心和支持编写工作，提供了大量有价值历史材料或回忆文章等，经开区区直各有关部门和各镇（街）提供了许多宝贵的资料。本书能按要求完成编纂任务，是各方通力协作、共同努力的结果。在此，谨向所有关心支持和帮助本书编纂的单位和个人表示衷心的感谢！并向为本书编纂出版大力支持的广东人民出版社表示诚挚的谢意！

由于本书编纂的内容年代久远，历史跨度大，涉及的事件和人物较多，我们掌握的史料有限，史实核对甄别难度较大，加上编纂的水平有限，时间和篇幅也受限，因此，难免有疏漏和不当之处，敬请广大读者批评指正。

《湛江经济技术开发区革命老区发展史》编辑部

2020年12月

广东人民出版社 党政精品图书

围绕中心，服务大局，做最具高度、深度和温度的主题出版物

中宣部主题出版重点出版物

《中华人民共和国通史》（七卷本）

· 全国第一部反映中华人民共和国70年光辉历程的多卷本通史性著作
· 中央党校、中央党史和文献研究院权威专家倾力打造

《账本里的中国》

一册册老账本，串起暖心回忆，讲述你我故事，体味民生变迁。

《全国革命老区县发展史丛书·广东卷》

· 挖掘广东120个革命地区的红色记忆
· 中国老区建设促进会牵头组织

《红色广东丛书》

· 广东省委宣传部重点主题出版物
· 传承红色基因，弘扬革命精神

本书配有智能阅读助手，为您1V1定制

《湛江经济技术开发区革命老区发展史》阅读计划

帮助您实现"时间花得少，阅读体验好"的阅读目的

建 议 配 合 二 维 码 一 起 使 用 本 书

您可根据自己的学习需求，量身定制专属于您的阅读计划：

阅读服务方案	阅读时长指数	为您提供的资源类型	帮助您达到以下学习目的
1. 高效阅读	阅读频次 较低 每次时长 较短 总共耗费时长 ■■	总结类	快速学习和掌握红色精神。
2. 轻松阅读	阅读频次 较高 每次时长 适中 总共耗费时长 ■■■	基础类	简单了解革命老区的历史。
3. 深度阅读	阅读频次 较高 每次时长 较长 总共耗费时长 ■■■■	拓展类	继承和发扬红色精神，推动老区发展。

针对您选择的阅读计划，您可以享受以下权益：

立刻获得的主要权益

▶ **专享本书社群服务：** 提供创造价值与私密的深度共读服务，群内分享阅读干货，发起话题探讨
▶ **1套阅读工具：** 辅助您高效阅读本书，终身拥有

每周获得的主要权益

▶ **专属热点资讯：** 16周社科文学类资讯推送，每周2次
▶ **精选好书推荐：** 16周文学社科热门好书推荐，每周1次

长期获得的主要权益

线下读书活动推荐： 精选活动，扩充知识开拓视野 不少于1次

抢兑礼品： 免费抽取实物大礼 不少于2次限时抽类

微信扫码

添加智能阅读助手

只需三步，获取以上所有权益：
1. 微信扫描二维码；
2. 添加智能阅读助手；
3. 获取本书权益，提高读书效率。

❶鉴于版本更新，部分文字和界面可能会有细微调整，敬请包涵。